现代农业产业技术体系CARS-45-30资助

中国淡水渔文化研究

Study on Freshwater Fishery Culture in China

陈 洁 主 编
刘景景 张灿强 副主编

上海遠東出版社

图书在版编目(CIP)数据

中国淡水渔文化研究/陈洁等主编．—上海：上海远东出版社，2019
(中国经济论丛．新农村建设专辑)
ISBN 978-7-5476-1556-0

Ⅰ．①中… Ⅱ．①陈… Ⅲ．①淡水渔业-文化研究-中国
Ⅳ．①F326.4

中国版本图书馆 CIP 数据核字(2020)第 007442 号

责任编辑 祁东城
封面设计 李 廉

"十三五"国家重点出版物出版规划项目
本书由上海文化发展基金会图书出版专项基金资助出版

中国淡水渔文化研究
陈 洁 主编
刘景景 张灿强 副主编

出 版 上海遠東出版社
(200235 中国上海市钦州南路 81 号)
发 行 上海人民出版社发行中心
印 刷 昆山亭林印刷有限公司
开 本 710×1000 1/16
印 张 10.75
插 页 5
字 数 192,000
版 次 2019 年 12 月第 1 版
印 次 2019 年 12 月第 1 次印刷
ISBN 978-7-5476-1556-0/F·652
定 价 78.00 元

中国特色淡水鱼类

多鳞铲颌鱼

徐绍刚　摄于北京市房山区十渡

来源:北京市水产科学研究所

长白山细鳞鱼

肖志国　摄于吉林省临江市

来源：国家大宗淡水鱼产业技术体系长春综合试验站

秦岭细鳞鲑

沈红保　摄于陕西省宝鸡市太白县白云峡

来源：国家大宗淡水鱼产业技术体系西安综合试验站

西吉彩鲫

刘彦斌　摄于宁夏回族自治区水产研究所

来源：国家大宗淡水鱼产业技术体系银川综合试验站

福州金鱼

杨铭　摄于福建省闽侯县

来源：国家大宗淡水鱼产业技术体系福州综合试验站

半刺厚唇鱼

薛凌展　摄于福建省顺昌县

来源：国家大宗淡水鱼产业技术体系福州综合试验站

东至麦鱼

程文平　摄于安徽省东至县张溪镇黄湓河

来源：安徽省东至县水产局

泾县琴鱼

章星明　摄于安徽省泾县

来源：安徽省泾县畜牧兽医水产局

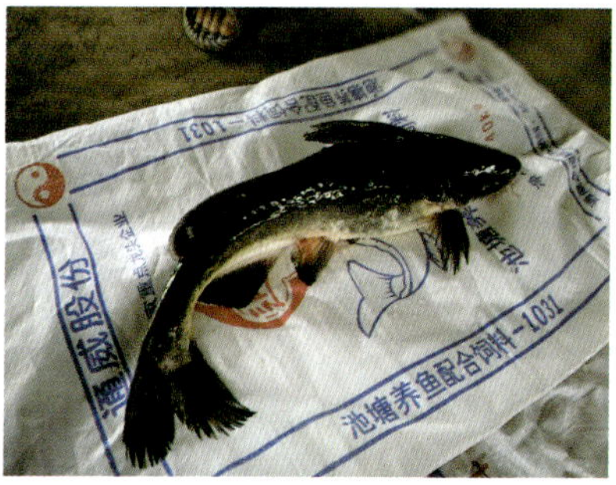

淮王鱼

潘晓宏　摄于淮南市凤台县黑龙潭

来源：安徽省淮南市水产技术推广站

洒鱼

李建光　摄于贵州省毕节市七星关

来源：国家大宗淡水鱼产业技术体系贵阳综合试验站

七星鱼

李建光　摄于贵州省凯里市下司镇

来源：国家大宗淡水鱼产业技术体系贵阳综合试验站

大小井“小肥鱼”(巴马拟缨鱼)

李建光　摄于贵州省罗甸县大小井自然风景区

来源：国家大宗淡水鱼产业技术体系贵阳综合试验站

滇池金线鲃

田树魁　摄于云南省昆明市

来源：国家大宗淡水鱼产业技术体系昆明综合试验站

鱇浪白鱼

田树魁　摄于云南省抚仙湖

来源：国家大宗淡水鱼产业技术体系昆明综合试验站

云南倒刺鲃

田树魁　摄于云南省抚仙湖

来源：国家大宗淡水鱼产业技术体系昆明综合试验站

保山新光唇鱼

田树魁　摄于云南省临沧市

来源：国家大宗淡水鱼产业技术体系云南综合试验站

大头鲤

田树魁　摄于云南省玉溪市江川区

来源：国家大宗淡水鱼产业技术体系昆明综合试验站

中国淡水渔业特色渔具渔法

马拉冬网

刘铁钢　摄于吉林省查干湖

来源：国家大宗淡水鱼产业技术体系长春综合试验站

千岛湖巨网捕鱼

冯晓宇　摄于浙江省千岛湖

来源：国家大宗淡水鱼产业技术体系杭州综合试验站

竹撮箕（正面和背面）

周晋　摄于贵州省榕江县镇寨蒿村

来源：国家大宗淡水鱼产业技术体系贵阳综合试验站、榕江县水产站

竹笼

周晋　摄于贵州省榕江县镇寨蒿村

来源：国家大宗淡水鱼产业技术体系贵阳综合试验站、榕江县水产站

稻田养蟹

李敬伟　摄于辽宁省盘锦市盘山县

来源：国家大宗淡水鱼产业技术体系沈阳综合试验站

浙江青田稻鱼共生系统

谢楠　摄于浙江省青田县

来源：国家大宗淡水鱼产业技术体系杭州综合试验站

中国淡水渔业相关特色文化

徒手抓稻田鱼

房丽珍　摄于广东省清远市

来源：国家大宗淡水鱼产业技术体系广州综合试验站

河蟹销售景象

陈卫新　摄于辽宁省盘锦市盘山县

来源：国家大宗淡水鱼产业技术体系沈阳综合试验站

浙江建德“九姓渔民”婚船

戴瑜来　摄于浙江省建德市

来源：国家大宗淡水鱼产业技术体系杭州综合试验站

浙江建德“九姓渔民”文化展馆

戴杨鑫　摄于浙江省建德市

来源：国家大宗淡水鱼产业技术体系杭州综合试验站

泾县琴鱼干茶

章星明　摄于安徽省泾县

来源：安徽省泾县畜牧兽医水产局

“祭湖·醒网”仪式

杨萌　摄于吉林省查干湖渔场

来源：国家大宗淡水鱼产业技术体系长春综合试验站

鱼跃冰壶

杨萌　摄于吉林省查干湖渔场

来源：国家大宗淡水鱼产业技术体系长春综合试验站

前言

人类早在170万年前就开始渔猎[①]，在捕鱼、食鱼等生产实践和消费过程中逐渐创造和发展出丰富灿烂的渔文化，并代代积累传承。李士豪、屈若搴所著《中国渔业史》开篇即指出“我国渔业之发展，远在商朝以前。”[②]中国以农立国，拥有上万年的农业历史和文化。勤劳、勇敢、智慧的中国人为谋生计，掌握了渔耕牧猎等复杂的生产技能。作为世界上渔业发展最早的国家之一，中国渔文化历史悠久，两千多年前范蠡就写出世界第一部养鱼专著《养鱼经》。[③] 在漫长的历史长河中，中国渔文化不断发展演进，内容逐渐丰富，涉及宗教和祭祀、历法和制度、生产和科技、生活和习俗等方方面面，渔文化不仅渗透以渔为生的渔民的生产生活中，也极大地影响了中国人的社会生活，一直到今天。

中国共产党的十九大报告明确指出：“中国特色社会主义进入新时代，我国社会主要矛盾已经转化为人民日益增长的美好生活需要和不平衡不充分的发展之间的矛盾。”人民的美好生活需要包含丰富的内容，美好的精神生活需要也是一个重要方面，而丰富多彩的渔文化是满足人民美好精神生活需要的重要内容。在水产品极大丰富并满足了人们的物质需求之后，充分挖掘渔文化、研究渔文化和发展渔文化，既是我国渔业转型升级的迫切需要，也是丰富人们精神家园的现实需求，具有重要意义。

一、我国淡水渔文化是农业文化的重要组成和人类文化的宝贵遗产

距今约7 000年的我国河姆渡文化居民的采集和渔猎经济比较发达，遗址出土了大量的鱼类遗骨和骨簇、骨哨、木矛、石丸、陶丸等渔猎工具，以及圆雕木

① 根据史料记载，旧石器时代的人类就已经使用鱼叉、鱼钩等工具。见冯克诚、田晓娜主编：《世界史全编》(上)，青海人民出版社，1998年1月。在我国，早在170万年至20万年前，旧石器时代的元谋人、蓝田人和北京人，就已懂得徒手捕鱼或用粗制的木棒来捕鱼(楼兰，2012)。

② 李士豪、屈若搴：《中国渔业史》(中国文化史丛书)，上海书店根据商务印书馆1937年版复印出版，1984年第一版，第2页。

③ 吕思勉：《中国通史》，群言出版社，2016年2月。

鱼、陶塑鱼等工艺品。公元前5 000年—公元前4 000年间的马家滨文化遗址也显示了渔猎经济的重要性。[①] 距今3 300多年的殷墟是我国商朝后期的都城遗址，位于河南省安阳市，因出土大量的甲骨文和青铜器而驰名中外。在殷墟的发掘中，有20多座灰坑中发现了鱼的残骸，鉴定为鲻鱼、黄颡鱼、鲤鱼、青鱼、草鱼和赤眼鳟，属庖厨的弃物。在殷墟发掘的整百座中小型墓葬中，有17座墓中随葬有鱼。殷墟出土的甲骨文中，有"渔"和"鱼"两字之分，"鱼"字描绘鱼的形态，而"渔"字则有双手拉网捕鱼和手持竿钓鱼的画面。甲骨卜辞中也多次出现商王"在圃鱼"的刻辞及商王卜问鱼生长情况和有无灾祸的卜辞，说明在商代晚期已出现了专供商王捕鱼的人工养鱼池。[②] 这些遗址文物足以证明我国淡水渔文化历史悠久。

淡水渔文化是我国农业传统文化的重要组成部分，在中华传统文化中拥有一席之地。我国是淡水渔业大国，淡水渔文化资源非常丰富。自古以来，中国人从捕捞、养殖、食鱼发展到观赏、书写、绘画、音乐、舞蹈等，渐渐形成丰富多彩的渔文化，渔文化渗透到人们衣食住行、婚丧嫁娶、祭祀节庆等各个方面，如福建浦源的鱼溪鱼冢、江西鄱阳湖的渔鼓鱼灯、湖南汉寿的鱼龙全、太湖渔家的献头鱼、新安江"九姓渔民"的抛新娘、浙江温岭的大奏鼓、白洋淀渔家的船轿迎亲、西藏俊巴渔村的牛皮船舞等。我国诸多以渔为生的民族也都有自己的渔文化。这些渔文化具有鲜明的民族特色和风格，是维系民族生存和发展的精神纽带，是人类文化的宝贵遗产。目前，我国的哈尼梯田稻鱼系统、湖州桑基鱼塘系统都已经被认定为世界农业文化遗产。

"文化是一个复杂的整体，它包括知识、信仰、艺术、伦理道德、法律、风俗和作为一个社会成员的人通过学习而获得的任何其他能力和习惯。"[③]文化分为物质的和精神的，即所谓"已改造的环境和已变更的人类有机体"两种[④]。文化遗产是某个民族、国家或群体在社会发展过程中所创造的一切精神财富和物质财富，这种财富代代相传，构成了区别于其他民族、国家或群体的重要文化特征，文化遗产也是一个地区、民族或国家重要的文化资源和文化竞争力的构成要素，包括物质文化遗产、非物质文化遗产、文献遗产和文化景观类遗产等。[⑤]

---

① 郑师渠总主编：《中国文化通史》，中共中央党校出版社，2000年。

② 蒋高中、李群、明俊超、包艳杰：《中国古代淡水养殖鱼类苗种的来源和培育技术研究》，《南京农业大学学报(社会科学版)》，2012年12卷第3期。

③ [英]E. B. 泰勒著：《原始文化》，连树声译，广西师范大学出版社，2005年1月。

④ [英]马林诺夫斯基著：《文化论》(《外国民间文学理论著作翻译丛书》)，费孝通等译，中国民间文艺出版社出版，1987年2月。

⑤ 贺云翱：《文化遗产学初论》，《南京农业大学学报》2007年第3期，第127页。

作为全人类文明、智慧的结晶，文化遗产是历史发展的见证，也是人类共同的精神财富。我国是文明古国，历史悠久，拥有极为丰富的文化遗产，它们是中华民族祖先创造的成就，是世界文明史中的璀璨明珠。[①] 在长期的渔业活动实践中，渔民们创造了灿烂辉煌的渔文化，并代代积累传承。淡水渔文化不仅体现了古代中国人在长期生产和生活实践中形成的人与自然和谐相处的理念，也充分展示了古代中国人的聪明智慧。春秋时期，范蠡创作《养鱼经》，成为水产养殖文化的结晶，指导着几千年水产养殖业的发展；祖先创造的桑基鱼塘、稻鱼共生、水域立体养殖等渔业生产技术，体现出古人对水域资源进行充分开发和利用的聪明才智；渔文化强调人与自然和谐相处，不竭泽而渔，天然包含了可持续发展的思想内涵。因此，传承好民族特色文化和包括渔业文化遗产在内的我国农业文化遗产，有利于增强民族凝聚力，提高世界其他民族对中华民族传统文化的认同感。

二、我国淡水渔文化的内涵与价值

淡水渔文化历经 2 000 多年的发展，自成体系，具有丰富的内涵、多元化的功能和重要的传承价值。在当前我国新旧发展动能转换的关键时期，传承渔文化，有利于推进渔业与文化、旅游等产业的融合发展；发掘渔文化旅游等新型业态，有利于拓展农业功能，培育农业农村发展新动能。

我国渔文化内涵丰富。学术界对渔文化内涵的界定尚不统一[②]，但大家都公认，渔文化不仅具有显著的经济价值，还具有不可估量的观赏与审美价值、文学艺术价值、科研价值和社会价值。

---

① 陈至立：《珍视人类共同精神财富，保护人类文化遗产——祝贺人民日报海外版〈文化遗产〉版创刊》，《人民日报海外版》，2007 年 1 月 9 日第 1 版，http://culture.people.com.cn/GB/22219/5259937.html。

② 有的学者将渔文化等同于渔业文化，认为两者基本同义，是以渔业生产为中心的文化总称（刘金明，1988；付燕羽，2009）。有的学者认为渔文化是渔业文化的一个分支，将渔文化定义为人类在社会历史实践中受到渔业影响所创造的物质财富和精神财富的总和（曲金良，1999；李勇，2009）。有的学者从广义上界定，渔文化是人类在渔业活动中所创造出来的人与经济水生生物、人与渔业、人与人之间各种有形无形的具有流转性和传承性的物质文化、非物质文化及制度文化的成果总和，既包括地表遗留痕迹，又包括各种文学、艺术、民间工艺，还包括渔民长年累月积淀而成的特定风俗习惯、生活方式及其价值追求等（宁波，2010；同春芬、刘悦，2014；董鸿安，2015；范立君、杨铭，2016）。还有的学者从哲学视角理解渔文化，认为它蕴含着“与鱼共生”“人海和谐”的思想内涵（励东升、朱小敏，2012）。

(一) 从金鱼到锦鲤、观赏鲤鱼——观赏与审美价值

我国最早的观赏鱼当属金鱼。到了唐宋时代，达官显贵家庭饲养红鲫鱼渐渐形成风气，南宋时期出现了专门养殖金鲫鱼的职业，名为“鱼把式”或“鱼儿活”，金鲫鱼养殖的专业化使得原为上流社会所独享的金鱼观赏逐渐开始走向了寻常百姓家。到了明代中期，稳定的社会环境和繁荣的经济使得金鱼的养殖和鉴赏上升为理论。民国期间金鱼养殖起起落落，抗战胜利时仅有约 40 个品种。中华人民共和国成立以后，金鱼品种大为增加，到 1958 年已经有 154 种，到今天已经有 300 多种，成为一个数十亿元的大产业，每年有金鱼选美活动数十场，金鱼养殖者数百万人。[①] 沈伯平(2014)认为，金鱼被广泛应用于年画、雕刻、刺绣、彩绘等各类工艺、文化艺术形态，从一个侧面反映了人们高雅的审美情趣和文化追求。

中国是鲤鱼的故乡，但现代锦鲤起源于日本。17 世纪，日本发展稻田养殖鲤鱼。在人工饲养过程中，出现了一些颜色艳丽的鲤鱼，因其美丽和与众不同而披上神秘的色彩，被称为“神鱼”。1889 年日本人培育出红白锦鲤，到 1914 年，日本已经有 27 种颜色的锦鲤。如今，锦鲤品种达到 100 多个。我国锦鲤的养殖品种是来自日本。[②] 傅莉等(2017)认为，养殖锦鲤能怡情养性，美化环境，而且只要具备正确的鉴赏眼光和饲养方法，中小锦鲤还可以保值增值。刘雅丹等在《锦鲤》一书中列举了锦鲤鉴赏的基本方法：匀称健硕的体型、清晰艳丽的色质、匀称合理的花纹、优美顺畅的泳姿。[③] 2010 年 9 月 30 日，北京朝阳公园首次举办了观赏鱼大赛，福州金鱼协会的“兰寿”与北京红运锦鲤养殖中心的“白写”分别摘取了金鱼组、锦鲤组的冠军。在随后举行的观赏鱼拍卖会上，这尾“白写”拍出了全场最高价 120 万元，足以看出这些鱼类的观赏与审美价值。

我国虽然不是培育现代锦鲤的国家，但是在长期的渔业育种工作中也培育出了中华彩鲤、兴国红鲤、荷包红鲤、玻璃红鲤、瓯江彩鲤、龙州镜鲤等观赏鲤。[④]

在现代，观赏鱼以它的艳丽体色、奇特体态、多样习性而受到人们的喜爱。林学钦(2004)指出，全球鱼类有 5 万种左右，其中有观赏价值的约为 1 000～2 000 种，利用普遍的则在 500 种左右，且绝大部分是淡水鱼类。我国有 250 多种观赏鱼，大多是经过人工长期培育创造出来的，蕴含着丰富的历史文化信息。

---

① 汪学杰主编：《金鱼的养护与鉴赏》，广东科技出版社，2018 年 3 月。
② 刘雅丹、白明编著：《锦鲤》，海洋出版社(北京)，2014 年，第 7—8 页。
③ 刘雅丹、白明编著：《锦鲤》，海洋出版社(北京)，2014 年，第 28—34 页。
④ 刘雅丹、白明编著：《锦鲤》，海洋出版社(北京)，2014 年，第 24—27 页。

饲养这些鱼类，不仅给人们带来美好的视觉享受和愉悦的心情，还传达出美学理念和审美价值。

（二）从《诗经》、远古鱼纹到绘画、民歌和文艺创作——文学艺术价值

鱼类的文学艺术价值与多种文化艺术形态有着密切的联系。**一是鱼类与文学创作。**在公元前春秋战国时代的《诗经》中，对养殖鲤鱼已有较多的阐述和记载（许品章，2014）。《诗经》中出现鱼字和鱼名的地方约有30余处，涉及的鱼名有鲂、鳣、鲔等12种；《诗经》中有咏鱼的诗篇，有当时的捕鱼方法，以及鱼在春秋战国时代人们生活中的诸多作用。① 唐诗中关于鱼的诗歌数目有近3 000首之多（王乐，2017）。自北宋诗人苏舜钦和苏东坡在诗词中涉及金鱼以后，随着畜养金鱼的普及，以金鱼为艺术题材的诗词也大量出现，如清代词人陈维崧以词牌《鱼游春水》吟咏金鱼的词即多达三四首，近代鸳鸯蝴蝶派作家周瘦鹃先生曾写了颇富情趣的散文《金鱼话》上下篇来记述他养金鱼的乐趣，现代著名文学家邓拓也有一首七律诗歌咏金鱼（沈伯平，2014）。**二是鱼类与绘画艺术。**从远古鱼纹到绘画创作再到邮票设计，鱼类的文学艺术价值不断得以体现。清末著名画家如天津的梅振瀛、扬州的虚谷等都特别擅长以金鱼入画，近现代绘画大师如齐白石、吴作人、刘奎玲、汪亚尘、赵少昂、凌虚等也都有金鱼绘画传世（沈伯平，2014）。赫哲族常常以绘画、雕刻、伏帖等方式将以水波纹、鱼鳞纹、鱼网纹等几何文饰为主的图案形状运用于服装、器皿的装饰上，这些异彩纷呈的图案造型艺术让人们强烈地感受到赫哲族渔文化的韵味（谭杰，2012）。**三是鱼类与民歌民谚。**我国渔民先辈们在渔业生产生活中创作了许多渔谣、渔歌、渔谚和歇后语等。如赫哲族渔民根据各种鱼类的活动规律和自然季节的变化，将“二十四节气歌”与渔业生产的季节性结合起来，编撰出“立春棒打鱼，惊蛰忙织网”的“捕鱼节气歌”（黄任远，2003）。另外，还有口头说唱文学“伊玛堪”、说胡力（民间故事）、特伦固（历史故事、民间传说等）、嫁令阔、赫尼哪、白本出、博布力等曲调，也是赫哲族人民在捕鱼生产之余触景生情创作的优美动听的曲调（谭杰，2012）。

（三）从鲤鱼到松浦镜鲤、福瑞鲤——科研价值

渔文化的科研价值表现为以下几方面。**一是物种价值。**从远古鱼种到现代鱼种，鱼类的繁衍更迭产生了巨大的物种价值。世界上已知鱼类约有26 000多种，淡水鱼约有8 600余种。我国现有鱼类近3 000种，其中淡水鱼有1 000

---

① 洪湛侯：《〈诗经〉中的鱼文化》，《浙江海洋学院学报（人文科学版）》，2000年9月第17卷第3期。

余种。英国生物学家、进化论奠基人达尔文在《物种起源》《动物和植物在家养下的变异》等著作中，以中国金鱼为例，证明他的物种进化论学说。**二是生物学研究价值。**形态特征的多样性和数以百计的品种，使金鱼的变异和遗传蕴含着丰富的科学知识，成为遗传育种和教学研究的重要对象，也是面向青少年进行科普宣传教育的生动教材（沈伯平，2014）。我国著名科学家陈桢教授著有《金鱼的家化与变异》一书，成为遗传学研究领域中的经典文献；世界著名生物学家林奈在其名著《自然系统》中将中国金鱼作为研究鲫鱼的模式标本。

淡水鱼的科研价值一旦转化为经济价值则可以造福于民。2008年，国家大宗淡水鱼产业技术体系诞生，该体系育种岗位科学家培育的松浦镜鲤等新产品为渔民带去丰厚的回报。松浦镜鲤是中国水产科学研究院黑龙江水产科学研究所石连玉研究员利用德国镜鲤第四代选育系（F4）与散鳞镜鲤杂交而成功选育得到的一个镜鲤新品种。松浦镜鲤与常规养殖的鲤鱼品种相比，具有体型完好、含肉率高、生长速度快、成活率高、适应性强、抗病力强、易垂钓或捕起、人工驯化程度高、养殖经济效益高等诸多优点。这一成果2009年1月6日通过了全国水产原种和良种审定委员会的审定，获得中国水产科学研究院科技进步一等奖。作为农业部“十二五”主推的大宗淡水鱼类新品种，松浦镜鲤在黑龙江、吉林、辽宁、内蒙古、天津、河北、山东、重庆、广西和广东等省市推广养殖。① 福瑞鲤是中国水产科学研究院淡水渔业研究中心董在杰研究员以建鲤和野生黄河鲤为原始亲本进行杂交，通过1代群体选育和连续4代家系选育后获得的鲤鱼新品种，2011年获得农业部水产新品种证书，也是农业部“十二五”主推的大宗淡水养殖鱼类新品种。福瑞鲤在山东、河南、吉林、辽宁、宁夏、甘肃、内蒙古、陕西、新疆、四川、重庆、江苏、云南、贵州、广西、福建等16个地区进行了示范推广养殖，累计推广面积达30多万亩。② 松浦镜鲤、福瑞鲤等通过体系推广到各个综合试验站进行养殖，为西北贫瘠大地和西南贫困山区的渔民送去了致富的种子和希望，促进了当地的渔业技术进步。

（四）从渔猎到养殖——社会价值

渔文化的社会价值表现在以下几个方面：**一是生产方式转变带来的社会价值。**从渔猎到养殖，渔业生产方式发生了转变，渔民的生活方式随之变化，促进社会生活方方面面的繁荣与发展。陶思炎（1990）指出，鱼类是最早的人工食物，对初民生产领域的开拓、劳动工具的发明及智力的开启与艺术创作的推动，

---

① 信息来自国家大宗淡水鱼产业技术体系研发中心。

② 信息来自国家大宗淡水鱼产业技术体系研发中心。

甚至对巫术与原始宗教的发展，都具有十分重要的意义。王为华(2009)认为，对自然崇拜的生存观念、游动迁徙的生存方式、合作和分享的平和心态构成了渔猎文化的基本特征。至秦汉时期，淡水鱼的养殖已从池塘这样的小型水体发展到湖泊这样的大型水体。**二是文化资源开发带来的社会影响力。**丰富多彩的饮食文化、垂钓文化、观赏鱼文化等促进了我国休闲渔业的长足发展，使渔文化传播速度加快，呈现出潜力巨大的社会影响力以及不可估量的生态价值。以浙江青田稻鱼共生系统为例，在距今1 300多年的唐代，青田即有稻田养鱼，但长期以来都是人放天养为主。20世纪50年代青田县鼓励农民饲养田鱼，但仍以自然养殖为主。直到农村改革开放以后，当地的田鱼饲养才在单产、面积等方面有了大的发展。2002年，联合国粮农组织(FAO)发起全球重要农业文化遗产保护项目后，我国科学家与FAO保持密切联系，国内外专家学者多次实地考察，青田稻鱼共生系统在2005年被FAO列为首批“全球重要农业文化遗产”，由此蜚声世界，每年当地都有数万名游客前来，当地农民群众因此受益，而与青田稻鱼共生系统伴生的山水风光、特色建筑、传统村落古建等也一并焕发出新的光彩[①]。**三是增进友谊和国际交流。**鱼类是和平、幸福、美好、富足的象征。古代贤达之人有以干鱼作为贺诞礼物的传统，彰显了君子之交淡如水的美德(刘自兵，2015)。唐代盛行“鱼符”“鱼袋”制度，是鱼文化在政治制度层面的体现(王乐，2017)。在国际交往中，鱼类还起到友好和平使者的作用。比如1976年墨西哥把稀有的盲鱼作为贵重礼物赠送给北京动物园；1997年日本则把经挑选的最珍贵的锦鲤作为礼品送给我国政府(陶宝山、陈蓝荪，2000)。

三、相关研究方兴未艾

我国历代一直有不同角度的渔文化研究，对后人了解渔业发展历史、研究与传承渔文化，有着重要的参考价值。改革开放后，特别是近年来，中国渔文化研究方兴未艾，相关文献层出不穷。对截至2018年9月30日的中国知网文献进行搜索发现，输入关键词“鱼文化”，共搜索到999篇文章；输入关键词“渔文化”，共搜索到364篇文章；输入关键词“渔业文化”，共搜索到166篇文章；输入关键词“渔村文化”，共搜索到139篇文章；输入关键词“渔民文化”，共搜索到171篇文章；搜索关键词“渔文化遗产”，共搜索到32篇文章。归纳起来，这些

---

① 焦雯珺、闵庆文主编：《浙江青田稻鱼共生系统》，中国农业出版社，2015年10月。

渔文化文献主要集中在渔文化的内涵与价值(前文已述及,此处不再赘述)、食鱼文化、渔民与渔村文化、渔文化的保护与开发等方面。以下稍作述评。

(一) 食鱼文化

中国人的食鱼习惯由来已久,并逐渐形成风格独特的食鱼文化,成为中华饮食文化的重要组成部分。随着社会经济的发展,食鱼文化朝着多样化、健康化、市场化的方向发展。这里从食鱼文化的历史渊源、食鱼的制作工艺、食鱼的风俗习惯三个方面对相关文献进行梳理。

1. 食鱼文化的历史渊源

我国丰富的鱼类资源是先民饮食中的重要食材。人类对鱼鲜的食用为时甚早,但食用方法以及由此演进的饮食文化,却是漫长的历史过程(张义浩,2000)。随着捕鱼技术的进步和渔业产量的增加,古人对鱼类品种的认识逐渐增多,制作和食用各类鱼鲜的工艺和方法也不断增加,并由此创造了丰富的鱼类饮食文化。在汉代马王堆汉墓的遣册中,白鱼、鲤鱼、鲍鱼、鲂鱼、鰿鱼等多种鱼类品种被记录在册,砖石画像和墓葬壁画中,鱼鳖的图像经常出现,反映了民间喜好吃鱼的习俗(王子今,1992)。唐代食鱼之风风靡一时,蒸鱼、鱼鲊、鱼炙等食鱼方法多种多样,其中鱼鲙成为唐代人主要的食鱼方式,诗歌、笔记小说等诸多史料都记载了唐代人对鲙品的喜爱(王乐,2017)。

2. 食鱼的制作工艺

在原始社会,人们食鱼一般是即捕即食,可以生食也可以熟食(付水晶,2011)。随着捕鱼、吃鱼技术的不断进步,食鱼制作工艺也逐渐增多。比如赫哲族吃鱼方法名目繁多,凉拌、吃鱼片、刨鱼花、烤生鱼、直接吃冻鱼等。[①] 随着渔业产量的增长,人们捕获的鱼有了剩余,为延长保存时间和提高使用价值,开始出现了其他的制作工艺,其中用盐腌制和晒干是最简单、最普通的加工方法。《家语》中记载“周武王喜食鲍鱼”,这里的“鲍”即指鱼干(乐佩琦、梁秩燊,1995)。广西人喜渍制鱼为“鱼鲊”,有存十年不坏者。云贵地区也有这种制鱼方法。[②] 而论饮食制作工艺,我国江浙地区当属最为突出。《清艺录》记载的南方名菜“玲珑牡丹鲊”,要求色泽微红,形如“牡丹初开状”,体现了长江下游地区“精细”的饮食风格。[③]

---

① 王世卿、王积信、吕品:《赫哲鱼文化》,黑龙江教育出版社,2011 年 5 月第 1 版,第 126—130 页。

② 方铁、冯敏:《中国饮食文化史(西南地区卷)》,赵荣光主编,中国轻工业出版社,2013 年 12 月第 1 版,第 146 页。

③ 方铁、冯敏:《中国饮食文化史(西南地区卷)》,赵荣光主编,中国轻工业出版社,2013 年 12 月第 1 版,第 134—135 页。

(3) 食鱼的风俗习惯

各地区、各民族都有自己的食鱼风俗和习惯。郑春柳(2009)以案例形式介绍了食鱼生的进餐规矩与禁忌,如鱼生餐桌摆放规矩、饮食者性别、年龄规定、食鱼礼节等。王世卿等(2011)通过口传资料的采集,分享了赫哲族人吃鱼的习俗。王婷荣(2011)结合不同地区的实地调查,比较分析了人们的食鱼禁忌与食鱼习惯等。张家捷(2015)对比分析了中日两国食鱼的历史和习惯,认为中国人吃鱼尤其是吃整条鱼的时候有一定的礼数和习俗,从一定程度上来看是受传统的儒家思想影响。在中国素有“无鱼不成席”一说,中国八大菜系中都有鱼菜,而且鱼通常作为压轴菜登上餐桌。张义浩(2017)从鱼鲜的美好寓意视角分析了人们养成吃鱼习惯的主要原因。在我国长江中下游地区,由于水产丰富,当地人民对于鱼的新鲜程度要求较高,形成了吃时令鱼鲜的习惯。吴地的四时鱼鲜、鱼馔,古今闻名。苏州人吃鱼历来讲究时令季节,太湖渔民同样如此,一年十二个月都有时令鱼品,而且渔民注重“吃鱼要吃原汁”。① 我国少数民族也有各自独特的食鱼习惯。例如赫哲人喜食鱼生和鱼炙,“鱼生”对地域饮食文化影响甚大,成为族群的重要徽志。由于常年捕鱼吃鱼,赫哲人还总结了一些用鱼治病的方法。赫哲人食鱼也有一定的遵循,如鱼头要对准长辈或客人,长辈或客人不动筷,则其他人不准先撮鱼头。② 而我国西南地区的苗族因过去缺少食盐而形成以酸辣调味的习惯,苗族人吃鱼最有代表性的就是酸汤鱼。③

(二) 渔民与渔村文化

渔民与渔村文化是中国渔文化的重要内容。国内学术界对渔民与渔村文化的研究主要集中在渔民生活习俗、渔民信仰、渔民服饰文化、渔村历史演变以及渔村民居建筑等几个方面。

1. 渔民文化

其一是渔民生活习俗。渔民们在长期的渔业实践中养成了许多生活习俗,衍生出独具特色的民俗活动。诸多太湖渔民喜欢在船艄摆一盆“万年青”以消灾辟邪;南太湖渔民定亲时女婿必定要手提一对“鲤鱼”并贴上红纸,来看望未来的岳父母,而在成亲之后连着三年也要以鱼为礼孝敬岳父母;南太湖渔家生子三天要做“三朝”,生儿子的菜肴必上鲢鱼,生女儿的菜肴必上鲤鱼等等。④

---

① 朱年、陈俊才:《太湖渔俗》,苏州大学出版社,2006 年第 1 版,第 74—75 页。

② 王世卿、王积信、吕品:《赫哲鱼文化》,黑龙江教育出版社,2011 年 5 月第 1 版,第 109、124—125、167—175 页。

③ 欧时昌、黄艺主编:《民族饮食文化》,经济管理出版社,2015 年 6 月第 1 版,第 45 页。

④ 朱年、陈俊才:《太湖渔俗》,苏州大学出版社,2006 年第 1 版,第 77—107 页。

其二是渔事禁忌。渔民常年水上作业，风里来浪里去，随时可能遇到突发事件，对大自然心存敬畏，在渔业生产中也形成了种种禁忌。王婷荣(2011)将这些禁忌分为语言禁忌和行为禁忌两大类。陶思炎将鱼事禁忌分为船忌和渔忌，船忌是渔船下水后的各种约定俗成的禁规，旨在免祸求安；渔忌是直接与捕鱼相关的禁忌，旨在避祸和求获。① 赫哲族人捕鱼忌讳大声喧哗、说怪话，要用隐语。② 太湖渔民在开捕前都会在甲板上举行简单的祭祀仪式，焚香上供，叩拜各路"水神"。③ **其三是渔民信仰。**包括天后信仰、龙王信仰、渔宗信仰等，很多渔村都建有天后宫、天后庙、龙王庙、龙母庙、郎君庙等。祭拜信众已不再仅限于渔民(宋宁而、王聪，2012)。八百里太湖周边，对神灵的信仰十分庞杂，渔民基本上是有神必拜、逢庙烧香，"实用性"和"封闭性"是当地渔民信仰的主要特点。④ **其四是渔民服饰文化。**程丽云(2006)从历史视角分析了渔民服饰演变。谭杰(2012)以赫哲族人为例，分析了渔民服饰的种类与制作加工过程。张敏杰(2008)介绍了渔民服饰上的装饰物件，体现了渔民服饰文化的艺术价值与美学价值。太湖渔家儿童为防风寒而戴"捂兜帽"，太湖越溪渔民冬季作业时穿防水防冰保暖的"木靴"，渔家女穿耐磨的老青布做成的下摆宽大的"作裙"，男性渔民着厚实耐穿的"包裤"，夏季着短裤，常年戴帽子。⑤

2. 渔村文化

其一是渔村历史演变。在我国漫长的渔业历史中，很多地区的渔民都是以船为家，到处漂泊，他们一般分散捕捞，单独行动，没有组织，而形成比较独立的社会村落已经是进入近现代社会以来的事情了。国内不少学者以个案的形式分析了我国渔村的历史演变过程与发展现状(祝丽云等，2013；王婷荣，2014；吴静，2017)。**其二是渔村民居建筑。**因地理位置及传统文化内涵的差异，各个区域所呈现出来的渔村文化不尽相同。从居住方式上来看，北方沿海地区大多是院落形式的，以海草房为代表；而南方大多以船为家，衣食住行都在船上(张晓光，2013)。程丽云(2006)以赫哲族为例，分析了渔民住宅建筑的由来，并将民居建筑分为临时性住房和固定住房两类，分别介绍了两类住房的特点与功能。在传统景观保留较为完好的渔村，很多民俗文化在传承和发展中展现着旺盛的生命力(赵蕾等，2014)。目前渔村传统民居几乎已经很难看到，取而代之的是新农村建设规划下的新型民居，但在新房外墙上仍然可以看到体现当地渔文化

---

① 陶思炎：《中国鱼文化》，东南大学出版社，2008年11月第1版，第54—56页。

② 王世卿、王积信、吕品：《赫哲鱼文化》，黑龙江教育出版社，2011年5月第1版，第108—109页。

③ 朱年、陈俊才：《太湖渔俗》，苏州大学出版社，2006年第1版，第81—82页。

④ 朱年、陈俊才：《太湖渔俗》，苏州大学出版社，2006年第1版，第200页。

⑤ 朱年、陈俊才：《太湖渔俗》，苏州大学出版社，2006年第1版，第77—78页。

特色的传统装饰(赵蕾等,2015)。要按照自然优先、整体设计、地方性、以人为本等原则,对渔村文化进行科学论证、筛选和提取,对现存的具有渔村特色的物质元素进行选择性保护(吴静,2017)。

(三) 渔文化保护与开发

形成和发展了几千年的渔文化,是先辈们渔业生产、生活智慧的结晶,是中华文化、渔村乡愁的重要组成部分,时至今日依然具有重要的传承价值。然而,随着社会经济的发展,一部分渔文化正面临着衰落和流失的威胁。很多专家、学者已经认识到保护和传承渔文化的必要性和紧迫性,并提出了相关对策建议。

1. 渔文化的保护

刘红梅(2013)认为,我国渔文化保护和发展取得了一定成绩,但与日韩、欧美等渔业发达国家相比,我们做得还远远不够,我国渔文化保护和发展与我国的渔业大国地位极不相称。路幸福(2012)认为"中国开渔节"传承了海洋渔文化的主要活动、价值观念、参与主体及文化空间,在文化内涵、文化活动、市场运作、社会功能等方面又有所发展。一些学者认为,应充分挖掘渔文化,构建渔文化生态保护区,加强渔文化整理性、系统性和动态性保护,重视渔文化的知识产权保护,建立政府主导、多方参与的渔文化保护和发展的体制机制,完善相关法律法规,提倡渔业"文化自觉",提高全社会对渔文化的保护意识(吕丞等,2012;杨斌等,2013;王婷荣,2014;刘红梅,2013)。

2. 渔业文化遗产

国内学术界对渔业文化遗产问题进行研究的相对较少,在知网上搜索到的32篇关于"渔文化遗产"的文献中,有的从利益相关者视角、现代产业发展视角,分析渔文化遗产的保护与开发(赵蕾等,2014;王国安,2013);有的从文化生态学视角分析渔文化遗产保护、渔文化遗产生态保护区建设(杨斌等,2013;熊国平、汪成璇,2014);还有的从社会变迁视角分析渔文化遗产保护路径(王聪,2013),从法律视角研究渔文化"非遗"管理制度(陈启科,2017)。渔文化遗产研究目前总体上看以个案研究为主。张丹,闵庆文(2015)以贵州从江侗乡"稻-鱼-鸭"系统为例,分析了"稻-鱼-鸭"系统独特丰富的生物景观、天人合一的生态智慧、和谐共生的生态机制以及严谨缜密的技术体系等。吴敏芳、邹爱雷(2014)总结了全球重要农业文化遗产地——浙江省青田稻田养鱼生态系统保护和发展经验。

3. 渔文化资源开发路径

开发渔文化资源,是传承渔文化的一种方式。国内学者认为,合理开发渔文化资源，推动其产业化发展，可以更好地发挥渔文化资源的精神价值、艺术价值和经济价值（励业等，2016；王婷荣，2014；吴敏芳、邹爱雷，2014）。周彬等（2011）构建了包括资源价值、资源承载力、资源影响力、市场开发条件、市场需求条件等5个方面14个评价因子的渔文化旅游资源开发潜力评价指标体系，为渔文化资源开发提供了理论参考与借鉴。祝丽云等（2013）提出，充分利用渔村、渔具、渔船、渔场、渔港、渔汛、渔灯、渔歌、渔曲、渔鼓等原生文化资源，通过举办钓鱼节、开渔节等节庆活动，深一步挖掘各地渔区拥有的具有浓厚地方特色的传统历史文化和各种人文遗存，创造满足现代人寻根问祖、返朴归真等体验需求的休闲渔业景区。还有的提出，要通过落实旅游资源开发资金，加强旅游产品建设，形成合理的产品体系，构筑特色旅游线路，加强区域旅游合作，政府主导参与、协调监管各方利益相关者等方式促进渔文化资源开发（郑之哲，2013；赵蕾等，2015；刘建红，2017）。

回顾渔文化的研究文献，可以发现，渔文化研究目前以介绍性文献居多，研究方法多采用案例分析、描述分析等定性分析方法，研究内容多集中于整体渔文化或海洋渔文化，对淡水渔文化的研究较为零散，缺乏系统性。中国淡水渔业发展历史悠久，渔文化久远、内涵丰富，研究空间巨大，而目前对淡水渔文化的研究相对滞后，研究成果数量较少。

四、研究缘起、本书框架结构和分工

2008年底，国家大宗淡水鱼产业技术体系成立，产业经济研究室首次加入渔业科技体系，成为组织创新的亮点。体系的最初创立者们希望这一岗位能够促进实现经济长入科技。2019年即将过去，在与体系相伴的十一年时间里，产业经济研究室推出了大型研究著作《中国淡水渔业发展问题研究》《大宗淡水鱼产业发展报告（2011—2015）》等研究成果，参与了《中国现代农业产业可持续发展战略研究：大宗淡水鱼分册》《中国鱼类工业化与可持续发展战略研究》《淡水养殖业可持续发展战略研究》等书籍的编写工作，尽己所能为我国渔业经济研究贡献力量。

2016年，在设计“十三五”岗位任务时，产业经济岗位科学家萌生了对我国淡水渔文化进行研究的想法。选择淡水渔文化进行研究的想法其实始于2009年。2009年，产业经济岗位科学家参加了在河南郑州召开的“中国鲤产业论坛”，会上，体系鲤鱼育种岗位科学家董在杰研究员做了一个关于鲤鱼文化的会议报告，并提到了两千多年前范蠡的《养鱼经》，引起了与会者的兴趣。搞技术的育种科学家为什么关注渔文化？渔文化的研究应该怎么做？作为社会研究的学者，我们隐隐觉得，渔文化研究是个跨学科的大课题。在体系内从事研究的十年时间里，这份好奇心一直都在，但是受限于研究精力和条件，在“十一五”和“十二五”期间都没能腾出精力来做这件事情。进入“十三五”之后，我国渔业发展的外部环境已经有了新的变化，国家对农村一二三产业融合发展问题越来越重视，文化与经济相促相长的情况也越来越多，我们越发感到，渔文化的研究已经成为显学。2017 年，在同步推进绿色高效养殖模式、稻田综合种养、大宗淡水鱼产业全要素生产率、产业预警等研究专题的同时，产业经济研究室实施了渔文化的调查摸底工作。产业经济岗位科学家陈洁提出研究思路并组织实施全体系的淡水渔文化调查工作，问卷设计则由在农业文化遗产方面有较好研究基础的团队成员张灿强博士负责。2017 年 9—10 月，国家大宗淡水鱼产业技术体系 29 个综合试验站积极参与了我国淡水渔文化的调查和有关资料信息的采集工作。在此基础上，2018 年，产业经济研究室正式启动了“中国淡水渔文化”研究工作，共有 7 位团队成员参与了该项研究。本书就是在上述调查研究的基础上形成的，是产业经济研究室团队成员集体努力的成果。

《中国淡水渔文化》由陈洁提出写作思路框架和拟定书稿章节。全书主要分八个章节。

前言主要概述了本书的研究价值、淡水渔文化的内涵和主要价值、相关文献综述以及章节内容和分工。第一章主要介绍我国淡水渔业发展历史与渔文化演进，按不同社会形态和时序来进行纵向梳理，重点对新中国渔业生产的进步和渔文化的发展进行概述，以较多笔墨介绍改革开放以来渔业和渔文化的多元发展。第二章主要介绍我国淡水渔文化的类型和概况，依据其地域特点、渔业生产方式、价值和功能、文化形态、开发利用程度等，划分多种类型，并逐一概述；基于实际情况，还对南北渔文化的共性与特性做了分析，对捕捞和养殖渔文化并存互补情况进行了研究，对休闲渔业文化一枝独秀的情况进行了介绍；对物质文化与非物质文化的关系，以及渔业历史文化、遗产文化和产业文化等之间的关系进行了剖析。第三章主要列举我国淡水渔业物种资源、渔具和渔技。第四章主要介绍我国淡水饮食消费文化，从源流、表现、特点、发展几个方面展开论述。第五章主要概述了我国的传统渔业民间文化，将我国传统渔业民间文化分为六个部分，包括与渔文化相关的民间神话、文物古迹、鱼文化节庆、文字与艺术、传统饮食、人文风情与禁忌等，展示渔业对形成我国劳动人民的精神文化、凝聚产业文化、丰富生活文化的作用。第六章着重于对我国传统淡水渔村发展变迁和特色渔业景观的人文价值以及保护利用等情况进行论述。第七章探讨了我国淡水渔文化遗产传承问题，涉及淡水渔文化的内涵与特征、我国淡水渔业文化遗产调查情况、淡水渔业文化遗产保护和利用、渔业文化遗产保护等问题。第八章主要探讨中国淡水渔业产业文化的兴起与发展，主要包括淡水渔业产业文化的内涵和外延，淡水渔业产业文化的分类和表现，以及开发利用淡水渔业产业文化的典型案例。

全书分工和执笔情况如下。前言由陈洁、张莹执笔；第一章由张静宜执笔；第二章、第三章由刘景景执笔；第四章由张静宜执笔；第五章由张璟执笔；第六章由李竣、陈洁执笔；第七章由张灿强执笔；第八章由张璟执笔。全书由陈洁统稿和修改。

渔文化犹如无穷的宝藏，本书展示给读者的只是我国灿烂、悠久、迷人的淡水渔文化的冰山一角。渔文化内涵丰富和深邃，需要用更久的时间去品味，本书只是我们迈向新领域的一个尝试。在写作中，我们尽了最大的努力去寻找文献资料、阅读书目和完善篇章内容，希望交出一份令人满意的、合格的作业。

文中不当或错误之处，还请读者不吝批评指正。

编　者

2019 年 10 月 10 日

目录

第一章
我国淡水渔业发展历史与渔文化演进

我国捕鱼养鱼历史十分悠久，渔文化源远流长。早在原始社会，人类便将捕鱼作为谋生的手段。随着农耕文明的发展，渔业在中国经济社会中的重要性相对下降，但在沿海、沿江等水源密集的区域，渔业仍然发挥着重要的作用。在漫长的历史时期内，随着渔业生产技术和模式不断推进，渔文化的内涵、功能、形态也发生了较大的变迁，呈现出盛衰互现的发展曲线。渔文化就像一颗璀璨夺目的明星，在人类的文化宝库中熠熠生辉。从渔业生产中派生的风土人情、传统习俗、生活方式、文学艺术和价值观念等，具有果腹之外的象征含义①，在精神文化世界里延伸出更加丰富多彩的渔文化传承至今。当前社会经济发展和人们生活水平不断提高，传统渔业生产已经不再是渔业的全部内容，渔业所寄托的精神文化则进一步凸显，并在产业经济发展和文化传承的互相促进中发挥了更大的作用。

一、历史上的渔业生产和渔文化发展演进

渔业是人们以一定水域为依托，利用水生生物肌体本身生物量的增长，通过劳动取得水产品的物质生产事业②，是自然再生产和经济再生产两个过程交织的生产活动。我国东南两面临海，内陆江河湖库星罗棋布，渔业资源较为丰富。人们从事渔业生产历史悠久，发展出多种多样的渔业生产模式，渔业发展成就领先于世界。随着我国渔业发展的自然、地理、社会、经济条件的变化，渔

---

① 陶思炎：《中国鱼文化》，东南大学出版社，2008 年。
②《当代中国》丛书编辑部：《当代中国的水产业》，当代中国出版社，1991 年。

文化也演化出独特的体系、脉络，其内涵和形态发展一脉相承。渔文化起初与先民的生产生活紧密相关，鱼类生活在江河湖海之中，繁衍众多，是人类最早的食物来源之一，因此唤起了早期人类崇敬、祈愿、沟通天人的情感。经过长期的沉积、调适与传播，渔文化的载体与内涵形式随之改变，各种鱼图、鱼物、渔俗、渔歌等文化形式涌现流传，形成一条内容形式多元的文化链条，并演化为相对独立的象征意义和精神文化符号。

（一）原始社会渔业和渔文化的初步发展

原始社会生产力低下，人们以狩猎和采集食物为生，仍不足以维持生活。于是，人们开始将生产活动扩展至水域，把水生动植物纳为食物来源，从而出现原始的渔猎活动。海洋捕捞可上溯至七千年前的河姆渡文化时期。那时，原始人类就在东海杭州湾一带乘坐独木舟从事海上捕捞活动。当时的人类已经食用淡水鱼，从周口店山顶洞中发现了大量的鱼骨，在这些鱼骨中，有一块草鱼上眶骨的上面钻了一个小孔，并且涂有颜色[①]，说明当时的人类是在湖泊里打鱼，不仅食鱼的肉，还用鱼的骨头制成饰物。旧石器时代，渔文化初步形成了食物来源、劳动对象和精神寓意的关联。新石器时代，人类渔猎活动更为丰富，人类啃食贝壳后留下的贝壳堆，成为距今六千年到四千年的贝丘遗址。其中，以广东潮安地区的贝丘遗址最为著名，贝丘遗址出土的文物还有陶器、石器和骨器，并有用于渔猎活动的箭头、网坠、鱼钩等，可见捕捞渔猎成为当时人们重要的生计活动。在磁山文化遗址、仰韶文化遗址、大溪文化遗址、河姆渡文化遗址，红山文化遗址、良渚文化遗址、龙山文化遗址等处，发现了多种捕鱼工具和各类质料与形态的鱼图，从山东大汶口文化遗址中，还出土了五千年前的海产鱼骨和成堆的鱼鳞。生物学家根据鱼骨鉴定，认为其中包括鳓鱼、黑鲷、梭鱼和蓝点马鲛 4 种海产鱼类[②]，证明人类已经能够捕捞各品种的鱼类，而且捕捞技术已有相当大的发展。在水产自然条件较好的一些地区，渔业发展为专业性的生产部门，与人们的生活联系更为紧密，在这个过程中，鱼物、渔具、鱼信、鱼俗大量涌现，原始渔文化进入一个早期的高峰。

渔业在生产领域取得了真正意义上的物质成就后，还衍生出各类与渔业相关的文化形式和功能。鱼类一旦摆脱了单纯的食用价值，成为人类物质生产与精神创造的对象，文化的系统便开始形成了。在鱼类成为人类先祖有意识、有心智的实践对象的同时，也出现了赋予人们此类技能的神话传说，人们认为中

---

① 刘建康、何碧梧主编：《中国淡水鱼类养殖学》（第三版），科学出版社，1992 年。

② 《当代中国》丛书编辑部：《当代中国的水产业》，当代中国出版社，1991 年。

华民族的先祖伏羲教先民捕鱼，从而使我国渔业有了快速发展[①]。鱼类形成有关精神世界的神秘意象，并寄托着人们同化于大自然，受惠于大自然的祈望。远古时生育率低下，新生儿夭折率很高，而鱼类的生殖力很强，在对生殖规律普遍缺乏认知的情况下，远古人类对鱼的生殖力产生崇拜，“双鲤之形”满足了他们崇拜鱼而繁育自身的美好寄托。位于川东鄂西的大溪文化遗址反映了长江中游新石器文化，大溪三号墓墓主口咬两条大鱼尾，鱼分两边放在遗骸上，表达了人类想要获得鱼类强大的生殖力的原始愿望[②]。仰韶文化中的人面鱼纹，显示了人类对鱼的崇拜与神化，具有鲜明的原始宗教情结。此时，鱼类一方面是早期人类的重要动物蛋白质来源，另一方面成为远古人寄托人丁兴旺、沟通天人等愿望的适宜载体。

（二）奴隶社会中渔业和渔文化的进步

自夏朝至秦统一中国前的奴隶社会，是中国渔业发展的初期阶段。这个时期，随着人们对自然认识的深化和渔业活动范围的扩大，生产开始转向以农业为主，但渔业仍占重要地位。夏文化遗址出土的渔具中有制作精良的骨鱼镖、骨鱼钩和网坠，反映了当时的捕捞生产状况。据史书《竹书纪年》载，夏王芒“狩于海，获大鱼”，说明海洋捕鱼是受重视的一项生产活动[③]。海洋渔船的出现是这个时期的最主要的进步，渔民的活动范围从滩涂扩展到浅海生产，捕捞游动性比较大的鱼类。《管子・禁藏》载：“渔人之入海，海深万仞，就彼逆流，乘危百里，宿夜不出者，利在水也。”[④]这说明当时渔业的船只、网具和捕捞方法都已有相当的进步。周代是渔业发展较快的时期，捕捞工具已趋多样化，还创造了一种叫“罧”的渔法，是将柴木置于水中，诱鱼栖息其间，围而捕取，成为后世人工鱼礁的雏形。到春秋时代，铁器使用有所普及，出现了铁质的鱼钩，渔业生产力相应提高。

渔业在沿海诸侯国的经济发展中占有重要地位。齐国地处山东沿海地区，称为“海王之国”，《左传纪事本末》中描绘为：“通鱼盐之利，国以殷富，士气腾饱。”[⑤]燕、楚、越等国的渔业经济取得显著发展，司马迁在《史记》中说：“燕有鱼盐枣栗之饶”“楚越之地，地广人稀，饭稻羹鱼”。[⑥] 随捕捞渔业的发展，渔业管

---

① 郭旭升、黄荣静、潘开宇：《渔文化漫谈(结束语)》，《河南水产》，2017 年第 3 期，第 38—39、42 页。

② 宁波：《鱼文化的历史演化》，《中国水产》，2008 年第 2 期，第 79—80 页。

③ 施鼎钧：《辉煌的中国渔业史》，《北京水产》，1999 年第 6 期，第 44—45 页。

④ 赵守正：《管子注释》，广西人民出版社，1987 年。

⑤ [清]高士其：《左传纪事本末》，中华书局，1979 年。

⑥ [汉]司马迁：《史记》，中华书局，2010 年。

理成为政权中一项重要职能，周代开始对渔业设官管理。《周礼·天官冢宰第一》载，渔人有“中士四人、下士四人、府二人、史四人、青三十人、徒三百人”①，已形成一支不小的管理队伍，除捕取鱼类供王室需用外，还执掌渔业政令并征收渔税。为保护鱼类资源，周代还规定了禁渔期，一年之中，春季、秋季和冬季为捕鱼季节，夏季鱼类繁殖，禁止捕捞。周代对渔具、渔法也作了限制，规定不准竭泽而渔。水产品逐渐成为主要商品之一，《荀子·王制篇》载：“东海则有紫紶、鱼盐焉，然而中国得而衣食之。西海则有皮革、文旄焉，然而中国得而用之。故泽人足乎木，山人足乎鱼。”②鱼产品是沿海地区与内陆进行交换的重要商品，重要性进一步凸显。进入奴隶社会，随着生产力水平的提高和生产领域的扩大，人们得到的食物有了剩余，加工和保藏的需求增强了。《家语》中书有“周武王喜食鲍鱼”，《礼记》记述“槀鱼曰商祭”，此处提到的“鲍”“槀”均指鱼干，可见当时鱼类加工腌制较为盛行③。

淡水养鱼已在部分地区盛行。中国是世界上最早开始养鱼的国家，一般认为池塘养鱼始于商代末年，最早记载见于殷墟出土甲骨文卜辞。殷墟出土甲骨文“渔”字，有象征双手拉网捕鱼和象征用手持竿钓鱼象形文字。《诗经·大雅·灵台》有云：“经始灵台，经之营之，庶民攻之，不日成之……王在灵沼，於牣鱼跃”④，记载了凿池养鱼的生产活动，而且池中鱼长得很好，周文王游于灵沼，见其中饲养的鱼在跳跃，这是池塘养鱼的最早记录。从天然水体中捕捞鱼类到人工建池养殖鱼类，是渔业生产的重大发展。渔业发展至此出现了专门的养鱼著作，范蠡的《养鱼经》是世界上最早的一部养鱼著作，大约写作于公元前460年左右，《养鱼经》以问对形式系统记载了淡水养鱼生产活动中的鱼池构造、亲鱼规格、雌雄鱼搭配比例、适宜放养的时间以及密养、轮捕、留种增殖等养鲤方法，是中国养鱼史上值得重视的文献。

渔文化进一步内化为人们的生活信仰和美好追求。人们相信世间万物都有魂灵，认为江有江神，河有河神。鱼类生活在江河湖海，在生产力低下的发展阶段被视为神秘之物，逐渐形成了独特的信仰崇拜文化和渔业文化禁忌，如祭祀妈祖、神话传说和捕鱼食鱼的忌讳。在物质形态上，铜鼎、铜盘等青铜礼器和餐具上出现大量的鱼形铭文和鱼饰，相关的社会习俗与仪典形成并完善，成为统治阶级和百姓政治经济生活的一部分。此外，鱼类的形象在墓葬中占有重要地位，衍生出与鱼紧密相连的墓葬文化，玉鱼、蚌鱼大量见之于墓葬，几乎成为

---

① 胡平生：《礼记》，中华书局，2017年。

② 王先谦：《荀子集解》，中华书局，1985年。

③ 乐佩琦、梁秩燊：《中国古代渔业史源和发展概述》，《动物学杂志》，1995年第4期，第54—58页。

④ 高亨：《诗经今注》，上海古籍出版社，1980年。

当时必备的随葬品。此时鱼的文化涵义出现了礼俗化趋向。鱼是馈赠友人之佳品，“渔”代表着喜庆富裕、祝愿美好的意思，孔子的夫人生下男孩，鲁国国君送来几尾鲤鱼，孔子“嘉以为瑞”，为儿子取名鲤，表字伯鱼。“古来闲者，多隐于渔。”姜太公钓鱼，愿者上钩；范蠡也是功成身退的典范；庄子说：“钓鱼闲处，无为而已矣。”这些都反映出一种归隐自然的精神追求。春秋时期的诸侯割据和战乱，鱼所代表的制度化意义逐渐淡漠，但是在普通民众中以更加活跃的形式存在，如漆器、玩具、帛画等日常用品中都出现了鱼的形象。

（三）秦至清代的发展

自秦代至清代，中国淡水渔业持续发展。汉代，池塘小水面养鱼发展为湖泊、河流等大水面养鱼，在《三辅故事》中有载：“武帝作昆明池学水战法。后昭帝年少，不能复征伐，于池中养鱼，以给诸陵祠，余付长安，市鱼乃贱。”①汉武帝在长安（今西安）开挖了方圆 40 里的昆明池，用于训练水师和养鱼，所养之鱼除供宗庙陵墓祭祀用外，多余的在长安市场销售，说明昆明池产鱼不少，以至影响当时长安的鱼价。《史记 · 货殖列传》有“水居千石鱼陂，……此其人皆与千户侯等”的记载，说明可产千石鱼的大水面陂塘获利之厚。南朝齐时有了河道养鱼，据《襄阳耆旧传》载，湖北襄阳岘山下汉水中所产鳊鱼肥美，以木栅拦河道养殖，禁人捕捞。刺史宋敬儿贡献齐帝，每日千尾，可见鳊鱼产量不小。稻田养鱼在东汉末年可能已出现。魏武《四时食制》中称：“郫县（今成都西北）子鱼，黄鳞赤尾，出稻田。”②渔业生产力显著发展，渔文化表现领域随之更为辽阔，在这时期渔文化产出的数量进一步积累，涉及面更加广泛，在瓦当、铜洗、铜烫、铜壶、铜案、铜鼓、木雕、帛画、灯具、壁画、岩画、画像砖石、乐器、散乐百戏等方面都有常见的鱼元素，特别是画像石中的鱼图，形式多样，内涵丰富，数量较大③。到了汉代，鱼的文化意象更加凸显，人们认为鱼有祥瑞之性。这段时期，人们对鱼类的文化再造经历了从生殖崇拜的动物神灵到祥瑞动物的身份过渡，也脱去神性光环开始向寄寓美好愿望的形象转变。先民祈望通过对鱼的崇拜获得超强繁殖力的原始祈望，在此时期演化为寄寓阴阳和合、长生不老、生死转化等心灵慰藉，鱼类成为吉祥的化身。

到唐代，因皇族姓李，李鲤同音，捕鲤必须放生，卖鲤受罚定为法律。在这种情况下，青、草、鲢、鳙的养殖逐渐发展起来。据《岭表录异》载，广东一带将草

---

① 刘建康、何碧梧主编：《中国淡水鱼类养殖学》（第三版），科学出版社，1992 年。
② 李士豪、屈若搴：《中国渔业史》，上海书店出版社，1984 年。
③ 陶思炎：《中国鱼文化》，东南大学出版社，2008 年。

鱼卵散养于水田中，任其取食田中杂草长大，“既为熟田，又收鱼利”[①]。宋代以后，人口不断增加，生产力不断发展，出现了较大的船网工具，陆续开发了各海区的沿岸渔场。据宋昌国县令王任之撰写的重修隆教寺碑文记载：居民“网捕海物，残杀甚多，腥污之气，溢于市井，涎壳之积，厚于丘山。”可见捕捞业之盛。宋太平兴国三年(公元 979 年)，紫菜还被列为贡品，海带被作为食用和药用之物。元大德年间(公元 1298 年)编修的《昌国州图志》记载，海产鱼、贝类已达 60 多种，每年供应鱼、盐 3.2 万市斤，朝廷还规定用鱼膘、鲨鱼皮纳税[②]。唐、宋时期皇室宫廷养鱼也很盛行，隋炀帝筑西苑，内有池种荷、菱和养鱼。唐代的定昆池、龙池、凝碧池、太液池等都是竞渡、养鱼之所，宋代皇室也筑池训练水师和养鱼。宋末浙东陂塘养鱼是到江外买鱼苗，用木桶运回放于陂塘饲养，3 年长到 1 尺长。南宋时期福建、江西、浙江等地养殖的鱼苗多来自九江一带。当时对鱼苗的存放、除野、运输、喂饵以及养殖等都已有较成熟的经验，对鱼病也有一定认识，苏轼在《格物粗谈》中提到：“鱼瘦而生白点者名虱，用枫树皮投水中则愈。”[③]观赏鱼类的金鱼饲养也始于宋代，这在世界上是最早的。原来人们所指金鱼常与鲤、鲫混称，宋代则饲养金鲫鱼，从池养发展为盆养。南宋高宗建都杭州后，饲养金鱼盛极一时。高宗本人就爱养金鱼，德寿宫建有专养金鱼的泻碧池[④]。据宋岳珂《桯史》记载，有的官吏到四川赴任，还专门用船装金鱼随任畜养，可见当时的盛况[⑤]。人们在畜养过程中逐步培育出不少新品种，如金色、玳瑁色金鱼等。这期间的渔文化进入了新的高峰期，体现在朝礼国律、婚丧习俗、金银饰件、鱼钥骨器、建筑构件等方面，鱼纹大量复出，尤以唐代为盛，人首鱼身墓俑、双鱼瓶等鱼物的风行体现了传统的复兴，同时，摩竭纹鸱吻、银盘、铜镜、灯盏等方面的鱼元素的新形式，则留下了中外文化交流与融合的实证[⑥]。

自唐以后，渔文化很快走向大众化、多元化、寻常化，成为寄寓美好富足生活的大众符号，广泛应用于民间日常生活。此前，奉祀神鱼、纹鱼祈福、铸造鲤符、鱼传尺素等，大多是达官显贵、文人骚客的文化特权，虽在普通百姓中有些影响，但主要是上层社会的文化活动。随着文明日趋进步和开明，渔文化便逐步融入普通百姓日常生活，迎来根植于民众的新生与发展，形式更加多样，寓意

---

① [唐]刘恂：《岭表录异》，广东人民出版社，1983 年。

② 《当代中国》丛书编辑部：《当代中国的水产业》，当代中国出版社，1991 年。

③ [宋]苏轼：《苏轼文集》，中华书局，1986 年。

④ 李士豪、屈若搴：《中国渔业史》，上海书店出版社，1984 年。

⑤ [宋]岳珂：《桯史》，中华书局，1981 年。

⑥ 陶思炎：《中国鱼文化》，东南大学出版社，2008 年。

更加广泛，应用更加普遍。民间日常生活中的鱼类吉祥物，大多是从语言的谐音而来，少数是根据鱼的形状、习性而来。例如，“连年有余”的吉祥图案，寓意生活美好；结婚用品上的“双鱼吉庆”，寓意婚后美满；店铺上的“渔翁得利”出自古代谚语“鹬蚌相争，渔翁得利”，寓意生意发达；如体形似龙的龙鱼，寓意“风水鱼”“招财进宝”“逢凶化吉”；胭脂鱼背鳍高大似帆，寓意“一帆风顺”等；鲤鱼产卵多，因而有“富贵有余”的吉祥之意。渔文化已深入寻常百姓家，在年画、剪纸、瓷器、餐具、书籍装帧、服装等诸多领域，都可以找到鱼的影子，可以说获得空前普及和泛化。渔文化由崇拜、专享到广泛普及，既赋予鱼文化创新发展的动力，又使其更加贴近民众、贴近生活，成为人们社会文化生活的重要内容①。赏鱼也成为一种高雅的乐趣，形态优美的金鱼演绎动静之美，富贵华丽的锦鲤寓意吉祥幸福，五彩斑斓的热带鱼可点缀庭院雅室，成为人们的情趣所在。

元代渔业养殖“近水之家，凿池养鱼”。《王祯农书》的刊行对全国养鱼也起了促进作用，书中辑录的《养鱼经》，介绍了有关鱼池的修筑、管理、饲料投喂等方法②。到了明代，随着社会的发展和造船业的进步，渔民创造了适合本地区捕捞的各种渔具和渔法，当时已有深罟、索罟、围罟、车缯、绞缯等渔船渔具，钓渔具也甚为发达。这一时期我国青鱼、草鱼、鲢鱼、鳙鱼的养殖技术更为丰富，自鱼苗到商品鱼的饲养过程，如鱼池建造、放养密度、搭配比例、分苗、转塘、饲料、施肥等各个方面积累了丰富的经验，达到了较高的技术水平。随着商品经济的发展，基塘式养鱼也开始形成。明万历郭棐《粤大记》记述：“近年蚕桑之家，将地挖深，坭复四周以为基，中凹下为塘，基六塘四，基种桑，塘蓄鱼，桑叶饲蚕，蚕屎饲鱼，两利俱全，十倍禾稼。”③金鱼饲养在明清时期继续发展，进入了盆养和人工选择培育新品种的阶段。明李时珍《本草纲目》中说：“宋始有蓄者，今则处处人家养玩矣。”④当时金鱼的花色品种之多难以胜计。中国金鱼在16世纪开始传入日本、欧洲，以后传至世界各地。清代海洋捕捞的对象进一步扩大，清初屈大均《广东新语》提到索罛、围罛⑤，即围网，这种网具最适于捕捞密集或合群游弋的中上层鱼类，大宗捕捞有带鱼、比目鱼、鲳鱼等经济鱼类数十种。淡水养鱼

---

① 宁波、刘顺、何琳：《中国古代鱼文化的隐喻意象与历史演化》，《中国渔业经济》，2017年第4期，第93—99页。

② [元]王祯：《王祯农书》，农业出版社，1981年。

③ [明]郭棐：《粤大记》，中山大学出版社，1998年。

④ [明]李时珍：《本草纲目》，人民卫生出版社，2004年。

⑤ [清]屈大均：《广东新语》，中华书局，1985年。

仍以长江三角洲和珠江三角洲发展最盛，养殖技术主要继承明代，但在鱼苗饲养方面有一定发展，出现了最早的撇鱼法和挤鱼法①。1840 年鸦片战争后，由于资本主义列强的侵略，在半殖民地半封建的中国，渔业随着国民经济的衰落而衰落。国家封闭发展的局面被打破，渔业领域也和其他产业发展一样渐润西风，欧美养鱼经验技术随之得以介绍普及，对传统畜养方法予以改进，中国近代第一部渔业专著是清光绪三十二年(1906 年)由上海江浙渔业公司铅印的《中国渔业历史》，宗旨是提倡新式渔业，是中国渔业经济史的拓荒之作②。

元至清代，在物质文明发展与社会文化进步的同时，外来因素的影响日甚一日，传统的文化进一步摆脱旧轨，继续转向民间的大众生活，并在变迁中获得发展机遇。在民间，渔文化得到了最广泛的应用，构成了乡土文化的活跃因素，在瓷器、织绣、建筑、家具、玩具、剪纸、印染、年画、灯盏、歌舞、故事、歌谣、传说等有形无形的民俗文化中得到日常体现。渔业活动逐渐成为隐逸、才情、智慧的象征，是文人士大夫的一种精神寄托。李白叹“何处沧浪垂钓翁，鼓棹渔歌趣非一”；陆游写“一竿风月，一蓑烟雨……我自是无名渔父”；郑板桥有“老渔翁，一钓竿……扁舟往来无牵绊”的生活向往。渔文化还包涵了更多的人生智慧，从“治大国若烹小鲜”“临渊羡鱼不如退而结网”“水至清则无鱼”“子非鱼安知鱼之乐”“授人以鱼不如授人以渔”等数量繁多的俗语中，又可窥见中国人的为人处事之道。由此可见，渔文化演化出很强的包容性，与生产生活、历史人文、宗教信仰等紧密融合，满足人们多层次的精神追求③，更加广泛地存在于统治阶级以及平民生活之中。

(四) 辛亥革命到中华人民共和国成立前的情况

辛亥革命后，民国政府在实业部设渔业局制定发展渔业政策、改进渔业技术，1929 年公布《渔业法》，1930 年公布《渔业法施行细则》，形成了中国历史上第一部渔业基本法。1904 年，实业家张謇从青岛购入德国的一艘渔轮从事拖网渔业④。在南方，以上海港为基地，自 1905 年至 1936 年，先后新建、改建以及从国外购入单拖渔船 15 艘、双拖渔轮 21 艘。在北方，1921 年烟

---

① 曹谨玲、陈剑杰、王俊东等：《建国 60 年水产养殖业的发展回顾》，《山西农业大学学报(社会科学版)》，2009 年第 4 期，第 435—438 页。

② 李勇：《百年中国渔文化研究特点评述》，《甘肃社会科学》，2009 年第 6 期，第 95—98 页。

③ 汤建鸣：《渔业是大粮食、大生态、大文化》，《中国渔业报》，2018 年 9 月 3 日 A01 版。

④ 都樾、王卫平：《张謇与中国渔业近代化》，《中国农史》，2009 年第 4 期，第 11—22 页。

台有人集资自日本购入单缸30马力双拖渔轮2艘，这是历史上首次经营的双拖渔业。淡水渔业，除江湖捕捞业外，在长江、珠江流域捕捞鱼苗，在沿江一带发展了较大规模的商品鱼养殖。1936年全国水产品产量达150万吨，为中华人民共和国成立前最高水平①。20世纪30年代，民国政府组织专门人员编辑专业性的水产期刊，包括《水产月刊》《渔况》《新渔》《水产》等刊物②。抗战前夕，中国渔业发展有一个相对较盛时期，但很快随着战事陷入混乱。抗日战争期间，日本帝国主义陆续占领了中国沿海地区，在部分渔业港口建立十几处渔业株式会社，掠夺渔业资源，渔轮被征作军用或毁于炮火而损失殆尽。粮食供应紧张后，大量鱼塘被改种粮食或丢荒，渔业生产受到极大的破坏，渔民谋生无路。抗日战争胜利后，渔业恢复缓慢。1948年渔业人口仅剩100万人，比抗战前减少几十万人，渔船总数比抗战前减少近一半③。

中华人民共和国成立前，水产供销几乎全部操纵在渔霸、鱼行手中，他们同官僚地主、把头、流氓、地痞、宪警等各种恶势力勾结，具有封建行会组织特点，划分势力范围，凭着政权的支持和黑社会的关系，对渔民进行残酷的压榨和剥削。渔民生产备受摧残，生活极度贫困，长期处于被奴役和压迫的境地。在旧中国，广大渔民过着十分悲惨的生活。渔民挨冻受饥，流离失所，甚至卖儿卖女。一遇大风，渔船沉毁，不知有多少渔民葬身鱼腹。《渔光曲》就是渔民生活的真实反映，它是1934年由蔡楚生编剧和执导的剧情影片，以渔民徐家的家庭悲剧为主线，描绘了在经济恐慌、民生凋敝的社会状况下，渔民灾难重重的生活，真实地反映了20世纪30年代中国渔村的社会面貌。影片上映后，观众对农民的凄惨生活深表同情，由任光创作的电影同名主题歌《渔光曲》以凄婉的笔调描写了当时渔民的苦难生活，对渔民所遭受的苦难寄予深厚同情。

渔民也有着光荣的斗争传统。在中华人民共和国成立前，不少渔民参加了舟山群岛的东海游击总队、海南岛的琼崖纵队以及洪湖赤卫队，经历了多次战斗，威名远扬。特别是第三次国内革命战争时期，在百万雄师下江南、解放舟山、解放海南岛的著名战役中，广大渔民为部队运输大量物资、装备和战士，要船出船，要人出人，许多渔民还参加了战斗，有的冒着生命危险抢救落水官兵，为新中国的诞生，以及解放沿海岛屿作出了贡献。

---

①《当代中国》丛书编辑部：《当代中国的水产业》，当代中国出版社，1991年。
② 李勇：《百年中国渔文化研究特点评述》，《甘肃社会科学》，2009年第6期，第95—98页。
③《当代中国》丛书编辑部：《当代中国的水产业》，当代中国出版社，1991年。

二、改革开放前新中国渔业生产的进步和渔文化的发展

中华人民共和国成立后，在中国共产党的领导下，渔业生产在旧中国渔业残破混乱的基础上很快由恢复走向了发展。渔民生产积极性得以激发，劳动精神得到发扬，精神面貌为之一新，渔业文化、教育、科技事业得到较快发展。但是也存在对渔业资源的过度利用、定位不清、盲目跃进的问题，在渔业发展上走了弯路，浪费了资源。

(一) 渔业的恢复和发展

中华人民共和国成立后国家明确了领导渔业的组织机构，建立了产供销统一的领导管理体制，渔业部门制定发展水产的发展政策，积极恢复渔业生产。1950 年确立"以恢复为主"的渔业生产方针，总的指导原则是"先恢复，后发展"。在社会主义改造中扶持引导个体渔民走合作经济的道路，发动灾区渔民生产自救，克服困难，积极建设和扶持国营渔业，实行"集中领导、分散经营"，使国营渔业在短期内恢复发展，并在水产生产中居领导地位。在市场运行中制定了鱼价低于肉价等于粮价的"斤鱼斤粮"的价格政策，渔民的基本利益得到保障，对指导当时生产和供应市场消费起到了良好作用。

水产业取得初步发展。1953 年"一五计划"开始，各级政府继续组织渔民开展互助合作工作，对私营水产商业进行社会主义改造，使广大渔民走上社会主义道路。长期的战争使海洋捕捞渔业处于停顿状态，却让水产资源得到休养生息，因此渔业生产逐步恢复并得到较快发展。经过 3 年恢复，渔业在生产工具、渔需物资供应等方面都有一定的改善，渔民的生产积极性较高。1954 年 3 月，农业部召开第四届全国水产工作会议，进一步提出第 1 个五年计划期间水产工作的基本任务是"大力发展渔业生产，逐步实现对渔业的社会主义改造"。"一五"计划期间，逐步增建大型风帆船和机帆船，大大改变了海洋渔业的生产基础和条件。淡水渔业方面，则扩大放养面积，大力发展水产养殖，淡水渔业开始转变以捕捞为主的生产方式，养殖技术水平不断提高；水产品购销实行多种经济并存、自由购销的政策，活跃了市场、繁荣了渔业经济。

在大跃进时期，水产业和其他生产事业一样受"左"的干扰，生产遭到破坏，"高指标、浮夸风"使得群众积极性挫伤，渔业生产出现徘徊，水产品市场供应紧张加剧。直到 1961 年，中央对国民经济实行"调整、巩固、充实、提高"方针，渔

业生产才在调整中略有回升。“文化大革命”中，渔业再次遭到严重破坏，行政管理工作基本瘫痪，渔业基本建设投资停止，家庭养鱼被禁止，水产品购销政策实行统派购政策，至 1970 年，社会形势趋于稳定，渔业生产才有缓慢回升。在国家困难的情况下，渔业仍取得一些进展，如海洋捕捞业发展灯光围网和外海作业，海洋鱼类资源调查取得一定进展，建立一批较为现代化的渔港和渔业基地；淡水渔业中，捕捞渔民连家船上岸定居有序开展，渔民生活得到极大改善，城郊养鱼发展起来。

（二）渔业发展导向的转变

渔业的发展导向出现以捕捞为主向以养殖为主的转变。中华人民共和国成立初期，中国共产党和人民政府领导广大渔民开展土地改革，湖区清匪反霸，养鱼地区分塘分荡，消除了千百年来对渔民的封建剥削，解放了生产力。在“以恢复为主”的总方针指导下，捕捞、养殖都得到了发展，到 1951 年淡水渔业产量达 51.8 万吨，超过 1936 年的历史最高年产量。当时捕捞产量占淡水渔业产量的 82%，成为产量供给的主体。政府关心渔民的生产和生活，采取按湖设治，加强领导，发放大量渔贷，扶持渔民增船添网，捕捞生产很快就得到了恢复和发展，1957 年产量达 61.4 万吨。后来养殖生产发展很快，传统养鱼地区养殖水面迅猛增加，产量提高，丰产典型在各地纷纷涌现；另外，各地先后建立国营养殖场、鱼种场，提供养鱼苗种，技术上示范指导，推动开发了许多养鱼新区。淡水养鱼的潜力更加受到重视。1957 年全国淡水渔业会议提出“养捕并举”的方针。1958 年 3 月，水产部在无锡市召开全国池塘养鱼经验交流会，认为“发展养殖事业是重点与中心，捕捞应该是第二位的。”1958 年 9 月，水产部在衡阳市召开全国淡水养殖会议，进一步肯定了淡水养鱼的地位。水产科技工作者突破池养鲢、鳙鱼人工繁殖关，随后草鱼、青鱼的人工繁殖也相继成功，为以后淡水养殖业得以快速发展奠定了先决条件和物质基础①。养鱼地区由传统的养鱼省、养鱼区普及到了全国各地，由平原发展到丘陵山区，由沿海发展到边疆，特别是湖泊、水库等大中水面养鱼有了较大的发展。1965 年养殖水面发展至 2 969 万亩，宜养水面利用率 35%，养殖产量达到 51.4 万吨，占当年淡水渔业总产量的 53%，首次超越淡水捕捞产量。1970 年以后产量逐渐提高。1978 年养殖产量为 76.2 万吨，较 1957 年增长了 34.8%，养殖水面达 4 084.27 万亩，宜养鱼水面利用率达 48%，淡水鱼总产量为 10 587 万吨，较 1957 年增长 10.2%，养鱼产量的比重已占淡水鱼总产量的 72%，养殖构成淡水渔业的生产

① 《当代中国》丛书编辑部：《当代中国的水产业》，当代中国出版社，1991 年。

主体和增产的主要方面。①

取得较快发展的同时，渔业资源过度利用的问题逐渐凸显。20 世纪 50 年代中期以后淡水捕捞船只增加，1959 年有非机动渔船 31 万艘，较 1950 年的 15.2 万艘增加 1 倍多，机动渔船发展，大大增加了对天然鱼类资源的捕捞强度。同时，江河湖泊普遍兴筑闸坝、盲目围湖垦殖，再加上工业废水对水域的污染，天然鱼类资源严重衰退。1960 年捕捞产量增加到 66.8 万吨，达到历史最高，以后就逐年下降到 30 万吨左右，到 1978 年仅 29.6 万吨，此后长期一蹶不振。虽然水产资源的保护得到一定重视，但是在当时的政治社会背景下，渔业资源仍然遭到破坏。著名漫画家张乐平于 1958 年画的《跃！跃！跃!》，反映了不良导向对渔业发展的影响。在"大跃进"的热潮中，为了实现有关部门制定的渔业生产指标，水产业全面出击，百业下水、淡季变旺季，甚至冲破禁渔期、禁渔区，大鱼小鱼一起捕，由于连续滥捕，传统渔业经济种类资源遭到严重的破坏。"文革"十年中，主要经济鱼类的比重由原来占总产量的 46%下降到 28%②。

（三）渔文化的发展变化

随着渔业生产面貌的改变，新中国的渔文化也发展出新的表现形式。新中国的渔业发展中，政府关心渔民疾苦，推动了连家船上岸、移风易俗的进程。"连家船"渔民世代以船为家，终年在水上颠簸，生、老、病、死、婚丧、喜庆等等一切生活都在船上。连家船民常年漂泊在江海上，穿行于风浪之间，危险的生存环境让他们祈望得到神明的庇护，几乎每艘连家船上都供奉有"船底厓"。每逢祭祀神明的大节日，同一宗族的连家船连成一片共同举办祭礼，场面蔚为壮观。中华人民共和国成立后，"连家船"渔民受到政府关注，1964 年 11 月水产部召开第一次全国淡水连家船社会主义改造座谈会。1966 年中共中央批转水产部党组《关于加速连家船社会主义改造的报告》，将这一群体的发展提到更高关注程度。随着时代的发展、社会的进步，连家船的生产方式已经逐渐被淘汰，绝大多数连家船民也告别了祖祖辈辈居无定所、四处漂泊、以船为家的生活方式，离船上岸定居，摆脱了连家船的窘迫生活，渐渐与陆上居民融为一体。

福州疍民被称为连家船民，主要生活于中国福建闽江中下游及福州沿海一带的水上，漂泊于水上、以船为家。他们在中国的民族识别中被认为是汉族的一部分，以闽东语福州话为母语，但又有别于当地的福州族群，有许多独特的习俗，如服饰、住所、礼仪、渔歌、禁忌和宗教信仰等。自 20 世纪 50 年代起，政府

① 《当代中国》丛书编辑部：《当代中国的水产业》，当代中国出版社，1991 年。

② 卢素红：《中国渔业发展六十年回顾》，《学理论》，2011 年第 3 期，第 69—70 页。

陆续安排福州疍民上岸，他们中的绝大部分已经定居陆上。疍民虽然已上岸并被逐步同化，但是作为历史上一个相对独立的族群，他们有自身的服饰、住所、礼仪、渔歌、禁忌和宗教信仰等独特人文风俗习惯①。如今，福州疍民的传统文化，如疍民渔歌等疍民传统曲艺形式已经开始萎缩和濒临困境②。

有着同样经历的还有浙江九姓渔民，是指“陈、钱、林、李、袁、孙、叶、许、何”九家。因多数以捕鱼为生，故有“九姓渔船”或“九姓渔户”之称③。在中华人民共和国成立前，“九姓渔民”唱着“一根竹竿撑破船，既无地位又无权；随水漂泊无定居，妻离子散不团圆”的渔歌，过着落魄的水上生活。1949 年 5 月建德解放，尤其是 1970 年淡水渔业社会主义改造完成后，“九姓渔民”的后裔实现了陆上定居，建立了生产和生活基地，养捕结合、多种经营，过着安居乐业的生活④。

新中国的水产文教事业有了新发展。1956 年底，北京东郊农业展览馆落成，其中的水产馆分海水馆、淡水馆及水族馆三个部分，展出新中国水产事业成就，以及几千种海淡水鱼、虾、贝、藻类标本、活体和加工实物，展现了丰富多彩的水产资源，供人们学习、参观、游览。各地水产展览也如火如荼，广东省在广州市文化公园举办的水产馆 1953 年开始展出，知识性、趣味性、娱乐性强，内容形式丰富，寓教于乐，在水产知识传播上起到了很好的作用。20 世纪 50 年代后期和 60 年代初期，水产科教影片、电视节目开始广泛播出，成为普及水产知识的重要手段。

渔民们新的生产生活和精神面貌，在渔歌中得到集中体现。在旧社会，由于阶级压迫，渔民的政治经济地位十分低微，更没机会学文化。他们为了反抗渔霸的压迫，发泄心头积郁，都把感情寄托在渔歌中。渔歌记录了渔民过去的艰苦生活，唱渔歌是渔民文化生活的重要内容。解放后渔歌作为重要的文化形式得到挖掘与收集保护，主要反映渔民翻身得解放、渔业丰收的喜悦心情。在新中国，渔民生产积极性空前高涨，生活水平日益提高。渔歌表达了渔民丰收时节的喜悦心情，还反映了新社会妇女参与渔业生产的新景象。⑤

中华人民共和国成立之初，祭海等活动被视为封建迷信活动予以取缔。到了“文化大革命”时期，渔业相关的信仰活动和设施如沿海龙王殿、海神庙、天妃

① 《疍民，福州闽江畔最后的水上人家》，2019 年 3 月 4 日，http://k.sina.com.cn/article_6500509406_18375e6de00100c085.html。

② 林溪漫：《探究福州“疍民”渔歌》，《大众文艺》，2016 年第 22 期，第 30—31 页。

③ 茆晓君：《船民研究之历史回顾与评析》，《世界海运》，2013 年第 10 期，第 52—56 页。

④ 鱼翁成根：《浙江古严州的“九姓渔民”》，2019 年 3 月 4 日，https://www.19lou.com/board-48861418473347996-thread-49851419162627659-1.html。

⑤ 陈友义：《潮汕渔歌中的鱼歌》，《潮州日报》，2018 年 6 月 19 日，第 4 版。

宫等被严重破坏,海祭活动在人们心目中逐渐淡化、消失[①],部分渔文化遭受了一定程度的破坏和遗忘。

三、改革开放以来渔业和渔文化的多元发展

改革开放以来渔业取得显著发展,城乡居民生活水平提高,市场需求放量增长,稻田综合种养、工厂化养殖、休闲渔业等现代渔业模式取得空前发展。以渔村、渔港、海洋牧场等渔业设施为依托,以增殖放流、休闲垂钓等渔业活动为载体,文化娱乐型、都市观赏型、竞技体育型、观光体验型等休闲渔业形式纷纷涌现,在渔业取得多元发展的同时,渔文化也随之扩大了生存发展空间,在与产业经济的互动过程中发展了新的内涵和形式,得到了更好的传播和发展。

(一) 渔业的大发展

中共十一届三中全会后,渔业的发展进入一个崭新的历史时期。经济体制和流通体制改革相继开展,适时调整了渔业工作重点和生产结构,使得渔业生产获得飞跃式发展,水产品的市场供应明显改善,渔民生活水平提高,渔业生产呈现出前所未有的繁荣局面。

1978 年 3 月,国务院批准成立国家水产总局。1979 年 2 月,国家水产总局召开了全国水产工作会议,提出把工作着重点转移到三个方面来:一是资源的保护、增殖和合理利用,这是维持产量和进一步发展的可靠保证;二是大力发展养殖,这是增加产量的主要来源;三是改进保鲜加工,提高产品质量,这是改善市场供应的有效措施。针对这三个着重点,会议提出了一整套具体的措施。1985 年 3 月 11 日,中共中央、国务院发出了《关于放宽政策、加速发展水产业的指示》。这是中共中央、国务院第一次单独为水产业发出的联合指示,文件把发展水产业作为调整农村产业结构、促进粮食转化的战略部署,确立了水产业的地位,明确提出:中国渔业发展以养殖为主,养殖、捕捞、加工并举,国营、集体、个人一起上。这一生产方针,使长期存在的重海洋轻淡水,重国营轻集体、个人的思想得以真正扭转。在政策方面,文件作了几项突破性的重大决定,包括:在生产关系上承认养殖业承包大户及捕捞业以船为基本核算单位的合法性;在商品流通上规定水产品价格全部放开,由市场调节;在经营体制上打开渠

① 《〈苍南民俗〉——渔业民俗》,政协苍南县委员会,http://cnzx.cncn.gov.cn/art/2017/3/1/art_1302240_6166963.html。

道，规定产供销、渔工商、内外贸可以综合经营等。在正确发展方针的指导下，渔业生产结构调整有序开展。改革中还放宽了家庭经营的政策，落实水面、滩涂使用权，对购销政策实行松绑，派购的范围缩小，议购议销实行市场调节，按价值规律办事，提振了积极性。此外，充分利用淡水养鱼资源，提高单产，发展商品鱼基地和城郊养鱼。通过一系列有力措施，养殖在渔业生产结构中比例不断上升，困扰多年的“吃鱼难”问题得到解决，形成了沿海和内陆供应有序的局面，保鲜加工取得突破，并向精深加工增值发展。

改革开放后淡水渔业进入发展“黄金期”。一系列改革措施充分调动渔民生产积极性，明确了水面承包经营权和收益权，使渔民投入淡水渔业生产的热情高涨。通过国家扶持、集体筹集、群众集资的办法，各地积极开发荒滩、荒水，在短时间内就建起一批商品化渔场，大部分渔场通水、通电、通路，基本形成了养殖、捕捞、饲料、加工、运输一系列配套工程与附属设施，为精养高产、大规模发展渔业商品经济奠定了物质基础。商品鱼基地建立后，科研和生产单位重视饲料生产、鱼种放养、鱼病防治等问题，养殖单产不断提高，经济效益显著增加。此外，湖泊水库大水面开发、稻田养鱼、坑凼养鱼、网箱养鱼等也开始兴起，放养面积增多，生产持续稳定增长，使中国淡水渔业进入新的发展阶段。水产品价格放开，引入市场机制，政策因素的影响日益趋弱，供求关系成为决定性的因素。在这一时期，随着人口增加、收入水平的变化，我国水产品需求快速增加，又进一步刺激了渔业生产的发展。此外，政府财政支持力度增加，我国渔业支持政策框架逐渐清晰，政策性渔业保险有序推进，渔业基础设施和科研投入不断加大，渔业管理制度逐渐完善，渔业现代化取得显著进展。

（二）渔文化发展的新形势

传统的渔业主要是发展生产，以满足消费者对水产品不断增长的需要。随着我国水产品由紧缺变为富足，人们对渔业的多种功能产生了更大的需求，由单纯的生产“鱼”演变为通过“渔”来追求文化的享受和精神的满足。现代渔业在保障粮食和食物安全之外的更广泛的领域，进一步发挥了生态、经济、社会和文化方面的功能，渔文化内涵拓展、功能更为多元，传承和体现传统渔业文明和现代渔文化之美，有着更广泛更美好的发展空间与巨大的市场潜力。

渔文化内涵形式更加丰富多彩。产业的发展扩大了渔文化的发展空间和受众范围，在产业发展的促进下，今人“鱼趣”不逊古人，一些游戏歌舞成为常见的民间活动，渔文化游乐赏玩的功能，在人性自由发展的领域超越社会历史的局限获得新的发展。消费升级带动渔文化的发展，渔文化内涵更加多元，从鱼类派生的食、玩、游、学形式多样，适应个性化需求，由传统的“生产—消费”模式、逐渐转向“消费—生产”模式,人们得以从繁重的体力劳动中解放出来,从满足现实的基本生活需要转向对精神生活的向往。以渔文化带动相关产业发展,在倡导渔文化给予人们精神食粮的同时,充分发挥渔文化的拉动效应,各地通过举办渔文化节、建渔文化博物馆或水族馆等举措,带动渔业在旅游、娱乐、科普等行业的发展。

渔文化也需要在新形势面前,重新审视发展定位并开展整理、挖掘、研究与弘扬的工作①。产业开发与传统渔文化的保护的对立统一关系得到进一步重视,各地对渔文化的重视和保护程度提高。石浦渔港古镇被列入国家级历史文化名镇,象山祭海、石浦妈祖信仰、如意娘娘省亲迎亲习俗、晒盐记忆和徐福东渡传说被列入国家级非物质文化遗产项目。渔文化开始得到有意识的开发和保护。

但是,为了开发而破坏渔业生态环境、破坏传统渔业设施的情况也屡见不鲜,使得我国水域生态环境污染状况不断加重,水生生物的生存空间被挤占,许多有价值的码头、灯塔等建筑和物质文化遗产被破坏,一些渔文化形式正在消失。在现代化进程中,传统渔区的“空心化”趋势有加重趋势,渔区人文资源保护面临危机。

为了保护渔业资源环境,促进渔业可持续发展,1987 年,国家对海洋捕捞渔船实行了“双控”制度(船数和功率数)。1995 年我国海域全面实施伏季休渔制度,1999 年开始提出海洋捕捞产量零增长。党的十八大以来渔业发展方针发生根本转变,生态优先成为第一原则,更加注重满足人们对优质安全水产品和优美生态水域的要求,这为渔文化的发展提供了新的指向和保障。

(三) 渔文化发展的多元特征

渔文化是我国先民智慧的结晶,是在渔业独特的地理环境和生存状态下,由生活与精神需求形成的一种心理与文化积淀,具有价值取向、审美意蕴和精神面貌。在新时期,渔文化融合市场经济、现代科技、新闻媒介,其内涵扩大、功能显著,核心元素不断演进,交流日益频繁,形成强大的产业带动效应,其社会和生态效益逐渐增长。随着大众生活水平的提高,我国社会进一步走向大众化、娱乐化的文化时代,文化活动呈现多元化、休闲化和消费化趋势。

一是消费文化发展强劲。消费者对农产品质量安全要求更高,对地方特色品种和名特优新品种更为热捧。因此,野生捕捞水产品、特色水产品和进口水产品得到消费者青睐,并先后涌现出阳澄湖大闸蟹、潜江小龙虾、舟山带鱼等一

---

① 郭旭升、黄荣静、潘开宇:《渔文化漫谈(结束语)》,《河南水产》,2017 年第 3 期,第 38—39、42 页。

批叫得响的渔业品牌，成为人们津津乐道的美食标志，水产品消费升级特征进一步凸显。水产品消费呈现地域扩散化，水产品主要消费市场由大城市、东部地区和沿海沿江地区向中小城市和中西部地区扩展。此外，消费方式推陈出新，需求向多元化和个性化发展，消费者对精深加工水产品的需求增长，消费理念更加追求“优、绿、新”。

二是休闲渔业取得大发展。随着自然环境、技术力量、价值观念、人员素质、经济发展等内在因素变化与人们休闲观念调整，休闲渔业的价值作用更为显著，休闲渔业文化价值更加凸显。渔文化在由渔村、渔业生产活动衍生出的传统文化原貌的基础上加入时代内容，因此通过挖掘文化资源、生产文化产品，能够既保存传统文化优秀成分，又在新时期取得新的发展。渔文化与旅游紧密结合，发展渔家乐和休闲渔业、餐饮业结合，形成了最有潜力的消费热点。渔文化在休闲渔业、渔旅融合的进程中得到进一步发展。体验捕鱼、海风海景、渔村渔家、饮食和祭海拜妈祖等活动具有独特的文化意义和趣味，象山的开渔节、舟山的鱼文化节、岱山的海洋文化节、嵊泗的贝类文化节等都是渔文化应用于休闲渔业的积极尝试。近年来，各地休闲渔业出现良好的发展势头，成为渔业经济和居民增收的新亮点、满足人们休闲需求的新模式。

三是渔文化的地域特色、民族特色更加得到重视。渔文化作为独具特色的文化形态，推动着各地历史的创造和文化的传承。在幅员辽阔的中华大地，渔文化也是千姿百态，生活在各地的各民族，在不同的地理环境、气候环境中繁衍生息，形成各自不同的风俗习惯、文化心理，使渔文化具有浓郁深厚的民族特色。地域的风俗习惯、民族的风土人情，形成了我国渔文化特有的资源，造就了深厚的文化底蕴，成为文化名片和文化地标，吸引更多人关注、认识和发展渔文化。

四是渔文化促进产业兴旺发展、加速产业融合。随着经济社会发展、城乡居民收入的提高，文化消费需求日益明显，文化产业成为具有发展潜力的产业，渔文化产业发展进入最好的时期。渔文化节庆产业发展，开渔节、海钓节、海鲜节等各类节庆活动丰富多样。渔文化工艺品开发进入新阶段，船模、鱼灯的制作受到市场欢迎。文化的传承、挖掘与利用给产业带来新的发展面貌。

在渔业文化多元发展的同时，反映渔业生产和经营的影视作品也更多地涌现。在经过曲折的改革历程后，水产品流通体制的市场化中渔业个体经营蓬勃发展，1984 年出品的电影《雅马哈鱼档》便记录了这一时代现象，反映改革开放后市场经济大潮下个体渔业生产经营的典型故事。在当时的北京，《雅马哈鱼档》首映令全场观众激动地起立鼓掌，北大学子高喊：“广州的今天就是我们的明天。”媒体评价《雅马哈鱼档》“撕开了计划经济的一角，呼唤着市场经济的到来”，被誉为“广东改革开放的第一张名片”[①]。进入21世纪，一批反映时代主旋律、具有鲜明时代创新精神的影视剧力作涌现。例如，2017年上映的电影《美丽小渔村》反映了一个小渔村在改革开放后在渔业资源日渐匮乏和家庭旅游业逐渐兴盛的历史背景下，面临的渔业生产经营转型的故事，影片反映了水产行业的艰辛，弘扬了坚守诚信、共同致富、保护环境的理念，荣获“2015夏衍杯电影剧本奖”二等奖。渔歌的传承取得了新进展并呈现新趋势，如惠东渔歌被列入国家级非物质文化遗产项目，当地音乐人还在全国率先提出“流行渔歌”这个音乐新概念，赋予其科学的含义并付之实际行动，通过举办流行渔歌创作展演活动，让现代流行元素融入传统渔歌文化，为解决受众和传承问题进行了有益的尝试。

① 姚国成、张静宜、关歆：《鱼价闯关》，中国农业出版社，2018年。

第二章
我国淡水渔文化的类型和特征

我国淡水渔文化源远流长，随着历史演进、渔业生产方式变化、人们对文化功能的需求提升，以及对渔文化资源的开发利用，淡水渔文化又可以分为不同类型。不同类型的渔文化具有不同的功能和特征。

一、渔文化类型的几种划分依据

我国淡水渔文化依据其地域（民族）特点、渔业生产方式、价值和功能、文化形态、开发利用程度、产业细分等，可划分为多种类型。

（一）根据地域或民族特点来划分

正所谓“百里不同风，千里不同俗”，淡水渔文化也有其显著的地域及民族特色。不同的民族或族群，对渔业的感受和认知存在差异，表现在民族文化或族群文化上也有不同。汉族等大多数民族认为鱼是珍贵、吉祥的象征，自古有“年年有余（鱼）”的说法。我国大部分地区都有“无鱼不成宴”的习惯，鱼是逢年过节喜庆日子里不可缺少的美食，但在一些地区，因传统文化、习俗或信仰等因素，当地人基本不吃鱼。不同地区有不同的捕鱼工具、技巧，鱼的加工方法各不相同。各地还形成了不同的渔风渔俗。同是婚礼，南北方不同地域间有不同的婚俗文化，新安江“九姓渔民”有抛新娘的习俗、白洋淀渔家有船轿迎亲的礼仪。此外，中国许多民族也有各自不同的渔文化，渔文化呈现出多彩的民族特色①。

---

① 刘红梅：《中国渔文化保护和发展现状与意义（一）》，《中国渔业报》，2013 年 3 月 4 日第 8 版。

（二）根据渔业生产方式来划分

从渔业生产方式的发展来看，渔业经历了从捕捞到养殖的转变。捕捞就是水体中的采猎活动，这一活动的对象是生活在水体中的各类水生动植物，捕捞对象包括鱼类、爬行类、两栖类、哺乳动物以及水生植物等。当渔猎生产由手工捕捉、棒打石击、作栅拦截、围堰竭泽，发展为钩钓矢射、叉刺网捞、镖投笼卡和舟桨驱取时，渔业开始成为人类最早的经济形态之一。[①] 在此活动中，各地渔民根据水流、地形特点、季节变化及鱼的特性，逐渐发明创造出各种渔船、渔具以及各式渔法。如东北的旋网、挂子网、趟网，冬捕常用的大拉网，江浙一带使用的卡具、撒网，广东的吊网捕捞装置、湖北的麻罩和洪湖捕鱼工具、云贵高原的扳罾、四川的鱼笼子、虾耙、鱼罩子、鱼槺槺，重庆的溪流笼网捕鱼等。随着人类对鱼的了解，慢慢识别了鱼的品种、习性，继而开始适时捕捉与畜养，淡水养殖逐渐兴起；随着经济社会发展和技术进步，又发展出相应的养殖技术、渔业工程等，并随着时间迁移，逐步形成专门的学科门类，使淡水养殖成为一大产业部门；改革开放之后，特别是进入 21 世纪，加工业、休闲渔业等获得长足发展，出现了新的产业文化，如休闲渔业文化等，淡水渔文化的类型、层次也日渐丰富。

（三）根据价值和功能来进行划分

渔文化具有多重价值和功能。依据价值和功能来划分，渔文化可以包括：饮食、服饰装饰、劳动工具、景观、建筑风格与格局、遗址等物质文化和观赏、垂钓、游船等感受式、体验式的看得见、摸得着的浅层次的休闲渔文化；诗词歌赋、画作、舞蹈音乐、民间故事等艺术形态，民间习俗、历史轶事、宗教信仰、节日、生命礼仪、民间技艺等风俗时尚，古籍典藏、宗法制度等涉及观念、制度、精神等体现人类思维活动、美学思想和审美情趣以及改造客观世界的创造力的深层次的渔文化等，反映了人们的生活方式、生产方式和价值理念。

首先，渔文化除了具有满足人们衣食住行等物质需要的经济功能之外，还日益凸显了满足人们玩水、观景、享受丰收等精神层面需求的文化功能。淡水饮食文化不光涉及人们对淡水产品的饮食行为，还包括淡水产品的加工制作、保存方式和宴席礼仪等；服饰装饰则体现了就地取材、适应季节和生产生活需要、审美等特点；休闲渔文化包括观赏文化、体验文化等多种文化形态，观赏文化以满足人们的观赏和娱乐需求为主，垂钓观赏、渔家文化体会等满足人们的体验、精神和文化需求。渔文化要想在现代社会焕发生机活力，就必须找到一

---

① 张姣阳：《山东荣成渔民号子研究》，山东大学硕士学位论文，2011。

个符合现代人思维和审美的承载形式。其次，渔文化还是人类思维活动、美学思想和审美情趣以及改造客观世界的创造力的体现，围绕渔业生产和生活，人们创造出大量艺术作品和艺术形态，丰富精神生活，人们又以繁多的民间习俗、宗法制度等来管理现实世界，通过筑造或改变观念、建立制度等维护社会秩序，与此相关的古籍典藏最终成为人类精神世界生活的证据。上述浅层次的渔文化与深层次的渔文化共同形成了完整的渔文化体系。

（四）根据文化形态来划分

从文化形态来看，淡水渔文化又分为物质文化和非物质文化。物质文化是指凝结着人类的生产生活状态、思想水平的物质过程及其衍生物质的过程所表现出来的文化，包括建筑遗存、历史文物、生产工具、服饰文化、各类文物的综合体以及乡村与城市遗址等，是文化要素或者文化景观的物化过程。具体来说，淡水渔文化的物质文化主要包括渔民捕鱼所用的渔船、渔网、渔具，养殖渔业的鱼种、设施设备等，以及渔民适应渔业活动所产生的服饰、饮食、建筑等。非物质文化是一种特殊的文化形式，具有重要的历史文化价值以及艺术审美价值，主要依附于人类的代代相承得以延续留存下来①。非物质文化主要包括曾繁盛于淡水渔区活动范畴、失传或至今仍流传的口头传说和表述（如语言、渔家号子、渔史传说）、表演艺术（渔歌）、岁时节令、社会风俗（渔谚、渔俗信仰）、礼仪、节庆祭祀仪式、传统民间工艺，以及有关自然界和宇宙的知识和实践等。

（五）根据细分产业来划分

淡水渔业中包含各个不同的细分产业，如大宗淡水鱼、特色淡水鱼、虾蟹产业、贝类产业等，每一类产业都有诸多有代表性的产业文化。在大宗淡水鱼产业中，“四大家鱼”是家喻户晓的淡水鱼品种，除了深受消费者喜爱，“四大家鱼”养殖展现了我国古代劳动人民的智慧；在特色淡水鱼产业中，观赏鱼文化是极具特色的代表；虾蟹产业中以小龙虾和大闸蟹为代表的饮食文化是淡水渔业消费文化的重要组成部分；在贝类产业中，淡水珍珠产业也具有深厚的文化底蕴。

---

① 苗振龙、李碧翔：《海岛传统村落文化基因的景观表达——以舟山群岛为例》，《农村经济与科技》，2016年第21期，第250—252页。

二、南北渔文化的共性与特性

文化的一个重要功能之一是区分不同的社会和群体，地域文化是人文基因的重要组成部分，是基于不同地区、民族在某一特定环境下形成的与其他地区、民族有差异的文化。基于淡水渔业这一大的产业背景，我国南北方地区的淡水渔文化有一定的共性，而处于不同的环境下，从北到南，也各有其特性。

（一）南北渔文化的共性

总结南北渔文化形成的历史和发展过程，可以发现南北渔文化有以下几个共同的特点。

一是文化的构成要素虽然复杂，但都始于吃穿用度等基本的物质需求。生存需要是淡水渔文化产生的根本动力。在传统社会中，淡水渔文化首先是以渔业为生产的基础，渔业的首要功能是满足人们的衣、食、住、行需要。例如，赫哲族食鱼肉、穿鱼皮，以及因渔业生产需要而沿江河高岗处建筑房屋、制造船只，生产方式始终是决定赫哲族社会生活方式的主要因素。由生产方式再逐渐衍生出生产文化、生活文化、文体、宗教等其他文化形态，这些文化要素经过融合，才发展成为具有总括意义上的渔文化。

二是淡水渔文化的形成必须与其当地的自然地理环境相协调。渔文化与地理环境、自然条件有着必然联系。例如，北方渔民的服饰一般为挡风防寒防水设计。在北方寒冷的气候条件下，为了生产生活方便，北方渔民选择的衣服对保暖性、防水性要求更高，如赫哲族的鱼皮衣既轻便、保暖、耐磨，又防水抗湿，还不会硬化或结冰。而南方渔民的服装则更加宽大、舒适、透气性强，既要方便生产，又要适应南方的湿热气候。如太湖渔民一般穿特制的包裤，又名灯笼裤。包裤用厚实耐穿的蓝色土布制作，特点是裆深腰大，裤管肥大，方便起蹲作业，穿着时可将上衣束于裤腰内，这样捕捞作业时渔网篾缆等渔业用具不会在身上挂缠，又可保护上衣不受鱼腥、鱼水的浸润侵蚀。住房方面也是如此。赫哲族传统住房选址上多依山傍水，夏季建在地面上，因河流两岸灌木繁茂，往往建造一次性住房；冬季多为地穴式，住房材料使用河岸常见的灌木干、柳条、桦树皮等[1]。正是出于对自然环境的适应，千百年来渔民还总结出了各种

---

① 谭杰：《赫哲族渔文化的形成及其传承机制》，《学术交流》，2012 年第 3 期，第 64—68 页。

渔汛[①]、风信[②]等规律。

三是强调协作性、契约精神和包容性。水上作业是一种多人合作的集体行为。渔民们只有相互协作、依靠团队的力量才能在捕捞作业中有所收获，因此这种作业方式培养了渔民们的协作意识和文化。以收网为例，在船长指挥下，二橹放下橹，由大橹一方驱动舢板，靠近网囊时，篙手迅速伸出网篙勾起网绠，大橹撑开虾包，小艄伸开网囊底部的活扣儿，将捕获物倒进虾包，然后扎紧网囊，重新丢进水里[③]。渔船上的活动都要在船长指挥下完成，全体船员需要分工明确、听从指挥、默契配合，这种生产活动性质也决定了渔民的纪律性、组织性很强，按渔民朴素的语言说就是"老大多了要翻船"。同时渔民因为缺少耕地，需要依赖贸易交换来换取日常生活所需，从而形成了良好的契约精神。另外水上作业使得渔民的作业空间相对广阔，所到之处也较普通陆地居民更为广泛，渔民们见多识广，对新鲜事物的接受能力也比较强，这种生产生活特点也使得渔民比一般人更具包容性，渔文化也被赋予了"海纳百川，有容乃大"的精神内涵。

（二）南方渔文化的特性

在特定的自然、社会环境下，南方渔文化也形成了自己的特色。

一是南方渔文化发展的自然条件优越，起步更早。与北方农业相比，我国南方农业开发相对较晚，东汉以后，北方战乱频繁，黄河水患加剧，人口大量南迁，南方农业才有了比较稳定的持续发展。南方地区热量、水分条件较好，河湖密布、水源充足，渔业本身发展条件优越。范蠡是北方人，春秋末年他在太湖地区养鱼并著有《养鱼经》，著有另一本《养鱼经》的明代黄省是苏州人。透过养鱼历史这些笔端记载的蛛丝马迹，可以看出南方渔业的发达程度和渔文化发迹较早。

二是南方渔文化秉持了南方的地域特点，相对更加精细化。长期以来南方粮食产量高于北方，人们的生存压力相对较小。"仓廪足而知礼节"，正是得益于较好的物质条件，南方人才有更多的时间、精力进行文化建设，淡水渔文化也依托于这种地方性格特质，形成了精细化、细腻化的特点。仅以食蟹的餐饮文

---

① 鱼类因产卵繁殖等原因在一定时期高度集中在一定水域，这一适于捕捞的时期就称之为渔汛。千百年来，淡水渔民大多利用鱼类产卵形成的渔汛期作业，但这种方式对资源增殖极为不利。

② 风信即自然界较有规律的刮风信息。风是古代渔民赖以作为牵捕动力的重要工具，总结风信有助于渔民捕捞作业。

③ 励东升、朱小敏：《挖掘海洋渔文化资源，提升两岸经贸合作水平——以浙江象山(石浦)为例》，《中共宁波市委党校学报》，2012 年第 6 期，第 89—93 页。

化为例，早在明代，能工巧匠即创制出了一整套精巧的食蟹工具，有锤、镦、钳、铲、匙、叉、刮、针8种，苏沪杭一带称之为“蟹八件”，吃蟹也成了一种潇洒逸致的高雅餐饮活动，晚清时期“蟹八件”甚至演变成了苏州女的嫁妆。而北方的食鱼文化相对粗犷豪放，内蒙古满洲里的全鱼宴的鱼都来自呼伦湖，全鱼宴在一般情况下都是由10到20个菜组成一桌，而且菜量非常大。

三是与南方地理资源特色的多样性相对应，南方渔文化的多元化特征明显。我国北方多地势平坦的高原和平原，交通联系方便，老百姓交往、交流的机会也多，文化融合性更强。而南方多丘陵山地，地形崎岖多样，河川众多，交通相对闭塞，少数民族也比较多。基于这种地形多样、水系众多、民族多元的特点，南方地区渔文化相对更具地域特色和民族特点。比如，傣族人民喜欢逐水、依水而居，傣族谚语说，大象跟着森林走，气候跟着竹林走，傣族跟着河流走。傣族人极其重视水环境，并形成了传统稻渔文化以及赛龙舟等富有民族特色和地域特点的渔文化形式。

（三）北方渔文化的特性

一是北方渔文化有显著的“农时”特色。不违农时、因地制宜是北方淡水渔业的重要特点。北方地区四季分明，虽一年四季均可捕鱼，但往往多在春秋两季。北方春季一开河（江），在冰下生活的鱼一个冬天没有进食，腹内杂物几乎为零，是肉质最肥厚鲜嫩的时候，“开江鱼”是东北民间著名的“四大香”之一，开春后捕捞上来的第一批鱼在北方很多地区都被誉为“开春第一鲜”。夏天虽然也可捕鱼，但鉴于夏季鱼易腐烂，且鱼的繁殖期多在夏天，渔民往往不在这个季节捕捞，而是利用这段时间修补渔具。秋季是鱼类较为肥美的季节，也是捕鱼的黄金季节，渔民们会利用各式渔具渔法进行捕捞。冬捕则是北方特别是东北地区的渔业生产特色。赫哲族有一首极富渔业文化气息的《捕鱼节气歌》：“立春棒打獐，雨水舀鱼忙。惊蛰忙织网，春分船验上。清明河流水，谷雨开大江。立夏鱼群欢，小满鱼来齐。芒种鱼产卵，夏至把河拦。小暑胖头跳，大暑鲤鱼欢。立秋开了网，处暑鳇鱼上。白露鲑鱼来，秋分鱼子甩。寒露哲罗翻，霜降打秋边。立冬下挂网，小雪挡冰障。大雪钓冬鱼，冬至补网具。小寒大寒修理船，渔楼肉满迎新年。”①

二是北方淡水渔文化有明显的渔猎色彩。北方的政治、军事活动历来比较活跃，历史上的国都也主要在北方，因此，北方地区的渔文化带有较为浓郁的皇家色彩。在北方少数民族当权的时代，渔文化表现出浓厚的渔猎文化气息。辽

---

① 张璇如等：《北方民族渔猎经济文化研究》，吉林人民出版社，2005年。

朝以来，捕鱼就不再简单是松花江流域百姓赖以生存的生产方式，而是王公贵族巡游活动（契丹语称“捺钵”）的盛事之一。清朝以后还设立了以渔猎为主的打牲制度，建立了打牲乌拉总管衙门，专门采捕鲟鳇鱼、东珠等贡品。体型巨大、性情凶猛的鲟鳇鱼备受皇室青睐，每到春节，皇室与达官显贵们必躬亲蒸尝，取“年年有余”之意。皇室遇有婚丧大典，也以进大鳇鱼为祥。鲟鳇鱼不仅是珍贵物产，某种程度上已经成为清代统治者权力的一种象征。

三是与冰相关的活动成为北方淡水渔文化的一大特色。北方地区冬季漫长，特别是东北地区冬季寒冷，水面长期冰封，加上冬季捕鱼有利于产品保存、运输，逐渐形成了极具地域特色的冬捕文化。冬捕是自古至今一项全民参与的盛事，捕捞方式多为打冰洞，俗称打“冬网”，还有用“搅拉网子”或钓网拖拉的。查干湖冬捕已被列入国家级非物质文化遗产名录，查干湖冬捕一般采用冰下拉网、马拉绞盘等捕鱼方式①。查干湖冬捕前一般有隆重的冬捕仪式，通过念经咏咒、“查玛舞”、“醒网”仪式、冰上祭祀、头鱼拍卖等活动的开展，冬捕已经成为集民族、民俗、宗教、经济、地方特色等于一体的特色渔文化项目。

三、捕捞渔文化和养殖渔文化并存互补

淡水渔文化是在长期历史发展过程中逐渐形成的，伴随着历史发展特别是人类渔业活动范围的变化，淡水渔文化由最初的捕捞文化逐渐扩展至养殖文化。在历史的车轮中，二者慢慢形成了一种并存互补的关系。

（一）传统淡水渔文化基本以捕捞文化为主

捕捞渔文化是渔文化的初始形态。渔文化起源于捕捞，传统的淡水渔文化也以捕捞文化为主。考古学家在仰韶文化的彩陶图案中发现许多网纹图形，西安半坡遗址中出土石网坠两百多样，这足以证明人类在那个时代就已经学会了用石坠的网来捕鱼。可以说，用网捕鱼是淡水渔文化的特色之一，除此之外，历史上还出现了多种多样的淡水捕捞技艺。例如，浙江嘉善在乾隆年间的县志上就记载了 17 种渔法，现在渔民所知道的渔具渔法包括张簖捕捞、丝网捕鱼、牵网捕蟹、拖网捕虾和蟹、打甲鱼、钓甲鱼、张珠网捕鳗鲡和虾、引鲤鱼、蟮笼捕黄鳝、簖网捕鱼、鱼罩罩鱼、围网摸鱼、拖网捕银鱼、汽油灯叉菜花鱼、鱼鹰捕鱼、扒蚌等也有多达 50 多种。从技艺的复杂程度和捕捞品种的多样性可以想象当时

---

① 范立君、杨铭：《松花江流域渔文化特色研究》，《长白学刊》，2016 年第 3 期，第 134—138 页。

的江河湖泊物产之丰富,也可以窥见淡水捕捞文化的兴盛。

捕捞技艺不仅实践于老百姓的生产生活中,还形成了诗词歌赋等精神层面的宝贵财富。唐代吴中诗人陆龟蒙曾写过著名的《渔具诗》,将之赠与好友皮日休,皮日休读后击节称赞,继而写出了《奉和鲁望渔具十五咏》,与之唱和。后来两人又各添渔具诗五首相互酬唱,一时传为美谈。在一些地区,捕捞不仅是一种生产方式,也是地域文化、群体文化的标志性符号,并对后世产生了深远影响。目前较为知名的渔文化村落基本都是以捕捞起家。姚庄是浙江嘉善水资源最为丰富的乡镇,也是浙北唯一一个纯渔民建制的淡水渔村。姚庄镇张安村遗址出土的网坠证明捕捞在当地至少有四千多年历史,至今当地还有仍在使用的百年老船,渔民也世代沿袭着与水有关的一些生活习俗以及引鲤鱼、打甲鱼等奇特的捕捞方法。在钱塘江流域从事捕捞的"九姓渔民"几百年来"自为族类""自为婚姻",在当时形成了一个相对封闭的特殊部落,因此有着许多独特的生产、生活习俗。

(二)养殖文化日渐兴起

中国是世界上淡水养殖历史最为悠久的国家,也是世界上最早开始池塘养鱼的国家。早在公元前11世纪的殷末周初,我国就有养鱼的记录。春秋战国时代,范蠡编撰了《养鱼经》,详细地介绍了池塘养鲤的建池、选种、确定交配数目、制作鱼巢等技术要点。秦汉时期,开始了稻田养鱼和大水面养鱼以及较大规模地利用陂塘养鱼。据《汉书·公孙弘传》记载"有盐井、鱼池以百数,家家有焉",陂塘养鱼的场景也常见于汉代的画像石、画像砖上。唐代时,养殖模式由单养发展到多种鱼混养。宋明时期,池塘养鱼逐渐从粗养进步到精养。明朝黄省曾的《种鱼经》、徐光启的《农政全书》等都有对养鱼的详细描述。清朝时,人们对鱼苗的生产、分类、运输等有了详细记述,并发展出池塘养鱼和种桑养蚕结合的综合经营方式。民国时期,淡水养殖的发展因战乱原因相对放缓。中华人民共和国成立后,随着渔业复苏,捕捞资源衰退加剧,养殖发展加快。为了保证产业的可持续性,我国日益重视渔业资源和生态环境保护。2002年起,我国长江流域首次实行禁渔期制度,后来禁渔范围日益扩大,主要湖泊也普遍实施了禁渔期制度。

在产业转型的同时,淡水渔文化也随之由捕捞加快向养殖转变,渔文化的多元化、层次性和可持续性特征日益凸显。**首先,文化的表现形式更加多元。**除了技术、艺术、景观、村落风貌、建筑、信仰以及礼仪民俗等形式外,养殖渔文化目前以经贸交流、节庆体验、摄影、多媒体、互联网等多种形式示人,文化背后的经济目的更强。**其次,文化的层次性增强。**养殖文化兴起以来,除了外在表现形式的多元，淡水渔文化向内在隐形文化延伸的步伐加快了。特别是随着经济发展水平提高，文化向精神、心理层面递进，人群的阶层多样，文化的层次也更加丰富。有适合追求高雅品味的文化，如摄影作品、电影等艺术作品，也有适合小众口味的特色体验。**再次，可持续性也在淡水养殖文化中体现得淋漓尽致。**淡水养殖发展的初始目的虽然是为满足物质需要，但发展的过程却离不开生态平衡理念的指导，或者说要使之变成一种可持续的行为，就必须遵循生态理念。养殖发展的最高境界不是独创某种形式，而是越接近自然、仿生性越强，才越可持续。以稻鱼系统为例，鱼表面的分泌物稀释很多倍后能够对水稻纹枯病病菌的萌发起到抑制作用，鱼能吃掉稻田中50%以上的害虫。通过鱼的取食，稻田中的杂草、昆虫虫卵、水稻枯枝落叶等田间废物以及鱼的粪便等均可变作水稻生长发育的肥料，另外，鲤鱼等鱼类有掘食特性，可使土壤疏松，减少土壤板结。而鱼通过这些自然食物的摄取，满足了其自身生长发育的需要，稻盛稻花多，田鱼得到丰盛的饲料，长得更加肥壮，并且稻叶可遮阳，水稻形成的鱼窝，可为鱼类营造较好的生长环境。可持续已经成为淡水养殖文化得以传承发展的必要条件。

四、休闲渔业文化一枝独秀

休闲渔业是一个集渔业、游钓休闲、旅游观光为一体的新型产业。休闲渔业是将传统的渔文化资源融入到现代的渔业发展方式中，具体来说是利用水域资源、渔业器械、渔产品等，通过垂钓观赏、游船观光、渔家文化展示和体会等一系列吸引游客的体验式渔业活动，让游客在切身体验和休闲娱乐的同时学到知识、愉悦身心。休闲渔业是按照旅游业的运营规律进行设计、整合后形成的一种新型经济业态，将更多的渔文化要素融入到休闲渔业中，也是未来休闲渔业发展的必然趋势。休闲渔业的发展也是提高渔民收入的方式之一。

（一）餐饮渔文化源远流长

鱼在中国传统文化中是富庶、繁荣的象征，上至王公贵族下至平民百姓都喜欢吃鱼，逢年过节、喜庆筵席、亲朋相聚，也总是少不了鱼肴的身影。孟子曰："鱼，我所欲也，熊掌，亦我所欲也"，可见，古代人早就把鱼作为珍品。《隋唐嘉话》记载："吴郡献松江鲈，炀帝曰：'所谓金齑玉脍，东南佳味也。'"古往今来赞扬鱼味美的例子真是不胜枚举。作为优质蛋白质的获取来源之一，我国烹制鱼类的方法很多，历史也很悠久。尝鱼鲜、吃渔家饭是渔文化中的美食文化在休闲渔业中的重要体现①。

在人们喜爱的各大菜系中，有不少的鱼类名菜。例如，河南的鲤鱼焙面，安徽的臭鳜鱼，江浙一带的宋嫂鱼羹、西湖醋鱼，南方广为流行的鱼圆，以及荆州特色的鱼糕等，都是以鱼为主要原料的美味佳肴。**鲤鱼焙面**是"糖醋软溜鱼焙面"的简称，它是开封当地一道传统著名菜肴，由"糖醋熘鱼"和"焙面"两道名菜配制而成，其特点是色泽枣红，软嫩鲜香，也是"豫菜十大名菜之一"。"糖醋熘鱼"历史悠久，王维在《洛阳女儿行》中写到："洛阳女儿对门居，才可颜容十五余。良人玉勒乘骢马，侍女金盘鲙鲤鱼。""焙面"细如发丝，蓬松酥脆，甜中透酸，酸中微咸。**臭鳜鱼**是一道徽州传统特色菜肴，徽州菜的代表之一。相传在200多年前，鱼贩将鳜鱼以木桶装运至徽州山区，途中为防止鲜鱼变质，采取一层鱼洒一层淡盐水的办法，经常上下翻动，如此七八天抵达屯溪等地。此时鱼鳃仍是红色，鳞不脱，质未变，只是表皮散发出一种似臭非臭的特殊气味，但是洗净后经热油稍煎，细火烹调，非但无异味，反而鲜香无比，成为脍炙人口的佳肴。这"风味鳜鱼"闻起来臭，吃起来香，肉质鲜嫩、醇滑爽口，保持了鳜鱼的本味原汁，制法独特，有异香。**宋嫂鱼羹**作为杭州名菜之一，深受消费者喜爱。通常是将鳜鱼或鲈鱼蒸熟后剔去皮骨，加上火腿丝、香菇、竹笋末、鸡汤等佐料烹制而成。成菜后，色泽油亮，鲜嫩滑润，味似蟹肉。目前，杭州大小餐馆均有制作经营。**西湖醋鱼**又叫"叔嫂传珍"，是浙江杭州传统风味名菜，属浙菜系。其年代可追溯到宋朝，相传为南宋著名民间女厨师宋五嫂所做。西湖醋鱼是杭州杭帮菜餐饮店中的招牌菜，并被评为浙江省的经典头牌菜。在G20峰会国宴中，西湖醋鱼因其风味独特、秀色可餐，深受国外宾客喜欢。**鱼圆**(也称鱼丸)是我国南方的美味菜肴，在我国南方鱼米之乡，几乎家家会做，人人爱吃，也是家宴和各个饭店的必备之菜。浙江地区，尤其是浙北地区，鱼圆的原料鱼主要为鲢鳙鱼。由于鲢鳙鱼肌间刺较多，主要为家庭自制或传统手工作坊制作。杭州"斩鱼圆"以鲢鱼肉为主材，是"杭州十大名菜"之一。**鱼糕**是荆州一带特有传统美食，采用鱼糜、鸡蛋及肉为主要原料加工蒸制而成，晶莹洁白，软嫩鲜香，有韧性，对折不断。纯白的鱼糕，配上表面一层金黄的鸡蛋，颜色清秀，隐约散发着新鲜的鱼肉香气，让人看着赏心悦目。始于先秦、鼎盛于唐朝的"生鱼脍"(鱼生)是客家十大名菜之一，为客家饮食文化的典型代表。自古以来，客家人就把草鱼作为"生鱼脍"的中上等食材。梅州客家人逢年过节及各种宴席，都必吃草鱼，客家人称之为"鲩鱼"，祭祖时用的"三牲"之一就是鲩鱼，家里有贵客来时，

---

① 赵蕾、刘红梅、杨子江：《基于渔文化视角的休闲渔业发展初探》，《中国海洋大学学报(社会科学版)》，2014年第1期，第45—49页。

若能用鲩鱼做菜招待，就显得非常隆重。伴随着草鱼量增，客家人也因地制宜研制出“鱼丸”“鱼丝”“鱼脯”“鱼煮粉”“鱼焖饭”等诸多以草鱼为基本食材的美食。

除了汉族，少数民族也有很多特有的餐饮渔文化。赫哲族是世代生活在东北三江流域的古老民族，也是我国北方唯一以捕鱼为生的民族，其渔文化的历史最早可追溯至6 000年前的新石器时代。赫哲人多沿水而居，捕鱼在赫哲族的生产生活中占据重要地位，因此以鱼类为主要食品的赫哲族也形成了具有民族特色的“食鱼文化”。赫哲族吃鱼的方法名目繁多且独具特色，除了一般的蒸煮炸炒烤烧焖炖，也有刹生鱼、生鱼片、刨鱼花、烤生鱼等吃法，刹生鱼是当地的一道名菜。自辽朝以来，满族就有吃开江鱼的习俗，这种习俗在清代盛行。清康熙帝曾赋诗：“松花江水深千尺，捩舵移舟网亲掷。溜洄水急浪花翻，一手提网任所适。”现在，吃开江鱼全鱼宴是东北地区重要的渔文化体验活动之一。因为贵州糯米种植较普遍，当地人大多以糯食为主食，因此“饭稻羹鱼”在贵州演变成了“**饭糯羹鱼**”，主要体现为以熟糯饭为主食，以河鱼或田鱼为主要的动物蛋白来源，由此形成贵州地方特色餐饮渔文化。

除了淡水鱼，蟹等其他淡水产品同样有悠久的饮食文化。如天津的“金钱紫蟹”“熘蟹黄”，广州的“芙蓉蟹片”“脆皮炸蟹螯”“姜葱炒肉蟹”，山东的“蟹黄鱼翅”，江苏扬州的“蟹肉狮子头”“蟹黄汤包”，镇江的“清炖蟹粉狮子头”，浙江的“敦煌斗蟹”等①。餐饮渔文化作为各具地域特色的饮食文化代表，承载了人们的智慧和世世代代积累的经验，逐渐成为独具特色的地方民俗文化。

（二）观赏渔文化从宫廷走向寻常百姓家

观赏渔文化是休闲渔业的重要组成部分，是以水生动植物生产、欣赏为基础的一种文化形式。在日益注重生活质量与情趣的当下，观赏渔业成为都市休闲产业的一种。中国古人很早就开始了观赏鱼的养殖和赏玩，并据此创作了大量的文学作品。在文人墨客的笔下，观赏鱼已不再是普通的水生动物，而被人们寄予了某些理想、愿望。

金鱼起源于我国南方，其祖先是野生鲫鱼，2 000多年前在安徽发现了金鲫鱼。南朝梁任昉撰《述异记》，书中写道：“晋桓公游庐山，见湖中有赤鳞鱼，即此也。”金鱼的养育始于南宋时期的杭州，后传到上海、镇江、北京、天津等地。明正德年间，北京的皇宫和皇府开始养育金鱼。宫廷金鱼体形短粗，略呈蛋圆，体态匀称、端庄，游动时舒畅自然、温文尔雅，颇有皇家风范，成为文明与传统文化

---

① 李平、郦建峰：《渔业文化研究综述》，《旅游纵览（下半月）》，2013年第9期，第321—323页。

的象征。因此，金鱼又被称为“国鱼”。后来，上至达官贵人，下至平民百姓，都有养金鱼的，金鱼尤其受到老北京人的喜爱。在中国，金鱼分为南北两大派别：杭州金鱼和北京金鱼。杭州是金鱼的发源地，北京则进一步发展了金鱼的品种，目前北京金鱼品种仍有几十种。大约 16 世纪，金鱼先后传入日本、泰国、葡萄牙、美国及东南亚、欧洲各国。历史上，不论诗词歌赋，还是国画作品，也都有对金鱼的生动描绘。金鱼在鼎盛时期曾多达 4 大类 300 多个品种。福州是我国重要的金鱼产地，建立了遗传色型稳定的品种群，有 80 多个品系，形成了很多特色品系和精品金鱼。

锦鲤也是重要的淡水观赏鱼品种。锦鲤原产在中亚地区，后传到中国。在中国古代，宫廷技师们以培育金鱼、锦鲫的方法筛选出符合大众审美的变异品种。在近代，锦鲤又传入日本，现在许多优良品种都是日本培育出来的，锦鲤成为日本的国鱼。锦鲤色彩艳丽、泳姿雄然，有很高的观赏价值。锦鲤对水质要求不高，食性杂，易繁殖，寿命也很长，能活 60—70 年，相传能为主人带来好运，因此是备受青睐的“风水鱼”。

（三）垂钓和游船文化方兴未艾

垂钓是自古以来人们喜爱的一项高雅、文明、显示身份地位的休闲娱乐活动。我国垂钓文化历史悠久。与以果腹为目的的渔猎活动不同，垂钓是一项充满智慧和娱乐性的活动。我国出土的新石器时代文物中就有骨制鱼钩等钓具，商朝早期遗址中也有青铜制鱼钩的出土。这些鱼钩造型多样，其中有的在钩尖下面磨出了倒刺，多数鱼钩还磨有拴钓线的槽，由此可证明，当时的垂钓活动已具有较高水平[①]。《吕氏春秋 · 审应览 · 具备》记：“太公尝隐于钓鱼矣。”说明姜太公是垂钓江湖的隐士。[②] 古时的钓鱼多是特权阶层、达官贵人或隐士、文人等用于休闲鱼类或陶冶情操的活动。文人墨客们也留下不少关于钓鱼活动的诗词、字画、典故等，显示出古人对垂钓这一优雅逸致活动的描绘和艳羡，如柳宗元《江雪》中“孤舟蓑笠翁，独钓寒江雪”的优美意境，郑板桥“老渔翁一钓竿，靠山崖，傍水湾，扁舟往来无牵绊”的闲逸，司空曙《江村即事》中“罢钓归来不系船，江村月落正堪眠”的幽寂遒美。此外，对垂钓活动的描绘还体现在绘画、陶瓷、雕像等艺术形式中，成为一道独具特色的渔文化风景。随着人们生活水平提高和闲暇时间增多，垂钓者群体越来越大，已经形成了一个完整的产业，

---

① 赵蕾、刘红梅、杨子江：《基于渔文化视角的休闲渔业发展初探》，《中国海洋大学学报（社会科学版）》，2014 年第 1 期，第 45—49 页。

② 蒋波：《钓鱼与求仕：姜太公垂钓新解》，《中国社会科学报》，2018 年 8 月 30 日。

爱好垂钓的人不仅可以在专门的渔具商店里获得垂钓用具、鱼饵等，垂钓还成为群体性活动，垂钓者有自己的俱乐部、协会，还有定期或不定期组织的赛事等，也有相关的专业杂志、专业网站等信息服务平台。

我国水上交通工具众多，在不同地域，船的形态、功能和体验又各有差异，形成了各具特色的游船文化。游船根据其功能不同，分为埠船、画舫、明瓦船等。船最基本的功能是交通和接驳，埠船一般一天就可以往返一趟。在浙江绍兴，有一种俗名"梭飞"的"明瓦船"，即在船的两扇定篷之间装一扇半圆形的遮阳篷，三扇篷的木格子上嵌着一片片一寸见方的薄蛎壳片，既避雨，又透光。大一些的明瓦船可容人直立，舱内可置桌椅供游人打牌、饮宴，这种船曾被鲁迅称为"文人的酒船"。画舫就是装饰华丽的小船，供人们在水上荡漾游玩，观赏水中及两岸的景观，以及用来宴饮等。随着经济和交通工具的发展，船的交通功能逐渐淡化，各式各样的游船多数被人们用作观光体验之用。除此之外，游船文化还体现在一些民间竞技活动上。如赛龙舟这一典型的民间传统水上体育项目最初是为纪念爱国诗人屈原而兴起的，现在已经成为很多地方节庆活动的一种重要形式。一些少数民族也在节日里赛龙舟，以此纪念本民族的英雄人物或者是庆祝丰收。这些竞技活动的背后蕴含着深厚的渔文化，也让参与者或观众在娱乐的同时，了解到更多的传统渔业知识和文化。随着休闲产业的发展，游船文化也大有方兴未艾之势。

五、物质文化与非物质文化交相辉映

物质文化和非物质文化是淡水渔文化的不同表现形态，在中华民族的历史长河中，两者可谓并驾齐驱、各领风骚，但又水乳交融、共生共荣。

（一）物质文化

淡水渔业物质文化是淡水渔文化的外在显现，它是人类从事淡水渔业相关活动及这一过程中创造出来的成果，是以物质实体形态表现出来的、可感知的、显性的成果。淡水渔文化的物质文化包括渔民捕鱼、养鱼所用的渔船、渔网等渔具，养殖渔业的鱼种、设施设备等，以及渔民适应渔业生产生活所产生的服饰、饮食、建筑等。

渔船、渔具是最典型的物质渔文化表现。渔船对渔民有极其重要的意义。渔民一般尊称渔船为"木龙"，造新船对渔民而言是关系全家生计的头等大事。造船过程也极其讲究。除了渔船，与渔业生产相关的最直接的物质文化形式就是渔具、渔法。各种渔具、渔法均有其特殊性能，并且适用于不同的对象。以太湖渔船为例，依据作业性质，渔船的形体大小都不一，大致分为拖、围、刺、敷、钓、簖六大类，其作业能力与吨位大小，由所用渔具的类别和大小而定，分别称为拖网船、围网船、张网船、摇网船、刺网船等。在全国各地淡水渔区，都有适应当地水生物种特点、气候、地形特点的捕捞、养殖渔具和渔法。曾是水源丰富地区的罗布泊也有其独具特色的捕捞工具和方法。罗布人从什么时代开始从事渔猎生产尚有争议，但可以确定的是，直到20世纪末，渔猎都是罗布人最主要的传统生产生活方式，有自己独具特色的渔猎工具和渔猎方式。他们的渔猎有一种规律，就是一年四季不同，捕鱼方式也不同。春季根据水的流向捕鱼，夏秋季从湖泊里捕捞鱼，使用的主要工具是渔网和卡盆，冬季凿冰捕鱼①。卡盆即独木舟，是罗布人最主要的捕鱼工具，一般由胡杨木凿制，为了防止卡盆干裂，罗布人在冬天来临前会将卡盆埋进沙土里以保持水分，次年春夏之交再挖出来使用。渔网又称“古力玛”“古力麦”，用罗布麻编制，这种麻线柔软、结实，在水中不易腐烂。渔叉，罗布人常称撒齐喀克，主要在夏天用。带长木柄、两端有逆向刃的柳叶式刀，是罗布人选择木质坚硬并且带叉的粗壮红柳秆用刀削尖木叉做成的。斧头，主要在冬天用于凿冰。铥头，也叫大头棒，也是用胡杨木制作，是一头粗一头细的木棍，细的一头作为手柄，粗的一头用来打击鱼脑袋②。

在渔业生产活动之外，以淡水渔业为生的人们还发展出了相应的服饰、饮食及建筑等其他物质文化形式。例如，渔民的服饰一般宽大松肥，这种服饰既可挡风御寒，万一落水还可以迅速脱掉衣服，摆脱负担，便于逃生。赫哲族的祖先早在2 000多年前就已经用鱼皮做衣服了，鱼皮服饰的制作过程繁杂，从鱼皮被选中，到鱼皮服装制作完成，要经过选料、剥皮、干燥、锤压熟制、拼剪缝合、染绣装饰等一整套加工过程③。随着经济社会变迁，今天的赫哲族在服饰上已经与汉族趋同融合，鱼皮加工技术也接近失传，但赫哲人充分利用渔业生产的副产品制作服饰的传统却充分体现了他们的智慧和审美。在饮食方面，渔民更是充分发挥了“靠水吃水”的优势，以淡水产品为原料，开发出鱼干、鱼丸等耐存储的食品，又充分结合南北方、东西部饮食习惯发展出各具特色的菜系、品类。由于常年以水为邻，渔民的劳动、生活基本都在江、河、湖泊的沿岸，渔民的住宅也相应就地取材并结合地理、气候特点。例如，渔民的住房用料多用石头、木头

① 艾比不拉·卡地尔：《罗布人：绿洲文化变迁的人类学研究——以喀尔曲尕乡个案为例》，社会科学文献出版社，2014年。

② 艾力·艾买提：《罗布人的渔猎文化及其变迁问题》，《西夏研究》，2011年第1期，第112—118页。

③ 赵蕾、刘红梅、杨子江、刘龙腾：《传统农业文化与现代生产方式交融中的赫哲族渔文化遗产保护思考》，《中国农学通报》，2014年第35期，第143—148页。

和茅草，庭院的外部构造和雕梁画栋，多用龙、鱼、船、锚等图案作为象征，壁画、廊绘上也常有蕴含“一帆风顺”寓意的图案。

（二）非物质文化

淡水渔业非物质文化则体现了淡水渔文化内在隐形化的一面。古人很早就在鱼身上注入了一种文化理念，从各种出土文物到诗词歌赋，鱼的身影随处可寻，甚者鱼还被认为是龙、凤的原型①。因此，在非物质文化方面，淡水渔文化的表现形式更加多样，具体来说，主要是一些曾繁盛于淡水渔区活动范畴、失传或至今仍流传的口头传说和表述（如语言、渔家号子、渔史传说）、表演艺术（渔歌）、岁时节令、社会风俗（渔谚、渔俗信仰）、礼仪、节庆祭祀仪式、传统民间工艺，以及有关自然界和宇宙的知识和实践等。

在精神层面上，人们通过渔家号子、渔史传说、表演艺术、传统民间工艺等形式传承着渔文化。历朝历代的文人墨客都曾用诗词歌赋、绘画等艺术形式描写渔村、渔民的生产生活景象，更有关于鱼类习性的描述，以及与鱼有关的传说、典故。赫哲族以渔为生，他们的文化艺术也常常与渔业有关。在长期的捕鱼实践中，赫哲人创造出了多种民间艺术文化。“鸬鹚调”是钱塘江渔歌的俗称，即钱塘江渔民指挥鸬鹚捕鱼时所唱的一种劳动歌曲。使用鸬鹚是我国及日本等一些国家渔民所共有的捕鱼方式，钱塘江渔民在指挥鸬鹚行动时是伴以歌唱的，而且其演唱时真假声结合，音乐风格十分独特。以歌代令的鸬鹚号子，还有不同的调子和不同的节奏，表示捕捉不同的鱼类，以及作业时对鸬鹚发号的不同“指令”。诗词歌赋中与鱼、渔相关的内容就更多了，例如，仅在《宜昌府志》《归州志》《东湖县志》等地方志中就载有明清以来文人墨客赞美桃花鱼的诗赋达数十篇之多。

在制度文化方面，淡水渔文化主要是通过社会风俗、礼仪、节庆祭祀仪式、岁时节令等社会规范对人们的行为进行约束。从根源上来说，它是人们为了社会共同生活的需要，在社会互动过程中约定俗成或由人们共同制定并明确施行的一些规则，在渔文化中主要表现为一些民俗禁忌及礼仪等。过去生产工具落后，水上作业危险大，祈求神灵庇佑是他们唯一的心理安慰和精神寄托，在渔业发达的地区基本都有祭祀、祈福等一系列民俗活动。虽然这些可能在科学上没有道理，但在渔民的精神、心理因素上却起到很大作用。例如，渔船出海前，渔

---

① 同春芬：《论鱼文化与渔文化》，《2012年中国社会学年会暨第三届中国海洋社会学论坛：海洋社会学与海洋管理论文集》，中国社会学会海洋社会学专业委员会（筹）、中国海洋大学法政学院：上海海洋大学海洋文化研究中心，2012年10月。

民一般要举行祭拜仪式，意为祈求渔船能够平安归来；渔民造新船时也要经过择吉日开工、安龙骨、安龙目、择吉日下水等一系列程序，下水时一般还有进庙拜神、敲锣打鼓、鸣放鞭炮等活动，这既有庆贺新船起航的意思，也有祛除船舱和水里邪气之意。渔民在从事渔业生产活动时，触礁、翻船以及自然灾害时有发生，出于生命安全防范的心理需求，日常生活也有很多禁忌。除了这些，渔民还通过岁时节令的形式对人们的捕鱼行为进行规范。赫哲渔民将二十四节气与渔业生产的季节有机结合起来，有“立春棒打鱼，惊蛰忙织网”的“捕鱼歌”，反映出赫哲族对渔业资源保护的生产观念。随着旅游业发展，一些传统的节庆活动也成为普通人感受渔文化的渠道之一。如，自古以来就有的查干湖冬捕活动现已发展成松花江流域冬季一项全民参与的盛事，每年吸引大量游客来到东北感受渔文化的独特魅力。每年太湖开捕节上，中国内湖第一渔港——光福渔港都会再现“渔家竞技”“渔家祭祀大典”“千帆竞发”等原生态渔民习俗。

六、渔文化传承和产业文化发展之间的关系

历史是文化的载体，文化是历史的血脉。淡水渔文化是中华民族的伟大创造之一，也是中国文化史上光彩夺目的一章。山顶洞人遗址发现的涂红的草鱼上眶骨，说明捕捞活动已经是原始人日常活动的一部分。新石器时代鱼镖、渔网、鱼钩、鱼笱等渔业器具的出现，说明渔业已经成为一项重要的生产活动。人类进入奴隶社会以后，渔业成为社会经济活动的一部分，在生产技术上也开始不断创新，鱼类养殖陆续发展起来。周代时渔业发展迅速，政府开始设置专门的渔业管理官员“𫷷人”和“鳖人”，也有了禁渔期的规定和渔具、渔法的约束，说明渔业作为社会经济活动的地位上升。从周初到战国时期，池塘养鱼发展迅速，在吴、越等国，养鱼成为富民强国之业。从秦、汉到南北朝的七八百年间，人们对鱼类的品种和生态习性积累了更多的知识，唐代时淡水捕捞发达，内陆水域已经有了专业渔民。到了宋代，据邵雍《渔樵问对》记载，当时的钓渔具已达到与现今基本相同的完整形式，金鱼饲养也开始了，说明此时养鱼已经成为人们物质享受之外追求精神享受的方式之一。明清时期淡水养鱼进入了科学发展的时期，明代黄省曾的《种鱼经》、徐光启的《农政全书》、清代的《广东新语》及其他文献都总结了当时的养鱼经验，当时的淡水渔业已经逐渐成为遵循自然规律的“科学养殖”了。民国时期的淡水渔业显现出了产业化发展的趋势，造冰厂、加工厂等相继出现，各类法律、规定陆续出台，虽然这些法规当时多未实行，但也说明渔业管理开始步入法治时期。中华人民共和国成立后，中国渔业进入

了飞速发展的时代，市场化改革最先在渔业领域开展，从技术到管理，渔业成为农业各产业中先行先试的典范，后来更成为全世界这一行业的领军者。

(一) 渔文化的传承

近年来，我国的一些渔文化系统已作为人类共同的文化遗产，得到世界的认可和保护，如青田稻鱼共生系统、从江稻鱼鸭复合系统被选入全球重要农业文化遗产(GIAHS)进行示范保护，但还有很多渔文化类型尚未引起更广泛的关注和保护。

渔业文化遗产包括物质文化遗产，也包括非物质文化遗产。例如，“鄱阳渔鼓”是民间曲艺的一种形式，是江西道情[①]的一个分支，曾在鄱阳湖畔广为流传，是颇具水乡风情和江南特色的农家击乐曲艺。“鄱阳渔鼓”发源于唐、成形于宋、流行于明，其取材广泛、内容丰富、通俗易懂、曲调优美，融合说、唱、表演等于一体，是一个受群众喜爱、风格完整的大型地方曲种，其主要代表作有《谋兰记》《二观音》等。但现在知道“鄱阳渔鼓”的人已经少之又少，见过其表演形式的人则更少。为了抢救和保护“鄱阳渔鼓”，2008 年鄱阳渔鼓正式被列入江西省第二批省级非物质文化遗产名录，当地通过定期举办鄱阳渔鼓大赛、培育商演市场、举办教唱培训班、在中小学开设鄱阳渔鼓音乐基础课等多种形式来传扬和保护这一遗产文化。

习近平同志在中共十九大报告中指出，要加强文化遗产保护传承。随着渔业经济发展，渔文化日益得到重视，但全社会文化遗产保护意识普遍不高，尚难以满足渔文化遗产保护的要求。一些地方只看重文化遗产的眼前开发，而轻视具体的保护、发掘和长远的发展，只重景区景点设施建设，而忽视渔文化资源的深层挖掘。例如，在一些水乡风景区的古建筑维修保养过程中，个别地方不潜心研究和尊重历史，随意改动建筑材料的时代和地域特色，导致仿古建筑毫无特色和生机。这种现象亟待矫正。渔文化遗产是历经千百年传承、发展的文明成果，是应当珍视和发扬光大的文化宝藏。静态的、博物馆式的保护，并不能遏制渔业遗产文化的衰退，需要探索对遗产文化的动态的、可持续的保护和传承机制。

(二) 产业文化对渔业历史文化营养的汲取和发展

文化不是孤立的，它的存在和演变一定要与产业相联系。渔文化面临的挑

---

① 江西道情是一种古老的传统曲艺形式，是宣传道教教理教义，为道教服务的一种民间演唱曲艺。江西道情，源于唐代道教在道观内所唱的经韵，为诗赞体。宋代后吸收词牌、曲牌，衍变为在民间布道时演唱的新经韵，又称道歌。用渔鼓、简板伴奏。

战实际上是传统生产方式的存亡问题，渔文化的危机一定程度上也是渔民的生存危机。渔业历史文化的传承，需要产业发展作为载体，但也要防止以单纯的产业文化发展替代传统渔业文化，使之“变味”。

产业文化是在经济活动中注入文化内涵，使产品人格化。在知识经济时代，通过把文化融入产品和服务是企业创造财富的最有效方式。中国传统渔文化为现代渔业发展奠定了深厚的历史文化基础。随着科技发展和经济发展，文化已经渗入经济活动，通过产品的创意设计与渔文化结合，渔文化资源逐渐转变为经济资源，渔文化的产业化发展也在促进着渔业经济发展。渔文化通过发挥食物安全、基因资源、生计安全、生活休闲、景观保留、文化教育以及科学研究等多重价值和功能，满足了人们的物质生活和精神需求。

产业是渔文化产生的基础，渔文化是因产业而产生，依赖产业发展而发展。在传统渔业不断受到资源环境制约，且经济效益不高的背景下，渔业的发展势必要通过产业转型来延续和扩大。一方面是通过养殖品种调整、生态养殖模式推广，向质量要效益，另一方面是通过产业化发展，渔业向规模和品牌要效益，例如“通威鱼”“阳澄湖大闸蟹”“盱眙龙虾”等耳熟能详的渔业区域品牌。在产业发展的同时，人们又进一步向文化要效益。“渔文化搭台，渔业经济唱戏”已经成为很多地方渔业经济发展的模式。渔文化蕴含的独特品格和地域气质，充分体现了渔区人民的审美追求、生存智慧，乃至丰富多彩的生活情趣，具有独特的开发利用价值[①]。近年来，很多地方都依托本地丰富的渔文化资源，培育发展具有渔文化特色的渔业产业、民间工艺和休闲旅游业，推动渔文化产业向市场化、专业化、规模化、融合化方向发展。

---

① 励业、刘新朝、高鑫欢：《宁波渔文化资源产业化问题与对策研判》，《宁波经济：三江论坛》，2016 年第 4 期。

第三章
我国淡水渔业物种资源、渔具和渔技

我国淡水渔业资源蕴藏量和鱼类种质资源丰富，种类多，分布广泛。针对不同的渔业物种、在不同的季节以及结合不同的地域环境特点，人们发明了各种渔具、渔技和渔法。本章将梳理总结我国淡水渔业物种资源以及渔具、渔技、渔法的发展、留存或传承情况。

一、我国淡水渔业物种资源丰富

我国内陆水域鱼类资源中，主要经济鱼类约 140 种，其中长江水系约 40 多种，黄河水系 22 种，珠江水系 30 多种，黑龙江水系 40 多种。其中，鲤形目是世界内陆鱼类中最重要的类群，我国也是鲤形目鱼类最为丰富的区域(邢迎春，2011)。随着地理区域变化，我国各地也有很多特色渔业物种分布。

(一) 我国大宗淡水鱼类资源丰富、遍布南北

我国鲤形目鱼类 1 030 种，占内陆鱼类总数的 74.43%。鲤形目中，鲤科鱼类最多，有 660 种，占鲤形目总数的 64.07%(张春光等，2016)。目前在全国分布较广的青鱼、草鱼、鲢、鳙、鲤、鲫、鳊等鲤科鱼类，具有生长快、食性广、抗病力强、易养殖和产量高等优点，一直是生产的当家品种。

青鱼，属鲤形目鲤科青鱼属中的唯一种，别称黑鲩、乌鲩、螺蛳鲩，是长江中下游池塘和沿江湖泊里的重要渔业资源和主要养殖对象，各大水系均有，主要分布于长江以南的平原地区，长江以北较稀少。青鱼四季产出，以秋季产的最多、品质最好。三国曹植《闲居赋》中有“青鱼跃於东沼，白鸟戏於西渚”，唐代王昌龄《送程六》诗中有“冬夜伤离在五溪，青鱼雪落鲙橙齑”。青鱼是最常见的淡

水鱼之一，喜欢栖息于水的中下层，属肉食性鱼类，幼苗捕食浮游动物，成年后通常以螺蛳、河蚌、甲壳类等底栖动物或水生昆虫为食。青鱼体长可达180厘米，最大个体记录超过100千克。

草鱼，属鲤形目鲤科雅罗鱼亚科草鱼属，俗称鲩、鲩鱼、草鲩、白鲩、草根、厚子鱼、混子、黑青鱼等，是我国特有鱼类，栖息于平原地区的江河湖泊。草鱼是草食性鱼类，一般喜居于水的中下层和近岸多水草区域，尤喜禾本科植物，因能清除水体中各种草类而被称为“拓荒者”。我国唐代末期在广东有将荒田筑埂，灌以雨水，放养草鱼一两年，以清除野草使田地成熟的记载。草鱼常与鲢、鳙混养。

鲢鱼，是鲤型目鲤科鲢属，俗称白鲢、跳鲢、鳔鱼、地瓜鱼等，古称鱮，是典型的滤食性鱼类，靠鳃的特殊结构滤取水中的浮游生物。《本草纲目》记载，“鱮鱼处处有之，状如鳙而头小形扁，细鳞肥腹，其色最白。”鲢鱼眼睛在嘴尾连线的水平线之下。鲢鱼分布广泛，常与鲤鱼、鲫鱼、草鱼、团头鲂套养。鲢鱼属中上层鱼，冬季潜至深水越冬。

鳙鱼，是鲤形目鲤科鲢亚科鳙属，俗称花鲢、胖头鱼、大头鱼、黑鲢、麻鲢、雄鱼。鳙鱼多分布在水域中上层，是池塘养殖及水库渔业的主要对象之一。鳙鱼外形似鲢鱼，体型侧扁，头部大且宽，口宽，眼位低。鳙鱼脑髓含量高，鱼脑中的鱼油富含不饱和脂肪酸，有维持、提高、改善大脑机能的作用。鳙鱼是典型的滤食性鱼类，有“水中清道夫”之称，主要吃浮游动物和硅藻、蓝藻等浮游植物，以及人工饲料。

鲤鱼，是鲤形目鲤科鲤属下的鲤，俗称鲤拐子、鲤子、毛子等，鲤鱼体长，侧扁，腹部平直，头较小，吻尖，近锥形，体背呈灰黑色或黄褐色，体侧带金黄，腹部银白或浅灰色，尾鳍下叶往往呈红色，体侧鳞片基部有新月形黑斑，交织形成网状纹路。鲤在江、河、湖泊、水库等水流缓慢、水草丰茂的水体广泛分布，分布区域横贯欧亚大陆。因适应力强、耐低氧、生长快、易繁殖，鲤在世界各地被广泛养殖。作为鲤属鱼类的主要产地，中国还分布着其余15种鲤属的成员，其中11种分布于云南(洱海5种，杞麓湖4种，其他地区2种)。

鲫鱼，是鲤形目鲤科鲫属，又叫喜头、巢鱼、鲋鱼、肚米鱼等，是中国传统的淡水经济鱼类。经过人工养殖和选育，鲫鱼有许多新品种，金鱼也是其中一种。中医认为鲫鱼营养价值高，有和中补虚、除羸、温胃进食、补中生气的功效，在《本草经疏》《本草图经》《医林纂要》《本经逢原》等中均有记载。鲫鱼常见的种类有土鲫鱼、方正银鲫、淇河鲫鱼、滇池高背鲫、彭泽鲫、湘云鲫和白鲫。

鳊鱼，是鲤形目鲤亚目鲤科鲌亚科鳊属，又名长身鳊、鳊花、油鳊、槎头鳊、缩项鳊，分布在长江中下游及附属大型湖泊内，生长迅速，适应能力强，主要以苦草、轮叶黑藻等水生植物为食，也吃菜叶和少量的浮游生物，是杂食性鱼类。鳊鱼平时栖息于底质为淤泥并长有沉水植物的敞水区中下层，冬季喜在深水处越冬。先秦时期，鳊鱼就是我国人民用来食用和祭祀的重要鱼种。

三角鲂，属鲤形目鲤科鲌亚科鲂属，是中国特有鱼类。三角鲂体长130～367毫米，体侧扁而高，略呈长菱形，腹部圆，腹棱存在于腹鳍基与肛门之间，尾柄宽短。三角鲂栖息于流水或静水的水域中下层，属杂食性鱼类，体形大、肉厚、骨刺比较少、肉质嫩滑，为淡水鱼类中的珍品。三角鲂在海南、广东、广西，长江中下游、黄河、黑龙江、松花江、乌苏里江、嫩江以及兴凯湖、镜泊湖等水域都有分布。后随着水库建造、捕捞过量，三角鲂自然资源量减少。1999年国家级钱塘江三角鲂原种场建立，2002年以后，每年都在钱塘江流域开展三角鲂增殖放流。目前，钱塘江两岸鳊鲂鱼类养殖基本以三角鲂为主，尤其建德地区的三角鲂在市场广受好评。

团头鲂，属鲤形目鲤科鲌亚科鲂属，俗称团头鳊、平胸鳊，栖息于江河、水库、湖泊的中下水层，喜好淤泥底质且水草茂盛的静止区域。团头鲂仅分布于长江中下游附属中型湖泊。团头鲂肉质细嫩、腴美，脂肪丰富，堪称上等鱼类。在湖北省樊口产的团头鲂肉嫩脂多，尤为肥美，古时有“鳊鱼产樊口者甲天下”的说法。

除了常规大宗淡水鱼品种，在养殖过程中，人们不断改良品种，培育出荷包红鲤、镜鲤、建鲤、松浦镜鲤、福瑞鲤、中科三号、浦江一号、长丰鲢等新品种。对一些体色变异的鲫鱼、鲤鱼个体进行选育，培育出著名的观赏鱼——金鱼、锦鲤等。不同的生长环境和不同的饲喂饵料也使得一些鱼类具有了不同的口感和外观。如禾花鲤因以稻田禾花为食而得名，清朝曾为“宫廷贡品”，原产于广西桂林，属中国土著鱼类，现在在广东连山、连南等地被广泛用于稻田养鱼，具有地方特色。现在禾花鲤池塘养殖达到250～350克的上市规格后要放入稻田不投饵养殖40～80天，即可到达禾花鲤要求。在广东省高要市大湾镇古西村，鲤鱼长到0.5千克以上、草鱼长到1.5千克以上后，放入长满天然饵料的麦溪塘中养足1年以上，即称为麦溪鲤、麦溪鲩。麦溪塘水深不足1米，池底淤泥深超过1米，鱼塘富含硫磺，池水具有碱性，鱼很少发病。宋朝年间福建省清流县有稻田养鱼的历史，有“千亩官塘”，《嘉靖·清流县志》中记载：“鳞之品有鲤、鲫、鲢、鳙、鳜、鲂等”。因产自清流的溪鱼肉质细嫩、味道鲜美独特，“清流溪鱼”现已成为国家地理标志保护产品、省级名牌产品。

此外，翘嘴鲌、鳜、江团、南方大口鲶等也是常见的淡水养殖鱼类。

（二）特色淡水渔业物种数不胜数，生物多样性丰富

根据地理位置、自然和人文地理特点的不同，我国可划分为四大地理区域，即北方地区、南方地区、西北地区和青藏高原地区。其中，秦岭-淮河是南北方的分界线，大兴安岭-阴山-贺兰山为北方地区和西北地区的分界线。我国青藏高原地区和西北地区、北方地区、南方地区的分界线，以第一级阶梯和第二级阶梯为分界线。在不同的地理区域，地形、气候、河流流量和植被类型等方面存在差异，特色渔业物种也各有不同。下面我们依照地理区域归纳各区域的特色渔业物种。需要说明的是，从严格的生物学分类上看，很多地方特色物种隶属于前面介绍过的种类。有些物种南北方皆有，并非部分地区专特有，但这些物种都是在当地或全国较有特色的。

1. 北方特色淡水渔业物种

我国北方地区有黄河水系、淮河水系、辽河水系、海河水系和松花江水系等五大水系。在多变的气候和水域条件下，北方地区有很多特色物种。将一些比较有特色的物种列举如下。

（1）多鳞铲颌鱼

又名多鳞白甲鱼、赤鳞鱼，属温水性小型鱼类，个体体重为 50～120 克，成鱼全长 14～19 厘米，以水生昆虫等动物性饵料为主要食物。多鳞铲颌鱼是一种珍贵的小型经济鱼类，分布于嘉陵江水系和汉水水系的中上游、淮河上游、渭河水系、伊河、洛河和山东泰山，北京地区仅见于拒马河流域。多鳞铲颌鱼生活在海拔 300～1 500 米的山涧水溪中，具有穴居性，每年谷雨前后越冬期结束后，经常选择雷雨的夜晚从岩溶泉中涌出，形成壮观的鱼泉。目前北京的多鳞铲颌鱼已处于濒危或逐渐绝迹的状态。2009 年北京市水产科学研究所成功实现了该鱼的人工繁殖、养殖。

（2）长白山细鳞鱼

长白山细鳞鱼属冷水性山麓鱼类，为中国特有，1988 年被批准为中国国家Ⅱ级保护野生动物，被列入《中国濒危动物红皮书》，属濒危物种，也是名贵鱼类，有重要的学术研究价值。现分布于长白山水系图们江、鸭绿江，为冰河期自北方南移的残留种。[①] 清代《长白山江岗志略》中就有长白山细鳞鱼肉质细嫩、无肌间刺、味道鲜美等详细的记载，是当时的朝廷贡品。我国有吉林鸭绿江上游国家级自然保护区和“和龙细鳞鱼国家级原种场”。20 世纪八九十年代，该鱼的人工繁殖技术得以突破，自然资源逐渐恢复，但目前人工规模化扩繁技术

---

① 乐佩琦、陈宜瑜主编：《中国濒危动物红皮书 · 鱼类》，全书主编汪松，科学出版社，1998 年 9 月。

不成熟，增殖放流没有达到预期效果，自然资源量还没得到彻底恢复。

(3) 辽河刀鲚

刀鲚属鲱行目鳀科鲚属，俗称河刀、凤尾鱼，体长、侧扁，向后渐细尖呈镰刀状。刀鲚是辽河名贵的洄游性鱼类，20 世纪 70 年代前产量很大，每年立夏之初，大量刀鲚溯河而上，回游到台安县境内的三岔河、浑河、外辽河河段繁衍后代，是当时辽河口区域的主要经济鱼类。20 世纪 70 年代以后，刀鲚自然资源逐年减少，已不能形成鱼汛，市场价一路飙升，1998 年被列入《中国濒危动物红皮书 · 鱼类》①。

(4) 泰山螭霖鱼

泰山螭霖鱼，又名赤鳞鱼、石鳞鱼、斑纹鱼，是泰山泉水哺育的珍贵山区淡水鱼。自然条件下，该鱼生活在海拔 270～800 米的泰山山涧溪流中，成鱼长不足 20 厘米，重不过百克。民国《泰山药物志》载，螭霖鱼有补脑益智、生清降浊、养颜补气、延年益寿、明目聪耳、坚齿健身功能。古代帝王来泰山封禅，泰山赤鳞鱼为御膳中必备之类，目前是山东省重点保护的唯一淡水鱼类品种。螭霖鱼属鱼中之上品，又为泰山所仅有，以赤鳞鱼制作的八仙瑶池聚会、青龙卧雪、姜太公钓鱼、龙凤浮白云、青龙戏凤珠、凤尾螭鳞鱼、龙潭螭鳞鱼、爬山赤鳞鱼等近 20 种名菜驰名中外。近年由于天气干旱，泰山山涧泉溪和池塘经常断流干涸，螭霖鱼生存空间受到威胁。目前该鱼已开展人工养殖，但商业化有待开发。

(5) 黄河鲤

黄河鲤与松江鲈鱼、兴凯湖鲌鱼和松花江鳜鱼并称中国淡水四大名鱼。黄河鲤主要分布在宁夏、陕西、河南、山东段黄河流域，为我国宝贵的鱼类资源。从 20 世纪 80 年代开始，经过 30 多年选育，黄河鲤已经选育至第 F9 代，培养出"豫选黄河鲤"(GS01 - 001 - 2004)，是被全国水产良种审定委员会在 2005 年批准为适宜在全国养殖的水产优良新品种。黄河鲤肉质鲜美，金鳞赤尾。国家在黄河郑州段设有黄河鲤种质资源保护区。

2017 年，国家大宗淡水鱼产业技术体系综合试验站还提供了**泉林虹鳟、盘锦河蟹**等特色渔业物种的情况。泉林虹鳟是山东省济宁市泗水县泉林镇以泉水养育的虹鳟鱼，性成熟个体沿侧线有 1 条呈紫红色和桃红色、宽而鲜红的彩虹带，故名(彩)虹鳟。我国养殖虹鳟最早是 1959 年 4 月自金日成赠送周恩来象征中朝友谊的 8 000 颗受精卵开始，现已遍及黄河流域、东北、西北、华北，东南的浙江、江西、安徽，西南的四川、云南、贵州，华南的广东，以及海拔超过 3 500 米的西藏拉萨。泗水县自 1986 年开始养殖虹鳟鱼，已有 30 多年的养殖历

① 乐佩琦、陈宜瑜主编：《中国濒危动物红皮书 · 鱼类》，全书主编汪松，科学出版社，1998 年 9 月。

史，主要养殖品种有道氏虹鳟、金鳟、太平洋鲑、大西洋鲑、三倍体虹鳟和全雌虹鳟。盘锦河蟹属于中华绒螯蟹，为“全国十大名蟹”品牌之一。与其他河蟹不同，盘锦河蟹蟹背青色，泥土色重，腹面灰白，略带水渍黄，膏满黄多，肉质鲜嫩味美，绒毛带浓重泥土色，上市时间早于长江水系的河蟹。

2. 南方地区特色物种

南方水系发达，自然环境湿热，尤其适合淡水鱼类物种生存繁衍。根据生境异质性假说，生境类型越多、越复杂，生态位就越丰富，物种多样性水平越高。我国内陆鱼类物种多样性表现出东南部高于其他地区的趋势，长江和珠江水系明显高于其他水系。因此在几大地理分区中，我国南方地区的特色物种最为丰富。下面对较有特色的一些物种作简单介绍。

(1) 鳑鲏

鳑鲏，形目鲤科鱊亚科的通称，俗名牛粪鲫、红目鲫、葫芦片、彩片、簸箕鱼、板凳鱼，主要分布于中国、朝鲜、韩国、日本、越南、缅甸、老挝等国家。鳑鲏是小型淡水鱼，成体可达 6 厘米左右，绝大多数只有 40～50 毫米；体极侧扁而高，性成熟期的雄鱼体色鲜艳，臀鳍呈红色，有的边缘呈黑色，色彩美丽。鳑鲏有很高的观赏和药用价值，上海有开展池塘养殖的，但市场开发利用率低。鳑鲏是杂食性鱼类，爱吃孑孓等鲜活食物，卵产在活的河蚌里，活动范围小，寿命短。

(2) 松江鲈鱼

松江鲈鱼具洄游习性，鳃膜发达，色泽橙红，皱成四条状，形似四鳃，又称“四鳃鲈”。松江鲈鱼曾在我国渤海、黄海、东海等海域及河川广泛分布，尤以黄浦江上游松江秀野桥所产者最负盛名，被誉为“中国淡水四大名鱼”之首，但现已濒临灭绝，1994 年被正式列为国家二级保护动物。上海市松江区水产良种场建立了松江鲈鱼规模化繁养技术，并成功将松江鲈鱼引入淡水池塘养殖。松江鲈鱼见诸历史文献，至今已有上千年。南宋诗人范成大有“西风吹上四鳃鲈，雪松酥腻千丝缕”的佳句，辛弃疾常用“莼鲈”典故，郑板桥、杨万里等也都有赞美鲈鱼的佳句。

(3) 鲥鱼

鲥鱼的起源与长江“四大家鱼”等鱼类同期，主要分布于东海、南海以及长江、钱塘江、珠江、西江等水系。鲥鱼有三大独特的生态特性：一是“憨”，离水后一旦触及鱼的鳞片，即不动弹了，所以苏东坡称它为“惜鳞鱼”；二是“猛”，勇猛暴躁，鱼鳞锋快，游击迅速，其他鱼类碰到它，会被它腹下的棱形鳞划破，故又称“混江龙”；三是“娇”，鲥鱼娇嫩，含脂肪量高，离水即死，且容易变质。“糟鲥鱼”也是名吃。宋朝时鲥鱼成为名贵食用鱼类，明代被列为贡品，清代康熙年间，被列为“满汉全席”中的重要菜肴。目前鲥鱼已经功能性消失。

(4) 长江刀鱼

刀鱼、鲥鱼、河豚并称“长江三鲜”，其中刀鱼应市最早，列三鲜之首。刀鱼体形狭长侧薄，颇似尖刀，故名刀鱼。历史上辽河、海河、黄河、长江以及钱塘江等水域均有分布，其中又以长江刀鱼资源量最为丰富，产量最高。“春食江刀”的民风民俗在长江中下游地区非常盛行，《说文解字》注：“鮆，饮而不食刀鱼也，九江有之。”《尔雅翼》：“鮆鱼，长头而狭薄，其腹背如刀，故以为名。”物以稀为贵，长江刀鱼价格较高。2018 年底，农业农村部发出通知，从 2019 年 2 月 1 日起，长江刀鱼全面禁捕。

(5) 福州金鱼

福州饲养金鱼有 300 多年历史，历经发展，通过品系优化，形成了福州特色品系和精品金鱼。福州金鱼养殖场主要分布在仓山、闽侯“十八重溪”“三叠井”景区与长乐漳港等地，近年来福州金鱼养殖发展较快，养殖方式由家化小规模的盆养迅速发展到水泥池饲养，目前福州金鱼养殖场已发展近 60 家，面积达 1 000 余亩，年产各类成品金鱼 1 000 多万尾，其中 80%精品鱼出口，福州精品金鱼近年来在国外各大比赛中屡夺大奖。

(6) 半刺厚唇鱼

半刺厚唇鱼是福建省闽西北山区传统食用鱼，又叫石板、坑鱼、石湾，主要分布在闽江、九龙江、富屯溪、金溪等水系。半刺厚唇鱼是福建浦城县“南浦溪半刺厚唇鱼国家级水产种质资源保护区”、松溪县“松溪河厚唇鱼国家级水产种质资源保护区”的主要保护物种和福建省溪河重要的小型经济鱼类。目前该鱼尚处于开发的初步阶段，福建省淡水水产研究所研发团队对其开展了初步研究，但养殖苗种均来自于野生苗，养殖技术和养殖效果均不理想，严重制约了商业化开发进程。

(7) 洪湖刺鳅

刺鳅，又名钢鳅、沙泥鳅、石锥，属于刺鳅属，是一种底栖性鱼类，分布在长江、黄河及其附属湖。目前在湖北省洪湖市螺山阳柴湖设立了洪湖刺鳅保护区，当地有一道名菜是干煸刺鳅。

(8) 大刺鳅

大刺鳅，鲈形目刺鳅科刺鳅属，俗称刀鳅、纳追、猪妈锯、蛇鱼等。我国南方及西部各大河川中，福建省的晋江、木兰溪、闽江上游均有分布，其中以汀江水系较为常见，九龙江水系龙岩段偶有发现。目前大刺鳅野生资源量仅为 20 世纪 80 年代中期的 10%左右。福建省已成功攻克大刺鳅人工繁殖技术，至 2017 年成功繁殖出大刺鳅二代仔鱼 30 余万尾，为大刺鳅资源的产业开发奠定了基础。

(9) 小南海湖短颌鲚

短颌鲚是湖北省松滋市小南海湖重要的野生鱼类,有一定的自然种群规模。南海湖湖岔较多,浅水区水草丰茂,适合短颌鲚繁殖。南海湖由于历史原因属于通江湖泊,短颌鲚曾在湖中形成了一定规模的种群数量,随着湖泊高密度养殖加大,湖泊生态系统遭到严重破坏,短颌鲚的捕捞规格越来越小,繁殖数量越来越少,捕捞产量越来越低。2012 年,松滋市小南海湖被农业部确定为短颌鲚种质资源保护区。

(10) 王家大湖绢丝丽蚌

绢丝丽蚌为中国特有淡水经济蚌类,蚌壳约占体重的 80%,珍珠层厚度约占整壳厚度的 83%。绢丝丽蚌贝壳硬度好,不易破碎,颜色皎白,是制作珠核的特优材料,亦是制造可溶性钙粉、珍珠粉和珍珠项链、手链等首饰、装饰品的优质原料。绢丝丽蚌主要分布在长江流域一带的湖泊、水库、河流及沟渠中。王家大湖是松滋市境内较大的通江湖泊,湖汊较多,适合绢丝丽蚌产卵繁殖及生长,2014 年被农业部确定为绢丝丽蚌种质资源保护区。

(11) 泾县琴鱼和东至麦鱼

泾县琴鱼和东至麦鱼都是栉虾虎鱼,属鲈形目虾虎鱼科虾虎鱼亚科栉虾虎鱼属,在不同地方俗称不同:庐山石鱼(江西九江县)、春鱼(湖北阳新县)、麦鱼(安徽东至县)、琴鱼(安徽泾县),古称沙鳁。**泾县琴鱼**产于泾县青弋江支流琴溪河一带,为皖南山区名特水产品之一,安徽省二级保护动物,又名“药渣鱼”。琴鱼体长 3~7 厘米,钝头宽嘴扇尾,口出龙须,尾腹部黄色吸盘犹如小酒杯,历代有“龙头凤尾金酒杯”之美誉。宋代欧阳修《琴高鱼》诗中有“溪鳞佳味自可爱”的赞美,宋代梅尧臣《宣州杂诗》有“古有琴高者,骑鱼上碧天。小鳞随水至,三月满江边”的描绘。琴鱼在每年农历三月初前后捕捞,常被制成鱼干做汤或饮茶佐料。“琴鱼鸡丝”“泾县琴鱼”被列入《中国名菜谱 · 安徽风味》,用琴鱼所制的鱼茶也深受市场欢迎。琴鱼制作技艺现已被列入宣城市级非物质文化遗产名录。目前这一特色水产资源年产干制品仅 300 千克左右。**东至麦鱼**是安徽省东至县特色水产品,在池州地区因割麦季节盛产而定名,在东至县俗称“麦鱼”,产地主要在黄湓河东至县张溪镇境内从仙亭村上下邹至塔里村门口滩段,与国家级湿地保护区升金湖相通。嘉庆二十三年《东流县志 · 疆里志》记载,“里人珍之”,可鲜食,也可加工制成麦鱼干。光绪三十一年,清政府曾将东至麦鱼带到意大利秘拉诺国际水产赛会参展,蜚声海外。东至县素有“麦鱼之乡”的美称,目前该鱼获得中国著名地方特产称号,并获得中国地理标志证明商标。

(12) 淮王鱼

淮王鱼学名长吻鮠，又名肥王鱼、回黄鱼，是安徽省二级保护动物，因西汉淮南王刘安喜食该鱼并常以此鱼待客而得名。淮王鱼主要产于淮河寿县正阳关至凤台黑龙潭段。淮王鱼属于肉食性鱼类，以水生昆虫、植物碎片以及虾类为食。2000 年以后，淮南市一些企业陆续开展人工养殖和人工繁殖研究。“淮王鱼”有“鲜、嫩、滑、爽”四大特点，素有“淮上筵席之珍”的美誉，“奶汁淮王鱼”被列入《中国菜谱》。

(13) 脆肉鲩

脆肉鲩是通过特定的喂养方式生产出的具有特殊生物特性(如肉不易煮烂)的草鱼。广东省中山市东升镇是脆肉鲩的原产地和主产区。1973 年，中山人在长江水库利用水泥池，采取循环水饲养方式，成功培育出了肉质结实爽脆、耐煮不烂且肉味清香可口的一种鲩鱼，后称脆肉鲩。21 世纪以来，该镇大力发展以脆肉鲩为主导的水产养殖业，脆肉鲩成为东升镇的一张特色名片。

(14) 岩原鲤

岩原鲤为鲤科原鲤属的鱼类，俗名水子、黑鲤鱼、墨鲤，是长江上游有较高经济价值的鱼类，是重庆江河中价格最高的鱼类品种。该鱼为上等食用珍贵鱼品，目前岩原鲤的自然资源正在迅速减少，而市场需求迅速增加，有开发前景。

(15) 胭脂鱼

胭脂鱼属鲤形目亚口鱼科胭脂鱼属，是我国特有种，也是亚洲该科鱼类的特有种。该科鱼类在全世界约有 13 属 72 种，除我国的胭脂鱼和西伯利亚东北角的亚口鱼外，其余种类均分布于美洲。胭脂鱼又名黄排、血排、火烧鳊、木叶盘、帆鳍吸鱼等，生长于长江水系，是洄游性鱼类，在我国洄游的旅程多从长江中下游的鄱阳湖、洞庭湖、太湖、巢湖、洪泽湖等水域开始。该鱼体型奇特，色彩鲜明，作为观赏鱼又被称为“一帆风顺”，是我国特有淡水珍稀物种，国家二级保护动物。胭脂鱼在野生状态下一般体长 67 厘米左右，至少要长到 6 岁以上才能性成熟，民间有“千斤纳子，万斤象，黄排大得不像样”的渔谚。在 1989 年新加坡国际观赏鱼评比中曾获金奖。

(16) 中华倒刺鲃

中华倒刺鲃，属鲤形目鲤科鲃亚科倒刺鲃属，俗称青波、乌鳞、青板。体长而侧扁，头锥形，吻钝，口亚下位，呈马蹄形。须 2 对，颌须末端可达眼径后缘。背鳍起点前有一向前平卧的倒刺，隐埋于皮肤下，背鳍具一后缘有锯齿的硬刺。背鳍后缘微凹，背鳍起点位于腹鳍起点之前上方，距吻端比距尾鳍基为近。体背青黑，腹部灰白，各鳍青灰色，后缘为黑色；幼鱼尾鳍基有一黑斑，成鱼不明显。又名长江老品种青鱼、倒刺青、青波。中华倒刺鲃是长江上游珍稀特有土著鱼类之一，古有"鱼之味美者曰青波……"的说法。中华倒刺鲃为一种底栖性鱼类，性活泼，属杂食性鱼类；丝状藻类、昆虫幼虫、淡水壳菜等均为其摄食对象。分布于长江上游的干、支流里，中游里也偶而见之。中华倒刺鲃、倒刺鲃、光倒刺鲃等鱼有一定药效，有壮阳补中之功效，主治腰膝酸软。

(17) 重庆三剑鱼

由于细鳞裂腹鱼、齐口裂腹鱼、重口裂腹鱼 3 种鱼的头部的副蝶骨均形似一把完整的宝剑，品尝时均可以完整取出，因此熊天寿先生建议，将这 3 种裂腹鱼统称为"重庆三剑鱼"，一并打造品牌。细鳞裂腹鱼，又名贵妃剑鱼、洋鱼，最大个体可达 4 千克以上，耐高温能力较强，易于养殖，是重庆市的保护鱼类，是巫山、巫溪、城口、奉节等地的土著品种。齐口裂腹鱼，又名雅鱼、岷江鱼、齐口等，最大个体可达 8 千克以上。重口裂腹鱼，又名雅鱼、岷江鱼、重口，分布在雅安一带，与齐口裂腹鱼统称"雅鱼"，以"雅安砂锅鱼头"而闻名。重口裂腹鱼出池价一般为 55—60 元/斤，最大个体可达 8 千克以上，跟齐口裂腹鱼一样，都是我国特有的重要冷水性经济鱼类和四川省保护鱼类。

(18) 鲈鲤

鲈鲤，又名皇鱼、江鲤、花鲤，有金沙鲈鲤、花鲈鲤、后背鲈鲤。其中，金沙鲈鲤分布于长江上游及其支流，花鲈鲤分布于抚仙湖，后背鲈鲤分布于澜沧江水系。鲈鲤肉质细嫩、味道鲜美，市场价格高达 100 元/斤。鲈鲤个体一般为 1～3 千克，最大可达 9 千克，易于养殖，除吃鱼虾外，还吃配合饲料。

(19) 墨头鱼

墨头鱼，又称东坡鱼、乌棒、鮇鱼。墨头鱼肉肥满多脂，鲜嫩可口，是川江三大名鱼之一。民间传说这是苏东坡在家乡洗笔砚于江，将鱼染成黑色，故称"东坡墨鱼"。

(20) 铜鱼

铜鱼，又叫尖头、水密子、假肥沱、退鳅等，肉味鲜美，细嫩，体细长，前端圆棒状，后端稍侧扁。该鱼是三峡库区产量最高的经济鱼类，也是长江上游重要经济鱼类，生长速度较快，经 2 年养殖可达到商品规格。

(21) 沙鳅

沙鳅，又名泫鱼仔、长寿吹沙鱼，包括沙鳅属及副沙鳅属的几种鱼类。此鱼肉味鲜美细嫩，可以连骨吞渣，好吃又省事，深为群众所喜爱。沙鳅市场价格高达 180～300 元/千克。长寿县志中有长寿吹沙鱼的记载。目前已经开始人工繁殖及养殖，并形成一定产量及规模。

(22) 大鳍鳠

大鳍鳠，又名丰都鬼鱼、江鼠、石扁头、牛尾巴，属鲶形目鲿科鳠属，分布于长江至珠江各水系，为底栖性鱼类。目前大鳍鳠与著名的丰都“鬼文化”相结合，市场价格高。

(23) 宝兴裸裂尻鱼

宝兴裸裂尻鱼属于鲤科裂腹鱼亚科裸裂尻鱼属，地方名白鱼子，自然分布于青衣江上游的高山峡谷地带，这些地带水量少，气温低，其水域河床深切而常年急流，水质清晰明净，水温终年变化不大。该鱼仅分布于宝兴河流东河盐井以上河段，因此属于分布区极其狭窄的种类。我国古籍《本草纲目》中有“嘉鱼蜀都郡处有之，状似鲤而鳞细如鳟，肉肥而美，大着五六斤，食乳泉，出丙穴者，二、三月随水出穴，七、八月逆水入穴”的记载。

(24) 新津黄辣丁

黄颡鱼为鲿科黄颡鱼属的一种鱼类，又名黄骨鱼、黄辣丁、戈牙等。新津黄辣丁为长年生长在成都新津一带天然水域内的野生鱼种，是川菜中的河鲜特色品牌。新津黄辣丁既有区别于同类鱼种独特的体表特征，又传承了新津悠久独特的鱼文化特色，目前新津黄辣丁获批国家地理标志产品。

(25) 梵净山山麻鱼

山麻鱼为梵净山特色鱼类，属鲤形目鲤科鲃亚科白甲鱼属，学名小口白甲，在贵州梵净山地区俗称山麻鱼。主要分布在梵净山周边溪河，是当地较为名贵的经济鱼类，已被列为易危鱼类。这种鱼体形优美、食性杂、养殖范围广、群体产量高，且肉质细嫩、味道鲜美，颇受消费者喜爱。因生境恶化、小口白甲鱼分布范围逐年缩小，种群数量日趋减少，种质资源正濒临消失的危险。

(26) 毕节沔鱼

沔鱼又名贡鱼、四鳃鱼，学名裂腹鱼，为毕节地区特色鱼类，属国内名贵鱼类。《毕节地方命名志》记载了沔鱼的来由。相传在唐朝末年，由于路途遥远，交通工具简陋，无法保证活鱼运输，因此后来被免去进贡，该鱼因此得名免鱼。后来有湖北沔阳人家迁居此地，为纪念老家，就将“免”改写为“沔”，于是就有了今天的沔鱼之名。目前沔鱼的资源量急剧下降，仅在涨水过后在河流中可以发现少量的沔鱼。2008 年，毕节成功攻克沔鱼人工繁殖技术，2010 年以来，成功繁殖出沔鱼仔鱼 10 万余尾。

(27) 七星鱼

七星鱼学名月鳢，属鲈形目攀鲈亚目鳢科鳢属。俗称花星鱼、山斑鱼、点秤鱼、星光鱼、星鱼等，主要分布在山溪中。月鳢是鳢科鱼类中最有经济价值的淡水鱼类，有“鱼中珍品”之称。

(28) 金背鲤

金背鲤是贵州省丹寨县特有的一种经济鱼类，是当地稻田养鱼的主要品种之一。《丹寨县志》中有金背鲤肉质细嫩、味道鲜美的记述。随着稻田养鱼模式的推广，养殖户成功攻克金背鲤人工繁殖技术，至 2016 年成功繁殖出金背鲤二代仔鱼 100 万余尾。

(29) 大小井“小肥鱼”

大小井“小肥鱼”学名巴马拟缨鱼，属鲤形目鲤科野鲤亚科拟缨鱼属，是贵州省罗甸县大小井风景区特色经济鱼类。“小肥鱼”体肥肉嫩，富含脂肪，当地称之为“油鱼”，更被誉为“水下人参”。当地人烹饪“小肥鱼”时入锅不放油，文火煎到一定时候，自行出油，也不粘锅。当地有“一家煎油鱼，十家闻鱼香”的说法。“小肥鱼”油而不腻，鲜嫩甘美，鳞皮醇脆，味道醇香，鱼骨细如丝，不需吐骨。

(30) 滇池金线鲃

滇池金线鲃为滇池特有鱼类，属国家二级保护动物，为中国濒危特有鱼类，也是云南特有的一种经济鱼类，20 世纪五六十年代是滇池水体的主要经济鱼类之一，早在明代《大明一统志》中就有记述。游动时，在阳光下熠熠发光，“金线鱼”的名字由此而来。目前滇池金线鲃在滇池水域已难觅踪迹，仅少量存在于滇池周边未受污染的溪流、龙潭、水库中。2007 年滇池金线鲃人工繁殖技术得到攻克，2009 年批量繁殖滇池金线鲃鱼苗。2009 年起至今，当地每年向滇池流域增殖放流滇池金线鲃 10 万～20 万尾；部分养殖户开始养殖滇池金线鲃。

(31) 抗浪鱼

鱇浪白鱼为中上层小型鱼类，游泳迅速，抗风浪能力较强，又名抗浪鱼。属鲤形目鲤科鲌亚科白鱼属，是云南抚仙湖的特产，个体小，肉味鲜美。目前全湖渔产量不足数百千克。2011 年鱇浪白鱼被评选为“云南六大名鱼”。鱇浪白鱼的人工驯养繁殖技术研究已获成功，当地政府自 2007 年开始连续多年在抚仙湖实施人工增殖放流，鱇浪白鱼的产量逐渐回升，捕捞量从 1998 年的不足 1 吨到现在近 20 吨。沿湖不少群众已开始池塘养殖鱇浪白鱼，鱇浪白鱼的种群数量也得到明显恢复。

(32) 大头鲤

大头鲤体形似鲤，又名大头鱼、柏氏鲤，原分布于星云湖和杞麓湖，是云南特有鱼类，国家二级保护动物。20 世纪 50 年代曾是当地主要经济鱼类，后资源量锐减，近年来经采取保种驯养及人工繁殖等措施，产量有所回升。目前开展了人工繁育，但难找到纯种亲本。

(33) 上树鱼

在云南槟榔江(属伊洛瓦底江水系)里生活着一种会上树的鱼，因鱼头特别大，也叫“大头鱼”，又因长期生活在底石缝之中，头呈扁形而称“石头扁”“石贴子”。属鲇形目鮡科，学名黄斑褶鮡，它青背黄胸，头大尾小，肉质细嫩，没有绒刺。这种鱼靠胸生吸盘将身体吸附在石头或树上，并能将身体左右、上下移动。上树产卵是它们保存物种繁衍后代的“绝招”。随着气温升高，江水上涨，石扁鱼的鱼子鱼孙破卵而出。石扁鱼以浮游在水里或依附在石头上的虫子、苔藓为食。每当春夏之交，江水上涨、水漫两岸的丛林时，这种鱼便从水中沿着树干往上攀援，并悬挂在树枝上。目前此鱼还不能实现人工繁育鱼苗。

(34) 会“嗑瓜子”的鱼

云南有几种鱼类会“嗑瓜子”，这几种鱼类吃进瓜子后，会将“瓜子壳”吐出，例如**云南倒刺鲃**，地方名是青鱼，隶属鲤形目鲤科鲃亚科倒刺鲃属。分布于滇中抚仙湖、星云湖、阳宗海和异龙湖，是云南特有鱼类。**保山四须鲃**，原名保山四须鲃，又名保山新光唇鱼，地方名黄壳鱼，分布于怒江水系中下游。自然条件下，生活于海拔 800 米以下的小支流中，适宜水温 18～30℃。人工驯养条件下，能在池塘中饲养，2012 年在临沧市镇康县人工繁殖成功。

3. 西北地区特色物种

西北地区包括陕西、甘肃、青海、宁夏及新疆，这里的一些特色水生动物物种如内蒙古陈旗鲫、陕西秦岭细鳞鲑、宁夏西吉彩鲫、新疆大头鱼和河鲈等较为著名。

(1) 陈旗鲫

陈旗鲫即为银鲫。由于长期的地理分割，生长在陈巴尔虎旗胡列也吐湖的银鲫，较其他水域的银鲫生物学性状优越，已成为当地水域主要的养殖和放流品种，并逐步推广到西北、华北、东北等地区。陈旗鲫在体高和生长速度等经济性状方面都有较强的优势，是著名的地方良种，也是内蒙古自治区地方性重点保护的水生野生动物，常被用来直接作为养殖良种，或作为鱼类育种的亲本。

(2) 秦岭细鳞鲑

秦岭细鳞鲑俗称花鱼，是特有冷水性鱼类，分布于秦岭山溪涧的渭河和汉江水系支流，是鲑科鱼类地理上分布最南端的两种鱼类之一，1963 年首次在陕西发现，以细鳞鲑进行记载，1988 年被列入国家二级保护野生动物。其分布范围可划为三大区域，陕西段秦岭北坡的渭河支流黑河、石头河、千河等；秦岭南坡的汉水支流湑水河、太白河(褒河上游)、子午河等；甘肃境内渭河上游的张家川、岷县和甘谷等支流。近年来，秦岭细鳞鲑的数量急剧减少，分布范围不断缩小，细鳞鲑资源趋于灭绝。

(3) 西吉彩鲫

西吉彩鲫，仅发现于宁夏西吉堰塞湖中，主要分布在西吉县赤土岔、李家沟、夏家大路、任家湾、立眉、党家岔水堰中。1920 年海原大地震(8.5 级)形成了一批天然水堰后，逐渐形成了特有的西吉彩鲫群体。1964 年在立眉、夏家大路、庙台、黑阴湾等水堰中发现彩鲫，随后又在西吉赤土岔库堰内发现身披五色彩纹或各种单一颜色的鲫鱼，西吉彩鲫体色有纯红、乳白、黑色、黄色、蓝色、紫色及其各色相间的花纹，由于体色的区别以及体长略异于普通鲫鱼，故以地名命名为西吉彩鲫。彩鲫只能在堰塞湖这种独特的水域环境中生存，且长期保持自身的五色花纹，如果放养于异质水中，彩色花纹就会逐渐消失。这种彩鲫在地方志中没有任何记载，宁夏其他地区也没有发现。2011 年，以西吉彩鲫为主要保护对象的西吉震湖被农业部批准为国家级水产种质资源保护区，目前还没有进行商业化开发。

(4) 新疆大头鱼

扁吻鱼俗称新疆大头鱼，是中国特产鱼类，也是世界裂腹鱼中的珍贵物种，起源于 3 亿年前，有古鱼类活化石之称。世界上仅此一属一种，现仅存于塔里木水系。1968 年以前博斯腾湖产量最多，目前已消失，在中国濒危野生动物红皮书鱼类部分中属一级保护动物。2003 年至今，新疆维吾尔自治区水产科学研究所等单位进行了扁吻鱼的保护生物学研究，目前已彻底摆脱对野生亲本的依赖，为扁吻鱼的人工保种与自然种群恢复奠定了物质和技术基础。

(5) 河鲈

河鲈是新疆额尔齐斯河土著鱼类之一，分布于额尔齐斯河河道、河汊以及附属水体中。目前在博斯腾湖和乌鲁木齐河流域分布，是 20 世纪 60—70 年代从额尔齐斯河和乌伦古湖移植而来。20 世纪 70 年代至 90 年代初成为博斯腾湖的主要经济鱼类。河鲈有广泛的生物侵占性，繁殖力强，种群数量增加很快，是新疆渔业发展的重点养殖品种。

4. 青藏高原地区特色物种

高海拔地区受自然条件限制，渔业物种资源相对较少。裂腹鱼是一类仅生活在青藏高原及其周边地区的高原性鱼类，我国记录的有 89 种(邢迎春，2011)。裂腹鱼的生长仅限于亚洲中部的青藏高原及其周围地区，是唯一适应青藏高原自然条件的类群。裂腹鱼属鲤形目鲤科。因鱼的臀鳍两侧具有排列成行的大鳞片，鳞片之间似腹部裂口，故名裂腹鱼。

西藏裂腹鱼属有 15 个种，占中国已知该属 39 个种的 38.5%，主要分布于金沙江、澜沧江、怒江、伊洛瓦底江和雅鲁藏布江下游海拔相对较低的河段，只有拉萨裂腹鱼、巨须裂腹鱼、异赤裂腹鱼、横口裂腹鱼和西藏裂腹鱼分布在海拔 3 000～4 500 米的雅鲁藏布江中游、印度河上游和班公错等水体，是该属鱼类分布海拔最高的种类。除西藏裂腹鱼可同时分布于江、湖两种水体外，其他均在外流河水环境中生活。由于高原地区冰冻时间长，夏季水温较低，因此裂腹鱼多蛰居杂食，生长速度较慢，性成熟较迟，繁殖力低，需经 6～9 年体重才能达到 0.5 千克，一般要 3～4 龄才能性成熟。由于高原鱼类食物链组成简单，敌害少，而且种间竞争不激烈，所以种群还较繁盛。

青海裸鲤属鲤科裂腹鱼亚科裸鲤属，又称湟鱼、花鱼、无鳞鱼等。仅分布于中国青海湖及其湖周支流，为高原低温盐碱性水域经济鱼类，主要摄食藻类、轮虫、甲壳类、水生昆虫和小鱼。青海湖裸鲤生长速度十分缓慢，每 10 年大约增重 0.5 千克，繁殖能力较低，种群更新时间较长，目前已被列入《中国物种红色名录》濒危(EN)动物。

（三）淡水渔业物种资源的保存与保护现状不容乐观

近几十年，由于人类对江河湖泊的不合理利用和过度开发，淡水渔业物种资源面临物种濒危、资源衰退等一系列问题，物种资源保存与保护现状不容乐观。拦河筑坝、围湖造田、交通航运、非法采砂、工程建设等涉水工程建设和工业污染，使得水生生物的生存空间被大量挤占，洄游通道被切断、栖息地及生态环境被严重破坏，大量渔业物种被列入不同等级的濒危动物序列，部分濒危物种消失或濒危程度加剧。近几十年来，通过人工繁殖技术的突破、增殖放流工作的开展甚至迁地保护等措施的实行，部分淡水渔业物种资源得到一定程度恢复和增长，如在严格实行封湖育鱼并开展增殖放流的青海湖，到 2018 年时当地的裸鲤资源量已由 2002 年的 0.26 万吨恢复到 8.8 万吨，是保护初期的 34 倍，其中 2018 年增殖放流青海湖裸鲤达到 1 000 万尾，取得了明显效果。但很多水生动物资源的保护力度不够，水生动物品种的人工规模化扩繁技术还不成熟，增殖放流效果也远低于预期。例如，长白山细鳞鱼等品种因保护力度不够尚不能彻底恢复自然量，清流溪鱼等受消费者青睐的产品因品牌推介不足也不能实现经济的可持续性。而一些生活在高寒地带的鱼类，又因性成熟期相对晚、繁殖力低等原因，决定了其种群再生能力相对脆弱。因此，淡水渔业物种资源的保存与保护仍然需要有力的政策支持和社会各界的关注。

二、我国淡水渔业工具多样

我国淡水渔业工具种类繁多，针对不同的渔业物种，在不同的季节以及结合不同的地域环境特点，人们发明了大量因地制宜、因时制宜的渔业工具。渔业工具是文化交流与融合的产物，也是渔文化的沉淀和结晶，梳理渔业工具的发展，有助于认识和了解淡水渔文化及其发展史。传统的渔业工具以捕捞工具居多，近现代以来则以养殖设施设备为主。

（一）传统渔业工具的保存和发展情况

1. 冰下捕鱼系列工具

冬季拉网捕鱼在我国北方很多地方都有，尤以东北、内蒙古、新疆居多，最著名的是查干湖冬捕。据吉林省考古队 1983 年考古发现，在查干湖周围，距今 3 000～4 000 年的新石器时代、青铜器时代，均有先人利用石镞、石斧、鱼骨等工具从事着原始的渔猎活动。自辽金时代，冰下捕鱼工具随着时代的变迁发生巨大的变化，形成系列捕鱼工具。吉林省北方湖库冬季捕鱼均采用此系列捕鱼工具。目前，冰下捕鱼工具主要有大拉网（最原始的是"麻网"，现已有聚乙烯线拉网）、爬犁、绞盘（俗称马轮子）、轮杆、冰镩、冰崩子、扭矛走钩、大绦与水线绳、勾子（卡勾、单勾、双勾、大勾、小勾）、捞子、穿杆、旗和风灯、创斧、服饰（适应在冰上作业）等二十几种。查干湖冬捕沿用原始捕鱼工具，避免了现代机械对湖水的污染，同时，控制捕鱼数量，保证了渔业的持续发展。

2. 洪湖捕鱼工具

以下这些捕鱼的"古法"曾在洪湖非常流行。

（1）搬罾

"罾"是一种方形的渔网，用竹竿交叉支撑，架到河中间，看见鱼游进网中，就立刻拉绳，将罾提出水面，鱼儿便落入网内，再用一小舀网将其捕获，放入耙耧。这种捕鱼方法称为搬罾。搬罾要勤快，10 多分钟左右搬一次，几乎网网都有收获。搬罾的地点相对较固定，一般不轻易更换。

（2）提罾

这是一种小型方网，也是用竹竿支撑，很小，可用手提罾捕鱼，故称提罾，多在小河边、靠河岸较近的地方使用。提罾捕鱼，逆水而行，将提罾的开口对着岸边的上游，将罾沉底踏实后，另一手以竹竿对着岸边草丛一阵猛打，藏着的鱼儿受到惊吓，急忙顺水跳出来，入罾中。这时将罾迅速提起，鱼入网内，就能将其捕获。

（3）鱼笼子

鱼笼子以竹篾条或柳条制作，两端小、中间大，四川新都人因其中间大似猪肚子又称之为猪笼子。鱼笼子一端有 3 个进口，活头可取下，由竹篾编成，有喇叭形状的倒须，鱼能进不能出。晚上，将鱼笼子放进河岸边的回水沱中，系上绳子绑在岸上。笼中放鱼饵引鱼进入，第二天将鱼笼子取出。

（4）鱼栈

在小河沟水有落差处，安置一个鱼栈。用竹篾密密麻麻地插好，水可以流走鱼儿则只能留下，好似客栈，所以叫鱼栈。

(5) 虾耙

用竹篾编织的捕鱼工具，前面敞口尾部收紧，上面有把手，像一个箢篼样子。如果在河沟边上或浅水处发现鱼儿，用虾耙是最管用的，但速度要快。

(6) 鱼罩子、花罩

竹编器具，状如倒扣的背篼。罩住鱼儿不能逃脱，伸进双手去摸鱼儿就行了。

(7) 鱼叉

鱼叉即铁叉子，在河中鱼儿清晰可见时，轻轻过去对着鱼儿猛地一叉，再把鱼装入耙篓里。到晚上，在船头架一盏汽灯，水面明亮无比，船尾的人划动双桨，船头上的人持鱼叉叉鱼，因晚上鱼在水中看不到叉鱼人，故叉鱼收获更大。

洪湖还有很多的传统渔具和捕鱼方法，如撒网、鸬鹚捕鱼、照黄鳝等，撒网在后文有具体介绍，在此不赘述，另外，瞄罾、耙钩、花篮、纽箩、砣罩等捕鱼方法，有些已经失传，有些需要去挖掘。

3. 地拉网

地拉网又称大拉网、地曳网，特别是我国北方的冰下大拉网等，是有特色的专捕工具。地拉网类渔具的结构和作业方式，与围网基本接近，其捕鱼原理按网具结构形式和捕捞对象的不同分为两种：一种是利用长带形的网具(有囊或无囊)包围一定水域后，在岸边、冰上或船上曳行并拔收曳纲和网具，逐步缩小包围圈，迫使鱼类进入网囊或取鱼部以达到捕捞的目的；另一种是用带有狭长或宽阔的网盖，网后方结附小囊或长方形网兜的网具，通过岸边收长曳纲，拖曳网具，将其所经过水域的底层鱼类、虾类拖捕到网内，而后至岸边起网取鱼。内陆水域中地拉网类渔具的捕捞对象主要有鲢、鳙、青鱼、草鱼、鲤、鲫、鳊、银鱼等。由于网具结构和作业的规模不同，网具规模大小悬殊，大型的地拉网长达 5 000 米以上，网高 30 米，而小型的地拉网渔具仅 1 人就可以作业。大部分地区还是靠人力来拉网，小部分地区有小规模的机械化。在大宗淡水鱼养殖池塘，起捕基本都是用地拉网来完成。

4. 卡具

卡具是建德、淳安等地广泛使用的一种比较有效的捕鱼工具。卡具一般由卡头、卡箍、卡饵、卡线组成。卡头一般用富有弹性的毛竹桠枝削制而成。卡箍一般用芦苇茎制作，捕获大型鱼类时，卡箍宜选用玉米叶制作。卡饵根据不同的捕获品种采用不同的饵料，一般捕鲤鱼用大麦做卡饵，鲫鱼用小麦做卡饵，草鱼用麦叶、小米叶、菜叶、玉米叶等，倒刺鲃用黄豆做卡饵。卡线由主线、支线组成，主线用较粗的麻绳、支线用较细的麻绳，支线头上结卡具。捕鱼时，一般傍晚放卡，放卡时一人划船，一人放卡，并沿放卡方向投放诱饵，可提高上卡率。

翌日清晨收卡，收取渔获物。目前，仅有极少数老渔民还在进行卡具制作与捕捞。

5. 撒网

撒网，又称打网，钱塘江流域渔民常用。常见的打网是用粗细不同的麻线编织。网具由身网和兜网两部分组成。使用时，将船划入鱼群栖息场所，人站在船头，现将手纲端部眼环套在左手腕上，将网衣并拢，身网上部折叠几次，小部分兜网握在左手，再将其余兜网依次整理好，双手分握，并将部分网衣搁在左手腕上，双脚分开，对准目标，转身将网衣尽量撒开，扩大网罩范围，待沉子全部着底后，拉住手纲。此时，船只向后划动，使撒网下纲在水底拖动，缩小网罩，使渔获进入兜网。目前，撒网捕鱼仅作为娱乐性项目开展。

6. 麻罩

麻罩是洞庭湖与江汉平原渔业捕捞的传统工具，是宋、明、清及20世纪90年代初在这一区域湖汊特有的且较为先进的捕捞工具。麻罩是一个用一块鱼网和几根竹棍盘成的圆锥体，表面蒙鱼网，锥体中上部空着，底面挂下一尺多长的鱼网，挂下的鱼网边缘用几根细线系着，线的一头从圆锥体内部牵到锥顶，由渔人一手抓着，随时将垂下的鱼网吊起。捕鱼时，渔人将麻罩按入水中，举一根长竹篙从锥顶快速戳入麻罩内，鱼一受惊吓，向四周散开，撞上鱼网内壁。渔人迅速将抓在手中的线提起，同时提起麻罩，撞网的鱼落入鱼网内壁的网底。如今麻罩捕鱼已逐渐被其他便捷的捕鱼方式所替代。

7. 扳罾

扳罾在四川省沿嘉陵江、长江、岷江、金沙江、沱江等流域被渔民广泛使用，四川省南充市顺庆区搬罾镇地名就是据此捕鱼方式而来。《楚辞九歌》里有“扳罾何为兮，木上作渔网”的记载。扳罾结构简单，四根竹竿的一头交叉绑在一起，另一头绑上一张方形的网，像一个大型的漏勺一样，再绑上一根支撑用的竹竿，连上一根拉绳。捕鱼时将扳罾放入水中，定时拉起扳罾，如果有鱼在网中就用网兜捞起。成语“纲举目张”的原意就是来自扳罾，扳罾上面的那根绳子，就叫纲，纲一拉(举)，渔网上的孔(目)就张开了，意思是做事情要抓主要矛盾。

8. 鱼罩子、鱼榛榛

鱼罩子就是那些旧得不能再背、没了底的竹背篓。居住在四川的人家爱吃稻田鱼，喜欢用罩子罩鱼，山里人家家户户都有这种简单又实用的捕鱼工具。

(二) 近现代以来养殖设施和装备获得长足发展

近现代以来，我国淡水养殖设施和装备也取得了长足发展。

在改革开放前及改革开放初期，更侧重于稳产、高产技术和设施的发展。

在池塘养殖技术方面,大力推进鱼池小塘改大塘、浅塘改深塘、塌塘改好塘、死水塘改活水塘,其主要目的就是提高池塘养殖的产量。在湖泊、水库等大水面养殖方面,也逐步由粗到精,逐渐加强管理。人工饵料方面,这一时期开始代用饲料的研究。在渔业机械方面,增氧机这一重要发明问世,当时对控制氧气供应和水质起到明显效果,也为稳产、高产提供了保障。

改革开放后,随着水产品市场全面放开,淡水渔业发展走上了快车道。这一时期出现了工厂化培育鱼种,合理调整放养密度、规格和时间的科学养殖方法,配合饲料的使用,生态立体养殖,人工放养与移植驯化,围拦养殖工程,湖泊规模化养殖技术,以及工程循环流水养殖设施等。在养殖机械方面,增氧机的品种也发展到叶轮式、水车式、射流式、喷水式、充气式、涡流式等多种形式,自动投饲机、溶氧测定仪、电加温器、活鱼运输装置、水质净化机等机械设备也得到推广运用。

淡水养殖设施装备技术的快速发展是我国淡水渔业发展的重要保障,也是国家发展方针政策导向的重要体现。进入 21 世纪以来,育种、分子生物技术、基因技术、病害防治技术、饲料技术等基础性研究工作日益得到重视,对淡水养殖业发展起到了更加重要的作用。

三、我国渔技渔法的传承和发展

随着淡水渔业发展,我国渔业从业者又发明了各种不同的渔技渔法,以适应淡水捕捞和养殖的需求。

(一) 捕捞技术和方法

1. 捕捞技术的种类

(1) 冰下大拉网技术、查干湖冬捕技术

冰下大拉网技术是我国北方湖泊、水库冬季捕捞普遍采用的一种传统捕捞技术,适用于养殖规模较大的天然水域,如湖泊、大型水库等。品种包括鲤鱼、鲫鱼、翘嘴红鲌、瓦氏雅罗鱼等 20 余个品种。渔业模式大多为自然放养。冰下大拉网作业规模较大、工序繁多。整个过程包括:网场选择、下网、行网、出网、网场定位和危险点记录等。网场面积根据作业能力、大拉网规格和实际作业地形而定,同时在下网口、出网口及 4 个拐角处安插不同颜色的旗子,以标明网场范围。网场面积选定后打开下网口,下网口一般为长 2.5 米、宽 2 米的长方形,以下网口为起点,以旗帜为标志,沿直线等距离钻冰眼,冰眼直径不小于 30 厘米，冰眼间距离要小于杆长1～2米。每5个冰眼绞一次网，直到出网口。出网口呈梯形，上下各为0.2米、1.5米，长约4米，出网口的打法和下网口相同。

查干湖冬捕技术的要领其实与上述步骤类似，但其操作方式更加原始。具体来说，鱼把头要在冰层上选好下网的冰眼，然后把每根20米长的两根松木穿杆(穿杆后系小绳作为引线，引线拉动网纲，网纲拉动大网)，分左右穿到冰下。每隔17米凿下一个冰眼，在冰眼中利用扭矛将穿杆调整方向，用走钩将穿杆送到下一个冰眼。下网时，每隔一定的距离，使用马拉绞盘拉动小绳将大网逐步下到位。收网时，马拉动绞盘牵引四五米宽的大网裹着冰层下的鱼类从宽1米、长2米的出鱼口缓缓露出冰面，渔工们边收网，边将打上来的鱼平摊在冰面上待售。查干湖冰下冬捕技术已有一千多年的历史，在查干湖渔场有记载的鱼把头已传承到第七代。这种原始的冰下捕鱼方式把人类活动和特定自然现象结合起来，形成了独特、古老、生态原始的冰上奇观，并开发出集渔猎、观光、餐饮于一体的休闲渔业。

(2) 三峡捕鱼技术

三峡地区的捕鱼方法繁多。《三峡秭归民俗》一书就有：沿溪舀鱼法、筐鱼法、撮渔法、签鱼法、搅浑水法、摸鱼法、砸鱼、炸鱼法、垂钓法、拦溪放钩法、放吊钩法、鼎锅渔法、叉鱼法、拦坝叉鱼法等。三峡渔民常用的捕鱼交通工具叫渔划子，即渔船。渔船长约一丈二，宽三四尺，上分设五六个舱位，即头舱、尾舱(机舱)、驾舱、减水舱(专备渔民备水养鱼用的)、关舱等。关舱是渔民用木板和油布搭篷遮阳挡雨，是渔民睡觉休息的舱位，它与江边渡船不一样，很有峡江地区的特色。

(3) 江浙一带的鸬鹚捕鱼技术

使用鸬鹚是我国及日本等一些国家渔民所共有的捕鱼方式。“鸬鹚捕鱼”是利用鸬鹚捕获渔获物的传统渔业技术，渔民把鸬鹚颈部用稻草扎紧，鸬鹚下潜到水里捉鱼。“鸬鹚调”是钱塘江渔歌的俗称，即钱塘江渔民指挥鸬鹚捕鱼时所唱的一种劳动歌曲。以歌代令的鸬鹚号子，有不同的调子和不同的节奏，表示捕捉不同的鱼类及作业时的不同“指令”。目前，“鸬鹚调”已失传，建德有关部门根据相关资料、信息已整理出《春天捕鱼歌》《秋天捕鱼歌》。“一夜鸬鹚滩上泊，晓烟啼彻画眉声。”这是清代诗人严遂成赞美鸬鹚湾风光的诗句。由于“鸬鹚捕鱼”不符合相关的资源增殖保护规定，作为一项渔业生产技术已基本绝迹，一些地方仅作为旅游观光项目有少量存在。

(4) 浙江的巨网捕鱼技术

1962年千岛湖巨网捕鱼大队组建，利用渔民传统经验，结合“拦、赶、刺、张”联合渔具渔法，把拦网、刺网、定置张网有机结合起来使用，通过拦网、刺网对鱼群的包围、截拦和驱赶，最后迫使被包围鱼群进入定置张网，从而实现集中捕获，即形成“巨网捕鱼”技术。该技术为全国首创，1964 年试验成功并向全国推广，1978 年荣获“全国科学大会奖”。巨网捕鱼起捕种类主要是鲢鳙鱼。具体流程包括：侦察鱼群、设置包围圈、刺网赶鱼和收网起鱼。巨网捕鱼技术的基础是侦察鱼群，这需要多年的经验积累，并熟悉库区的地形地貌、水文情况。巨网捕鱼技术在大水面增养殖的捕捞中有一定的应用。巨网捕鱼应用三种网具：拦网(网长 4 000 米、高 65 米，用来包围湖中的鱼群)、丝网(驱赶鱼群进入埋伏区)和张网(长 100 米、高 35 米，形状像畚斗或口袋，用于集鱼和取鱼)。完成一次巨网捕鱼，多则七八天，少则两三天。巨网捕鱼现在是千岛湖最有特色的旅游项目。

(5) 贵州的传统捕鱼方法

贵州捕捞方法多种多样，主要的捕捞方法有网具渔法、钩钓渔法、笼壶与筌箔渔法以及“迷魂阵”渔法。

网具捕捞 刺网是广泛使用的网具之一。刺网通过调节浮子和沉子，使网身垂直定置于适宜水层，捕捞不同水层的鱼类等。使用刺网时，多为一人一网，携带刺网 2～5 铺，傍晚到作业区放网，夜间收获。有的也在白天放网，流动作业。有时候渔民会使用括网等大型网具，使用括网捕捞时，一般会有 10～20 人参加作业，一人一船携带网具到捕捞点，分别拦截水面，围赶鱼群，然后汇合靠岸，在形成的围拦水面，再使用小型网具如撒网或鱼鹰等捕捞。

钩钓渔法 常见的一般有竿钓、挂钩、响筒、延绳钓、卡子等钩钓渔法。其中竿钓渔法最普遍；挂钩又称碰钩，为定置式钩钓，一般在 3—7 月进行垂钓，在鱼类产卵的河段设置挂钩，并且在挂钩的杆架上铺放水草，空钩不用诱饵，当鱼类游至挂钩处的水草周围产卵时，会被钩缠捕获；响筒钩钓是使用直径 5 厘米左右，长约 40 厘米的竹筒，两端削尖并呈凹陷状，竹筒一端钻一小孔并且穿扎钓线，钓线长 10 米左右，先端系结钓钩 2 枚，钓钩穿上诱饵，竹筒的另一端插在岸边泥沙中，或把竹筒浮于水面，鱼若上钩即会牵动竹筒发出响声，提醒起钩取鱼；使用延绳钓时，随船携带延绳钓数筐，在钓钩上挂上蚯蚓、小鱼虾作为诱饵，由沉子端先后依序把延绳钓放入水中，另一端的浮子漂浮于水面上，延绳钓可以捕获鲶、粗唇鮠等底层鱼类。

笼壶类渔法 笼壶类渔法主要使用须笼、括笼、吊笼、花篮、鱼篡等渔具，筌箔类主要使用鱼梁、压栏等渔具，这些渔具多以竹篾作材料制成。竹撮箕捉鱼是传统古老的一种捕捞方式，随着社会的进步，捕捞工具的更新换代，竹撮箕捉鱼基本上已不存在，只有榕江边远贫困山区偶尔使用。这对观赏收藏传统渔具和传承古老的捕捞方式具有重要意义。须笼可分为有倒须的须笼和无倒须的须笼。在江河湖泊中常用有倒须的须笼捕鱼。在河流中使用的须笼较大，全长

1～2 米，进口端直径 60～90 厘米。在小河、溪沟中，或在较宽河面的沿岸浅滩处，利用河库的砂石垒筑简易的拦河坝，在拦截水流的中央缺口处安置须笼，须笼进口迎水流方向，鱼类随流水进入须笼而被捕获。吊笼渔法常见于大河区拦河坝的坝基下游处，除洪水季节外，架设一排由三根木杆支撑的吊笼，捕捉集群生活、喜跳跃的鱼类。

迷魂阵　迷魂阵是定置式渔具，在使用前，先挂装网帘，在网帘上每距 1 米左右用一根小竹子固定立置水中，形成一行网墙，然后在网帘的两端各挂网笼 1～2 只，把网笼进口端的两片网翼分开立置水中，并把网笼末端捆扎成束，当鱼虾游至网帘后，便沿着网帘进入两端的网笼被捕获，收取渔获物时，只需提起网笼末端，解开绳扣倒出即可。“迷魂阵”渔法主要用于捕捞虾类。

击石取鱼　击石取鱼是一种原始的捕鱼方法，现还存在于黔南三都等地。击石取鱼多在河水干枯季节的秋冬之际，在水流平缓的河段浅水区域进行。捕鱼者用铁锤或大石等猛烈撞击河道中的卧石，利用撞击产生的冲击将石下的鱼击昏，掀开卧石取鱼。

砍鳅　砍鳅也是贵州少数民族常用的一种捕捉泥鳅的方法，在黔南水族地区是捕捉泥鳅黄鳝最为有效的方法。首先是制作“砍鳅刀”：取 3 寸长的竹签若干，将一头削尖，用细篾或麻线编制成宽约 3 寸的竹梳，再取拇指粗细、3 尺或 3 尺 3 寸长的竹竿，破开一头，将竹梳夹紧捆牢即成。入夜之后，前往未插秧的水田中，一人在前方照明，另一人背竹篓、持砍鳅刀随后，看见泥鳅或黄鳝，用砍鳅刀砍之。

捆钓猪嘴鱼　猪嘴鱼喜生活在瀑布下的潭中或砂质底有岩礁等急缓水回流处，平时不容易钓获。在贵州关岭等地，民间有专门针对猪嘴鱼的垂钓方法。

(6) 无钩蚯蚓团垂钓法

无钩垂钓法即钓鱼时用一根 1 米多长的小竹竿或小木棍作钓鱼竿，再用一根不长的细绳将几十根蚯蚓拦腰拴住，再捆在小竹竿或小木棍的一端，然后把蚯蚓及部分竿伸到水当中，并作轻微的晃动，不一会儿就会有鱼来咬蚯蚓，凭手的感觉就能够知道鱼“上钩”了，这时迅速地将蚯蚓提出水面，将它放到篮子里，这时就会有鱼被钓上来。这种方法常被南方山区百姓使用。

2. 捕捞技术和方法的特点

捕捞技术的演变发展大致有以下几个特点。

一是对资源的破坏性由弱到强。捕捞从最简单的鱼叉、渔网，到不同类型的渔具变化、动力变化，捕捞的强度可以说是越来越大，对资源的破坏力越来越强。这反映了人们对自然资源需求的增长变化，也是技术进步的体现。

二是充分利用网具、船具、动物及地理条件。从捕捞渔技渔法的发展来看，各种捕捞技法都是与自然条件密切相关，或者说都是就地取材。例如，渔船渔网的制作最初都是应用天然的树木、植物果实，甚至以鸬鹚等动物为重要工具。网具的应用也是充分结合地形地理特色和水生动物特点，如溪流网笼捕鱼就是直接将网具安置在激流乱石中截获经过的鱼类。

三是充分适应季节的变化。渔民们在长期的捕鱼实践中，总结出了各种适应季节变化的渔技渔法。据《吉林省志·民俗志》记载，松花江春捕主要使用旋网捕捞，春季开江时鱼类聚集于没有冰排的稳水涡子，渔民们会用石块筑起拦坝，在坝中留出通水口，在通水口处下网、布置障碍物。夏季渔闲时节，渔民们用鱼钩捕鱼。到秋季捕鱼黄金时节，渔民们会利用挂子网、小型趟网捕鱼，冬季则会用前面介绍的冬捕技术捕鱼。

3. 捕捞技术的传承和发展

从捕捞技术的传承和发展来看，主要表现在以下三个方面。

一是捕捞工具的材料或动力发生变化。过去的捕捞工具多使用简便的网具、钓钩、叉刺、笼壶、筌箔、鱼鹰、木船等小型渔具。20 世纪 60 年代前，网具多用棉、麻、蚕丝等天然纤维编制而成，用麻线或棕丝编结网索，使用木质浮子，用石块、金属块作为沉子。笼壶类如须笼、括笼、吊笼以及筌箔类如压栏、鱼梁等，用竹子和篾片编制。此后，化学纤维和塑料制品开始大量取代传统材料，促进了渔具革新。现在大小网具几乎都是化纤制品。一些传统渔具至今还在沿用，有的在各地可能叫法不同。从动力上来看，手工工具逐渐被现代机械所取代。特别是渔船，基本以柴油动力为主。

二是结合现代渔业发展研究出适合的新技术。例如，针对水库等大水面养殖水产品捕捞的问题，广东省梅州示范县的技术骨干们自制吊网捕捞工具，在水库养殖鱼类捕捞的过程中，可以将养殖水体 95%的鱼类捕捞上来，实现了半自动化，节省了人力，经济效益较好。目前在梅州渔业协会的主导下，梅州水库养鱼的主要捕捞作业方式就是吊网捕鱼。

三是结合休闲渔业发展传承传统捕捞技术。目前对于传统捕捞技术的传承，较好的做法基本都离不开休闲渔业的发展。例如，查干湖冬捕通过原始冰下捕鱼方式，把人类活动和特定自然现象结合起来，形成独特、古老、生态原始的冰上景观。当地通过举办具有民俗特色的“祭湖·醒网”冬捕节，再现辽帝捺钵、圣火采集、查玛舞、萨满舞、头鱼拍卖等文化内容，与大型文艺活动等相结合组成“中国松原查干湖冰雪渔猎文化节”，将渔猎文化旅游融入当地居民的日常生活，形成了多元的民俗文化。

（二）养殖技术和方法

1. 养殖技术模式的种类

（1）稻田养鱼

稻田养鱼系统是一种典型的生态农业模式，最早可追溯到汉代或战国时期，它是通过“鱼食昆虫杂草—鱼粪肥田”的方式，使系统自身维持正常循环，保证了农田的生态平衡。稻田养鱼充分利用稻田良好的生态条件作为鱼的生长环境，让鱼清除田中杂草、觅食害虫，减少病虫害的发生，改良土壤，同时水稻为鱼的生长、发育、觅食、栖息提供良好的环境，形成一种原始协作、互生互惠的共生关系。稻鱼共生将水稻种植业与水产养殖业结合起来，互利互用，形成了新的复合生态系统。稻田养鱼在全国很多地方都有，如浙江青田，贵州的“池屯田养”，以及福建、四川、广东等地。一些地区稻田不仅养鱼，还将鸭等共养，如贵州从江稻鱼鸭系统。

（2）稻田养蟹

除了养鱼，稻田还可以养虾、甲鱼、泥鳅、小龙虾或蟹等。稻田养蟹较为出名的是辽宁盘锦。盘锦稻田养蟹始于 1982 年，其境内的大洼区和盘山县是中国最大的河蟹产地，素有“蟹都”之称。盘锦的地理环境适合养蟹。盘锦境内沼泽河滩坑塘星罗棋布，苇塘数百万亩连片，大小河流交错纵横，有中小河流 20 多条，条条与渤海相通，使河蟹的生长洄游畅通无阻。现在稻田养殖技术已应用普及到宁夏、新疆、青海、内蒙古、陕西和吉林等广大地区。

（3）莲田养鱼

莲田养鱼是以莲籽生产为主，同时生产鱼类的一种种植和养殖有机结合的新型生产方式；也是建立以莲为主，莲、萍、鱼并重，共生互利的一种新的莲田生态体系，以达到“莲护萍，萍养鱼，白莲增产鱼丰收”的目的。但其实莲田养鱼是建宁农民的古之习俗，据《建宁县志》载，在五代梁时期，建宁农民就开始在莲田中养鱼。可见莲田养鱼并非新生事物，只不过近些年随着稻田养鱼的兴起而发展起来。建宁莲田养鱼沿袭历史习惯，以单养鲤鱼为主。以建宁的水吉镇、武夷山的翁墩村、向阳村发展较快，现在既有养成鱼又有培育草鱼种、鲤鱼种，近年来也开始有人养殖河蟹等。

（4）池塘高效养殖技术

春秋战国时期，范蠡在《养鱼经》中详细记载了鲤鱼养殖技术，包括池塘条件选择、人工繁殖方法、养殖密度、捕捞强度等。河南地区在西周时已出现结构复杂的养鱼池，并会繁育鱼苗。除南部信阳外，目前河南大多数地区的鱼类养殖都采取池塘高效养殖模式。池塘养殖主要是利用经过人工开挖的面积较小的静水水体进行渔业生产。由于管理方便，环境容易控制，故可进行高密度精养，适合主养大宗鱼类和经济鱼类，也可搭养其他鱼类。从早期的池塘主养鲤鱼技术，发展到养殖常见的淡水鱼、虾、蟹等品种，池塘养殖技术已成为河南地区一种主要的鱼类养殖手段。当地主养品种放养密度在 1 600～2 200 尾/亩，白鲢按照 200 尾/亩的比例投放，花鲢按照 50 尾/亩的比例投放，饲养期为 5 个月，投喂全价颗粒饲料。食用鱼养殖池适宜面积为 5～15 亩，水深 1.5～2.5 米，池塘底泥 15～20 厘米即可。池塘底质以沙土为好。黏土底质池塘可适当多放鲢鳙鱼，沙土底质池塘可适当少放鲢鳙鱼。采用夏花一年养成鱼模式的，需在 5 月下旬夏花出池时放养。二年养成模式则根据实际情况常年皆可放养。同一口池中应放养同一批鱼苗，规格整齐。

(5) 氹仔养鱼

氹仔即小鱼塘，氹仔鱼养殖历史可上溯到唐朝，咸通年间当今广东省茂名市、信宜市的山区农民在房前屋后挖凼蓄水养鱼和防火灾。氹仔养鱼是一种微流水绿色食品养鱼模式，主要是利用水源方便的山前屋后、水渠或山溪旁的位置进行。在广州综合试验站调研的吊尾村，几乎家家都建有氹仔，当地农民将房前屋后的空隙地挖成氹仔，面积小则十几平方米，大则数十、上百平方米，用竹筒引山溪或地下泉水进行流水养殖，主要养殖品种是草鱼或倒刺鲃，也混养鲤鱼、鲫鱼、鳙鱼、广东鲂等大宗淡水鱼品种。每平方米水面常年养草鱼 5～10 尾，轮捕轮放，日常只投喂青草和杂粮等天然饲料，生长期两年，每尾重达 5 千克左右。由于山里水质清纯，用山上芒叶野草或木薯、番薯叶作饲料喂养，是纯绿色环保食品，一般养殖二三年，每条鱼出产时都有八到十斤，大的十五六斤。因其独特的微流水养殖方式，鱼肥而多肉，肉质坚韧嫩滑，入口爽脆，刺大易剔，且久煮不烂，无腥味。

(6) 流水养殖

流水养殖是指在有水流交换的鱼池内进行高密度精养的方式。一般以水库、湖泊、河道、山溪、泉水等作水源，借助水位差、引流或截流设施及水泵等，使水不断地流经鱼池，或将排出水净化后再注入鱼池。由于水流起着输入溶解氧和排除鱼类排泄物的作用，能保持良好水质。按水的流动方式，可分为开放式和封闭循环式两种基本类型。流水养殖主要特征为：集约化养殖、产量高、易捕捞、耐运输等。

2. 养殖技术的特点

淡水养殖技术种类虽多，但从养殖的技术要点来看，基本都注重以下几个环节。**一是投喂技术。**在品种上要选择宜养鱼种，研究鱼的生活习性，争取以最小的投入获得最大的收益。根据养殖品种搭配合适的饲料，并满足不同水体层次的鱼类需求,既保证适口性,又尽可能做到不浪费、不破坏水环境。**二是水质调控。**养鱼先养水。水质管理已成为制约淡水渔业持续健康发展的重要因素。应当充分利用增氧机、水泵等增氧机械,并充分运用换水、吸污以及添加微生态制剂等调水方法。

3. 养殖技术的传承和发展

养殖技术的传承、发展基本遵循着三个方向,即高产、优质生态和综合效益。

一是更加注重高产。随着生产成本提升,淡水养殖技术发展越来越注重以低投入获得高产出,即不断提高单产水平,提高养殖效率。

二是注重优质生态。随着消费结构不断升级和消费理念的转变,人们更加关注水产品的质量安全、营养价值和风味口感,生态优质水产品日益得到人们的青睐。这就使得绿色高质量发展成为产业发展的趋势,绿色生态养殖模式不断受到推崇。

三是注重综合效益。水产养殖是多目标的集合体,在多目标的追求下,水产养殖发展也逐渐走向多目标融合的道路。例如,哈尼梯田稻鱼共作系统带动了农渔业生产、农耕文化遗产保护与旅游观光共同发展,实现了“百斤鱼、千斤粮、万元钱”的可观效益,成为推动当地农业供给侧结构性改革的新动能、新业态。

第四章
我国淡水渔业饮食文化

在无限包容、集各种可能性于一身的中华饮食文化中，有靠山吃山、靠水吃水的说法。我国多样化的地理环境和丰富的水资源，为淡水水生生物提供了优良的生长环境，不同地域、不同品种的淡水水生生物激发了人们无穷的饮食智慧，构成了极大的想象创造和实践空间，最终形成了特色明显、内涵丰富、经久不衰的淡水渔业饮食文化。寒来暑往，周而复始，淡水渔业饮食的传统手艺在孕育它的地方形成了饮食文化精华，遵循世代积累的经验，在不同的岁月中传承了经典的味道，又在传统中推陈出新，适应和推动着时代进步和消费方式的变迁，成就了丰富的淡水渔业饮食文化。

一、淡水渔业饮食文化的源流

饮食是人们的基本需求，文化则是基本需求的引申，饮食文化兼具物质、精神文化的双重特性，体现着饮食与人的关系以及饮食与食物产生的关联意义，反映饮食生活给人们带来的物质和精神上的双重享受，也反映出中国人的精神文化状态。渔业饮食文化内涵包括吃什么、怎么做、怎么吃三个大方面[①]。中国人自古讲究饮食与时间节律的协调同步，食物种类、加工方式都考虑到季节、气候等因素，成为中国饮食文化特有的自然规则。解决了温饱问题之后，人们更加重视饮食的色、香、味、美，食物加工本身也就变成了美的创造过程。

（一）中国人食鱼历史源远流长

在远古时代的渔猎生产方式下，人们捕鱼摄取蛋白质，鱼类和其他水产品

① 王学泰：《华夏饮食文化》，商务印书馆，2017 年。

是人类最早赖以生存的食物之一。我国河南殷墟遗址中出土的大量“庖厨”残余物中可见大量的鱼，说明当时鱼类不仅是祭祀供奉的重要物品，也是古人大快朵颐的重要对象。《诗经》中提到的鱼有 18 种之多。《诗经 · 衡门》中的“岂其食鱼，必河之鲂?”“岂其食鱼，必河之鲤?”[①]意为难道吃鱼一定要吃黄河里的鲂鱼和鲤鱼吗? 可见当时黄河的鲂鱼和鲤鱼已经是公认的美味。早期的人们已经有了食鱼的经验，知道什么时节吃什么鱼，什么鱼适合什么做法，以及怎么做才美味。东晋名医葛洪说:“松江出好鲈鱼，味异他处。”三国时曹操大宴宾客:“今日高会，珍羞略备，所少吴松江鲈鱼耳。”可见鲈鱼是当时松江地区名菜。《汉书 · 地理志》上记载: 巴蜀广汉……民食鱼稻[②]。那时巴蜀地区已有稻田养鱼，吃稻田鲤很普遍。唐代，因避讳李姓，鲤鱼的养殖和销售受限，青、草、鲢、鳙等淡水鱼的养殖逐渐发展起来。宋代以降，知识分子和官宦士族讲究生活方式，重视闲暇的艺术，对饮食之事十分重视，进一步推动了淡水渔业饮食文化的发展，一些时鲜和珍贵的淡水产品被追捧。在淡水鱼鲜中，“长江三鲜”(指河豚、鲥鱼和刀鱼)最为著名。河豚有剧毒，但其鲜美使人们宁愿冒着生命危险去品尝，因此在长江流域自古就有“拼死吃河豚”的说法。鲥鱼在中国算顶级河鲜，民间早有“宁吃鲥鱼一口，不吃草鱼一斗”之说。至于刀鱼，宋代刘宰赞美它:“肩耸乍惊雷，腮红新出水。佐以姜桂椒，未熟香浮鼻。河豚愧有毒，江鲈惭寡味。”

丰富的淡水产品带来了饮食的多样化。清代的袁枚追求生活品质，遍集天下美食名点，编辑成册，名为《随园食单》，是我国清代一部非常重要的饮食名著，书中的《海鲜单》《江鲜单》《水族有鳞单》[③]等记录了水产品的烹饪方法和注意事项。民国时期，宫廷菜流入民间，政治名人、文人墨客食不厌精，吃法上花样翻新，流传下不少淡水鱼名菜。改革开放后，我国城乡居民摆脱了“吃鱼难”问题，水产品不再遥不可及，餐桌上越来越讲究食鱼文化。根据国家大宗淡水鱼产业技术体系产业经济研究室进行的调查收集，光是鲤鱼的做法就有糖醋熘鱼、焙面、干炸、红烧、清蒸、炖等;鲢鳙鱼的菜品有砂锅鱼头、鱼圆等，其中杭州“斩鱼圆”是“杭州十大名菜”之一;草鱼有水煮鱼、酸菜鱼、西湖醋鱼等做法;鲫鱼有藿香鲫鱼、邮亭鲫鱼等做法;鳜鱼或鲈鱼蒸熟后剔去皮骨，加上火腿丝、香菇、竹笋末、鸡汤等佐料烹制而成的“宋嫂鱼羹”是杭州名菜;以淡水鱼糜为主料的荆州鱼糕、捶鱼以吃鱼不见鱼、鱼含肉味、肉有鱼香、清香滑嫩、入口即溶、老

---

① 高亨:《诗经今注》，上海古籍出版社，1980 年。

② [汉]班固:《汉书》，中华书局，1962 年。

③ [清]袁枚:《随园食单》，万卷出版公司，2017 年。

少皆宜而被人称道；青鱼、草鱼、鳊鲂可以制成鱼干，其中糟青鱼是“杭州十大名菜”，是浙江地区传统食品，消费市场较大，是家宴、饭店的必备菜品之一，也是走亲访友的馈赠佳品；云南还有用鲤鱼、草鱼、花鲢制作的“鱼芭酱”，石屏八面煎鱼、江川盐水鱼、酸汤鱼、苗王鱼等在当地均有一定名气。

（二）饮食文化凝结创造智慧

鱼类是人类历史上最早的食物来源之一。从原始农业社会、现代工业社会到物质和精神文明高度发展的现代后工业社会，生活环境和历史文化的差异，使不同社会阶段各有其不同的物质生活和文化生活的历史①，这当然也包括饮食生活和饮食文化。在渔猎、淡水养殖、水产品保存和加工上，已经衍生出丰富的知识技艺，而传统美食中更是凝结着劳动人民的聪明才智，显示了人类无与伦比的智慧。

我国淡水鱼菜品丰富多样，美不胜收，既是食物也是艺术品，不单是满足口腹之欲，还是技艺传承和文化传承的载体。菜肴烹饪看似简单，实际上包含着高度的科学性、技术性和艺术性，显示出劳动人民的无穷智慧和创造力。例如河南开封的传统名菜鲤鱼焙面，它是由“糖醋熘鱼”和“焙面”两道名菜配制而成，以黄河鲤鱼为上品原料，用坡刀把鱼的两面解成瓦垄花纹，入热油锅炸透，然后以适量白糖、香醋、姜末、料酒、食盐等佐料，兑入开水，勾加流水芡，用火油烘汁，至油和糖醋汁全部融合，放进炸鱼，泼上芡汁即成。其色泽枣红、鲜嫩鲜香，甜中透酸，酸中微咸。“焙面”细如发丝，蓬松酥脆，甜中透酸，酸中微咸。浙江杭州传统汉族风味名菜“西湖醋鱼”选用草鱼作原料，烹饪前先将草鱼放鱼笼中饿养 1～2 天，使其排泄肠内杂物，除去泥土味；烹制时火候要求非常严格，仅用 3～4 分钟烧得恰到好处；烧好后，浇上一层平滑油亮的糖醋，胸鳍竖起，鱼肉嫩美，带有蟹味，鲜嫩酸甜。徽州地方名菜徽州臭鳜鱼，闻起来臭，吃起来香，肉质鲜嫩、醇滑爽口，保持了鳜鱼的本味原汁，制法独特。据黄山百年老字号“紫云馆”第七代传人李国军介绍，顶级臭鳜鱼一般选择生长期一年至两年之间，单体重 500～800 克的新鲜鳜鱼来腌制。一般夏季采用水腌，冬季采用干腌。水腌法是用淡盐水（水与盐的比例大约为 100 ∶ 1）来腌制的一种方法，即将鲜鳜鱼平铺于木桶中，铺一层鱼，淋一层淡盐水和白酒，液体要浸过鱼身为好；而干腌法则用炒过的花椒盐擦鱼鳃内及鱼身表层，然后整齐排码在桶内，用石块压腌（其目的有二：一是便于鱼肉排除水分入味，二是便于造型，使其美观），每天

---

① 骆肇荛：《中国水产食品在现代饮食生活和饮食文化的地位》，中国食品科学技术学会，2000 年，第 179—183 页。

将鱼上下翻动一次。干腌较水腌工艺更复杂，但口感更好。臭鳜鱼的腌制时间与季节关系很大，一般春秋季节需6～7天，夏季需2～3天，冬季则需半个月之久。臭鳜鱼成品的质量标准为鱼鳃鲜红、鳞片完整、肉质紧实未变质、有略臭的特殊气味散发。[①] 红烧臭鳜鱼成菜特点是鲜嫩微辣、肉质酥嫩、鲜香入骨，夹取食用时，鱼肉自然展开成“百页状”或“蒜瓣状”，吃起来齿间留香，被列入安徽省非物质文化产品保护名录。

吃鱼的讲究自古有之，现已发展成为传统礼仪的一部分。古人吃鱼时不仅不能说“翻”，而且在鱼的一面没有吃干净时绝对不能翻过来，翻鱼时要有三个人同时夹住鱼头、鱼身和鱼尾，不吃干净就翻，对渔民来说特别忌讳。在吃鱼的先后顺序方面，讲究从鱼头吃起，顺着吃到鱼尾，寓意“头尾顺利”。过去在中原地区，结婚时吃鱼只能吃鱼的中段，头尾都要留下，寓意“有头有尾”，以此祝贺新婚夫妇白头偕老。此外，鱼端上餐桌，鱼头朝哪儿摆放也有讲究，一般是“鱼头朝尊贵者”，所谓“鱼头一对，大富大贵”，表示对客人的尊重。除夕年夜饭大鱼不得下箸，还有地方只吃鱼身留下鱼尾，以表“年年有余”。从礼仪到世俗，从古代到现代，中华传统文化的精神内涵落实到吃鱼的具体行动，成为传统文化智慧的化身与结晶。

（三）淡水渔文化的多元化延伸

淡水渔文化不仅限于饮食，在文化意义上的扩展还有祭祀、婚丧嫁娶、登榜晋升、求子求财、丰稔喜庆等多方面的情感寄托，具有多元化延伸扩展的特点。渔文化作为源于自然的人类社会产物，在人与自然、人与社会、人与环境、人与信仰等关系上演化出多元价值取向，在我国现代生活中仍然多有存在。作为丰年喜庆之兆、民间多子多福的信仰、游乐赏玩的对象，渔文化在当代生活的诸多领域，发挥着多元作用。

鱼作为丰稔喜庆的象征，依附民间年画、挂笺、剪纸等载体长盛不衰。民间年画和剪纸中有人伴鱼图、娃娃抱鱼倚莲图、娃娃骑鱼图、鱼穿莲花图、双鱼爆竹图等吉祥图案，有“年年有余”等吉祥涵义。渔文化在祭祀信仰中是重要的存在，直到今天仍有意义。在陕西、江苏、山东一些地方，人们仍以面鱼祭祀祖先，以生鱼敬神，进行活鱼放生，以活鱼随葬等在一些地方尚未绝迹。渔业还有娱乐赏玩功能，渔业娱乐活动又称为“鱼趣”。观鱼与养鱼从古到今都是一项重要的娱乐。拿金鱼来说，我国的饲养历史悠久，品种纷繁，金鱼至今仍是家庭重要的观赏鱼品种。在园林池沼中，鱼为“城市山林”增色不少，还有的构成景区景

---

① 吴晓伟、郭爱平：《传统徽菜臭鳜鱼的创新与传承保护》，《美食研究》，2016年第1期。

名而闻名遐迩，如杭州西湖的“花港观鱼”、福建周宁县的“鲤鱼溪”、黄山天都峰的“鲫鱼背”等。日常生活、节日中能见到的鱼形玩具亦为数不少，如鱼形风筝、鱼形提灯、鱼图印模、双鱼石哨、鱼形泥玩等。

饮食风俗最直接的记录者就是文人，而把饮食描写融入吟咏的诗词文赋，在宋代更是比比皆是。名士除了保存、撰写饮食类书籍诗文，还身体力行参与饮食发明制作，如“东坡鱼”。从古至今，人们用优美的诗词歌赋，赞美淡水鱼带来的饮食情趣：从“西塞山前白鹭飞，桃花流水鳜鱼肥”，到“鲈鱼正美不归去，空戴南冠学楚囚”，从“就我求珍肴，金盘脍鲤鱼”到“水为乡，篷作舍，鱼羹稻饭常餐也”，无不寄托着作者在淡水鱼上获得的感官和精神双重感受。“糖醋熘鱼”历史悠久，王维《洛阳女儿行》中提到“洛阳女儿对门居，才可颜容十五余。良人玉勒乘骢马，侍女金盘鲙鲤鱼。”诗词中渔业饮食的刻画和记录非常丰富，反过来，作为文化形式，也进一步增加了渔业饮食文化的丰富形态。

二、淡水渔业饮食文化的表现和特点

中国饮食文化有着丰富的创造性，这得益于中国复杂多样的地理环境和不断交融的人文历史文化。从热带到寒带，从海滨到高山，交错的地貌和气候造就了丰富的物产，食材广泛，使餐桌上的肴馔丰富多变、因地制宜、因时而变。与中国文化崇尚的“天人合一”思想一脉相承，饮食文化追求自然、社会、人际的和谐均衡。人们通过一起吃饭来加深感情，以鱼类等水产品为团聚、喜事、节庆增光添彩，家庭聚会、好友叙旧，甚至在国家外交、商务谈判等重要场合也少不了淡水渔业饮食与饮食文化的点缀。中国人还强调饮食结构和谐搭配，饮食与医学结合起来，讲究药食同源，淡水鱼类的养生保健功能越来越得到重视和利用。

（一）饮食文化的地域性

中国饮食文化有明显的地域差别和口味分布。地方饮食文化的特点与当地的物产、气候、历史文化、宗教等因素密切相关，比如西南以辣去湿，北方多食咸肉以御风寒，海疆岛屿则多取材自海产，缺盐地区则以酸辣中和碱食。从北到南，口味由咸转淡，从西到东，口味由辣转甜，从陆到海，味道由重转轻[①]。这种饮食文化的区域差异就是我国几大菜系的历史渊源，也是中华民族世代相传

---

① 于章涛：《从区域饮食文化看口味形成》，《中国国家地理》，2005 年第 1 期。

的饮食文化遗产。

一方水土养一方人，一方山水有一方风情。生活在中国大地上的人们，在不同自然环境中，形成了富有特色的丰富的饮食习俗，不同地域、民族的饮食习惯差别很大，在吃鱼这件事上体现得也很明显，品种偏好、口味偏好、做法偏好等各有不同。我国江河湖泊流域内居民吃河鲜较多，内陆干旱半干旱地区人民吃鱼较少，甚至吃不到鲜活的鱼鲜。不同地区的饮食口味和文化则有巨大的差异。东北地区气候寒冷，持续时间较长，因此鱼类在冷水中的生长期长，肉厚肥美，大鱼、杂鱼多，因此食鱼以大锅炖鱼为特色，烹饪多用酱烧以去腥味。云贵川一带，温暖潮湿、阴雨绵绵，酸辣具有去滞除湿的功用，水煮鱼、酸菜鱼成为当地特色并逐渐风靡全国。餐饮业开发出的水煮鱼的吃法直接促进了草鱼养殖产业的发展，成为对产业影响较大的烹饪方式。东南沿海一带，时令鱼获水产丰富新鲜，再多的调味都嫌多余，清蒸、生食等最为地道，当地文化又兼具包容开放的特点，为满足食客众多要求，形成了讲究五味调和及清淡的饮食习惯。

饮食文化的传播具有扩散性。文化不是固守原地，而是从发源地、主产区和经济发达地区向其他地区扩散。文化的传播路径多样，既有由庙堂到民间，也有从百姓坊间登堂入室进入上流社会的。毛泽东主席的“才饮长沙水，又食武昌鱼”的诗词，让武昌鱼名声大振。安徽的臭鳜鱼这一偶然创造演化成为徽菜的传统技艺，在各地文化传播融合中，淡水渔业饮食文化走向全国并不断传承，淡水渔业饮食文化在重新聚合中，显示出内和外化的扩散特征，以及交流、融合和再生共存的表现形式。现代化物流技术的发展，使得淡水渔业产品在全国能够有效流通，人们在全国各大城市，可以吃到清江江团、松花江鲫鱼、潜江小龙虾、苏州大闸蟹；创新的食用方法更是快速更新并呈加速之势，前有水煮鱼、酸菜鱼在全国的流行，又有烤鱼、鱼片火锅等开拓淡水鱼类饮食的新空间，麻辣小龙虾、十三香小龙虾等新吃法更是在短时间风靡。

（二）烹饪方式的精细化

中国是聚餐制，制作精美、丰盛的饮食，不仅满足了口舌之欲，还兼具人情交往、礼节礼仪的作用。随着经济社会发展，烹饪技术不断推陈出新，饮食烹饪方式更加精细化。

在中国人的生活中，吃是人生大事。早在孔子时代就已经开始谈论饮食之道，孔子把“食不厌精、脍不厌细”作为祭祀饮食的礼仪原则和饮食态度，在以后的文化发展中这一原则被充分地传承和发扬。在当代，我国淡水产品以做法多样、口味丰富而受到人们喜爱，除了常见的清蒸、红烧、香煎，还有烤、炖、炸，全国各地都有不同的做法。自古以来，厨师烹饪菜肴，首先讲究原料选择，鱼虾蟹贝更是如此，要求原料新鲜，做到量材使用，物尽其能，特别是鱼生、炖汤、清蒸等烹饪方式对水产的原料选择更为严格。其次，讲究合理搭配，以突出其风味特色。除了主原料要鲜美地道，辅料、配料也要搭配得当，要求口味层次丰富、色调协调美观、荤素搭配得当、浓淡相宜，以保证食用价值、营养价值和艺术价值俱佳。再次，讲究外形美观，器物结合。红烧鱼讲究保留鱼形完整，防止皮破肉碎，湘菜、川菜讲究辣、油、鲜香的搭配，令人食欲大开，松鼠桂鱼、生鱼脍等都把鱼的形状、排列做到相当考究，还有的搭配漂亮的餐盘筷箸，以突出美食的美感。

（三）讲究营养健康

随着人们生活水平的不断提高，中国人已由温饱过渡到对饮食文化的追求，不仅要吃出花样，而且还要吃出健康，因此对营养保健价值更加看重。淡水鱼有较高的营养价值，鱼肉中蛋白质含量高且容易被人体吸收，脂肪含量较少且不饱和脂肪酸的比重高。鱼肉肌纤维很短，水分含量较高，因此肉质细嫩，比畜禽的肉更易吸收。鱼肉中还含有丰富的矿物质，如铁、磷、钙等，因此，鱼肉是可供人类摄入的优质蛋白质来源。一些水产品还具有降低胆固醇、预防心脑血管疾病的作用。鱼的肝脏中含有大量维生素 A 和维生素 D。因此，食用淡水鱼类对人们的健康非常有利。

（四）食材利用程度高

鱼不仅营养丰富，而且浑身是宝，鱼皮、鱼鳞、鱼肉、鱼骨及其他的部分皆可充分利用。对淡水鱼的全方位利用，体现出了中国人的智慧。举例来说，鱼头和鱼尾可以做汤，鱼头是食客喜爱的滋补品，鱼头泡饼很受欢迎。有人吃鱼专门挑鱼鳔，这个部位含有丰富的蛋白质、胶原蛋白等，脂肪含量低，口感很好。

食材利用程度高使得人们的多种口味需求更好地得到满足。淡水鱼因其鱼肉鲜嫩易散，多以蒸、煮、煎、炸等方式烹饪，为了适应年轻化的饮食趋势，即食食品得到了快速发展。风味休闲食品也在休闲消费领域占据重要地位。生鲜调理食品、鱼糜及其制品、风味鱼制品、鱼调味品、生化营养制品等推陈出新，满足了新的消费趋势潮流。随着渔业经济发展，在加工利用水平上已经达到可以精深加工利用的程度，全鱼开发取得突破进展。淡水产品的深加工技术的提升普及，让淡水鱼“鲜、活、嫩、滑、爽”的特有风味在产品中完美彰显，保证口味鲜活并全程保鲜。加工工艺提升后，极大地促进水产养殖业的发展，也让水产品加工增值、延长产业链。

三、淡水鱼饮食文化的传承与发展

各地淡水鱼资源各异，烹饪技法多样，对当前淡水渔业饮食文化产生了较大的影响。人们对饮食质量的要求越来越高，不但要吃得饱，还要求吃得好、吃得有营养、吃得有滋有味，从而使饮食文化发展进入一个新的阶段。

（一）烹饪方法多元化

淡水鱼做法既有钟鸣鼎食之家的精细高雅，也有农家菜和家常菜的百姓口味，特别是一些具有特殊制作方式或风味的、体现地域特色的淡水鱼美食，受到众多消费者的追捧。不同的做法在饮食文化中别具一格，互为促进、相得益彰。

1. 生食方法

鱼脍或鱼生是最主要的生食方法，它的材料很多，鲤鱼是最早也最常用的，还有鲈鱼和鲫鱼等。在广东顺德，多以草鱼为鱼脍的首选；而北方的传统渔民赫哲族是以鲜活鲤鱼为鱼生材料。鱼先放在清水里养着，不喂食只喝水，杀鱼取肉时，在鱼尾切个口子，丢到冰水中片刻，以在鱼死之前封存鱼肉的鲜甜口感。此后给鱼去骨，先去脊柱和肋骨，再去背鳍骨和背脊软骨，最后去肌间骨。[①] 接下来用刀切片，鱼生对刀工要求极高，是薄如蝉翼的美食艺术品。最后是通风摆盘和调味。自古食鱼生就已经有相对固定的调味，比如“八和齑”。据《齐民要术》记载，八和齑是用蒜、姜、橘皮、白梅、熟栗黄、粳米饭、盐、酱等八味调料制成，[②]专供食脍之用。吃的时候先在小碗中放入喜欢的配料，然后夹一筷子鱼生，再舀一勺带料的熟油淋在上面，最后搅拌一下一口吃进嘴里。潮州人把这种吃鱼生的方法称之为“捞”，各种配料和鱼生捞匀，吃的时候喊一声“捞起”，图一个“捞个风生水起”的好意头。[③] 赫哲族将鱼肉丝、土豆丝、粉丝、绿豆芽、白菜心丝、葱花等用调料搅拌做成“拌菜生鱼”；把冻鱼肉刨成“刨花鱼”蘸韭菜花、辣椒油和食醋，这些都是东北名菜。[④]

---

① 《吃过鱼生的人，才知道它的美味》，https://baijiahao.baidu.com/s?id=1582468623891143900&wfr=spider&for=pc。

② [北魏]贾思勰：《齐民要术校释》，中国农业出版社，1998 年。

③ 《吃过鱼生的人，才知道它的美味》，https://baijiahao.baidu.com/s?id=1582468623891143900&wfr=spider&for=pc。

④ 王世卿、王积信、吕品：《赫哲鱼文化》，黑龙江教育出版社，2011 年 5 月第 1 版，第 127—129 页。

2. 鲜食方法

吃鱼讲究一个鲜字，最常见的食用方法是鲜食，主要方法如下。

做汤。鱼汤以鲜美为贵，用于做汤的淡水鱼以鳜鱼、鲫鱼味道最佳，肉质细嫩、营养价值高，特别适合病人、老人和产妇食用。鲫鱼做汤之前先在油里煎至两面微黄，加入足量清水，汤水便呈现奶白色。以鲫鱼豆腐汤、鲫鱼萝卜汤最为常见。

红烧。大部分淡水鱼可以红烧，既适用于腥味较重的鱼也适合口味清淡的鱼，此外，新鲜度稍差的鱼也可选择红烧，通过红烧掩盖腥味，北方饮食习惯认为鲤鱼、白鲢、花鲢、草鱼、带鱼等红烧后风味更好。红烧的关键在于料汁，以酱油、醋、料酒、白糖、盐、葱花、姜末、蒜末等炒出香味后制成。

炖煮。炖鱼的做法不挑品种，黄鳝鱼、黑鱼、鲫鱼、泥鳅等肉质相对紧实，尤其适合炖着吃。炖煮的做法要求汤汁多，时间也要长一些，保证入味，大火烧开、小火慢炖。

清蒸。鲜活、高品质的鱼最适合清蒸，如鳜鱼、鲥鱼、鲈鱼等，清蒸可以保持鲜鱼的原汁原味。火候是做好清蒸鱼的关键，与很多清蒸菜一样，一定要在锅内水开后，再将鱼入锅。鱼底部放入适量姜丝、葱丝。蒸鱼的时间不宜过长，一般不超过 10 分钟，否则会影响肉质和口感。

油煎。很多鱼烹饪预处理时都会用油煎，如红烧、炖煮、做汤。在煎鱼前，可先用盐在鱼身上薄薄地抹上一层，或拍上干面粉再去煎，就不易破皮。另外，锅烧热后用姜擦擦锅底，等油热后再放鱼，也能防止破皮或掉皮，这些都是老百姓在烹饪中逐渐总结出的经验。煎好后再适当放葱姜酱油等调味。①

3. 干、咸、腌、腊制品

干鱼是用盐撒在鱼的身体表面晾晒至干而成。咸鱼是将较厚的鱼斩块用粗盐腌制。咸鱼的品种很多，传统上分为霉香与实肉两种。霉香咸鱼制作时须将鲜鱼发酵一两天，待其变质、发胀后再加盐腌制七八天，晒干后产生一种奇特的香味，肉质松软，咸中带香；实肉咸鱼是直接把鲜鱼腌制晒干，肉质结实、成片，咸鲜，也叫“咸干咸鱼”②。腌腊鱼综合了上述两种方法，将鱼晾晒到半干脱水，用锅制作各种汁料，涂抹鱼身，腌制一天后再晾晒。

4. 烧烤方法

日常生活中，不少人钟情于烤鱼的美味。脂肪较多的鱼适合烤着吃，有特有的香气和风味。烤鱼中草鱼、黑鱼、鲶鱼比较多见，一些餐厅选用的江团、清

---

① 陈舜胜：《鱼的最佳做法》，《烹调知识》，2014 年第 6 期。

② 《腌制咸鱼的小技巧》，中华名吃学院，http://www.zhmc.net/xiangmuwumk.html。

江鱼等，属地方特色品种，随着宣传也逐渐为人所欢迎。

新疆烤鱼很有特色。鱼以现捕鲜活的为好，剖好洗净，用较粗的红柳枝做主支架，从背梁穿过，再用三根较细的枝条做横穿，整条鱼被彻底撑开；支架立于地面后，用胡杨枯枝点火烧烤。红柳汁液被烘烤而沁入鱼肉，使之更加美味。待鱼烤至金黄色，将鱼放平，然后撒上用洋葱、番茄、辣椒及少量盐调制的调味料，再烤几分钟后出炉。①

一般认为，烤鱼发源于巫溪，后传入重庆各地，被万州发扬光大，味型也由单一的麻辣味发展为家常、青椒等各种味型。过去，巫溪属万县(现万州)管辖，巫溪烤鱼非常有名，不少人学成后到万州开店，并对味型进行了创新，口感鲜嫩香辣，生意红火起来后，万州烤鱼反而名气大过巫溪烤鱼。万州交通便利，饮食文化传播快，而今万州烤鱼店已经遍布全国。②

5. 精细化加工

淡水鱼鱼肉可以开发成多种休闲食品，如鱼松、鱼柳、鱼片等制品。淡水鱼中的鲢鱼、草鱼、罗非鱼适合用作冷冻鱼糜的原料。以鱼糜为原料生产附加值较高的仿真蟹腿肉、仿真虾在国际市场有很大的销售市场。

荆州自古盛产鱼，鱼糕作为荆州的八大名肴，食鱼不见鱼。现代鱼糕越做越为精美，人们用鱼和肥膘肉做糕，再用猪肉、山药等制成肉丸。肉丸垫底，鱼糕放在上面，最后以肚片、腰片烹炒盖帽，多菜共碗，俗称花糕、杂烩丸子，是荆州一带的红白喜事宴席上的头道菜。③ 鱼丸，又称鱼圆、鱼腐、鱼脯，是用鱼肉斩茸，加蛋清、淀粉搅拌上劲，挤成小丸子，入微沸水中煮熟而成。鱼丸用草鱼做原料，来源较广，且出肉率较高，可降低成本。鱼茸搅拌过程只加盐水，不加蛋清、淀粉，成品洁白如玉，软嫩如腐，极易消化。鱼丸还有一个特点是不包馅，口味清爽不油腻，有鱼味而不见鱼。厨师们还将做鱼丸剩下来的鱼皮包上肉馅蒸熟，做成酥炸鱼皮卷、鱼卷蛋羹、红菇鱼卷汤、鱼皮卷冷盘等佳肴。

(二) 淡水鱼饮食文化与产业发展互相促进

渔业产业发展对饮食文化起到了发掘、促进作用。淡水鱼饮食文化已经深入国人味觉记忆和生活方式，追求鲜、精、美，体现情和礼的淡水鱼饮食消费文

---

① 《吃过新疆巴楚烤鱼，才知道什么是烤鱼味，我以前吃的都是调味料》，2018 年 8 月 6 日，https://baijiahao.baidu.com/s?id=1608009625953752702&wfr=spider&for=pc。

② 《万州烤鱼 PK 巫溪烤鱼：谁是重庆烤鱼鼻祖?》，2013 年 7 月 20 日，http://cq.sina.com.cn/mnews/130720/714.html。

③ 《湖北荆州鱼糕获得地理标志产品保护》，2013 年 3 月 7 日，http://www.aqsiq.gov.cn/zjxw/dfzjxw/dfftpxw/201303/t20130307_345905.htm。

化得到了更多的延伸和发展。新一代消费者也将这一追求沿袭下来,并有了更多新的发展,比如对"优绿新"产品的需求大增,国外进口水产品增长,加工品更加便捷方便,适合年轻一代快节奏生活。淡水渔业饮食文化的传统精神追求和民族记忆还在传承,因此应当在产业发展的促进下继续传承、共同发展。

1. 淡水鱼消费方式推陈出新,新的烹饪方式被不断开发

餐饮业发展打造热销菜品,促进形成了淡水渔业饮食消费潮流。代表有鱼火锅、水煮鱼、烤鱼、酸菜鱼等。酸菜鱼是重庆的经典菜品,开始流行于 20 世纪 90 年代。相较于水煮鱼,酸菜鱼清汤、微辣、鲜美、酸爽,也因此获得了一批消费者的喜爱,很多家常菜馆将其作为招牌菜,有强大的市场空间。随着健康饮食等理念的推出,食材搭配日益受到重视,淡水鱼在营养健康方面的作用更加为消费者所认识[①]。鮰鱼、小龙虾、大闸蟹、巴沙鱼等成为近年来的淡水渔业消费热点,各种创新烹饪方式丰富多彩,增加了淡水渔业饮食文化的新形式。

2. 人口流动和文化交流加快淡水鱼消费文化传播

在民以食为天并将吃作为重要的社交工具的中国,各地的淡水渔业饮食文化更多地交汇,各地的饮食方式相得益彰、互补共存,形成了各具特色的图景。水煮鱼风靡大江南北,西湖醋鱼、臭鳜鱼为外界所熟知,中国各个地方有着不同的饮食文化。人口的流动和文化的传播逐渐改变了淡水鱼地域分化的饮食格局,形成各具特色、融合交汇的图景。随着现在人口流动的加强和交通的便利,如今每个地方都能吃到全国各地的风味渔家菜肴,但仍保留一个特定地域的特定饮食口味,实际上是人、自然和社会长期相互适应的结果。

3. 产业发展带动饮食消费文化地位提高,地方淡水鱼饮食文化为更多人所知

渔业产业的发展,如养殖品种、新技术、新模式的出现,在带动渔业转型升级的同时,也扩大了饮食文化的发展空间。由于新技术的出现,出现南鱼北养、北鱼南迁的格局,丰富了渔业饮食文化的地域内涵。稻田综合种养模式日渐普及,综合种植水稻、莲藕、养殖龙虾、螃蟹、泥鳅等,立体高效的种养模式增加了渔业产品特色,为饮食文化增添新品种特色和绿色底色。一些地方的区域名牌如郑州的"黄河鲤"、苏州及盘锦等地的河蟹、湖北的武昌鱼和小龙虾等通过产业化的发展方式树立了水产品品牌,获得了更大的影响力和更广的消费群体,使地方淡水渔业饮食文化为更多人所知,引爆了消费热点。此外,旅游业发展和渔旅融合丰富了文化的内涵层次。渔业的多功能性得到更多的重视和开发,查干湖冬捕、松花湖开江全鱼宴等给消费者带来吃喝玩乐一体化的全新体验,

---

① 汤建鸣:《渔业是大粮食、大生态、大文化》,《中国渔业报》,2018 年 9 月 3 日 A01 版。

促进了渔业一二三产业融合，让消费文化获得增值的同时，进一步宣传推广了地方淡水渔业饮食文化。

4. 淡水渔业饮食文化促进了渔业和相关产业发展

消费的繁荣促进生产发展，消费的格局也深刻影响到渔业和相关产业的布局。消费热点的形成在产业链上引发了共振，形成全产业的振兴发展。如水煮鱼、酸汤鱼在全国的流行带动草鱼、鮰鱼的养殖，创造了多种淡水鱼高产养殖模式，小龙虾消费的热潮也带动全国各地利用淡水水域养殖小龙虾的热情，不仅养殖技术得到普及，还创新了小龙虾产品直供餐饮门店的流通模式。一个渔业品种的流行及其附带的品牌效应，总是能够带动渔业产业、冷链运输物流产业和餐饮消费的发展。在当前消费升级的背景下，休闲渔业的发展潜力也被充分开发，渔业饮食文化也促进了休闲渔业的发展，以饮食带动或促进了垂钓、观光、度假等体验式消费，饮食文化让产业获得了更广阔的发展空间。

第五章 传统渔业民间文化

在我国的传统渔业民间文化中，人、鱼和大自然的关系始终是一条文化主线，在这条主线上，文化的发展受到经济、政治和科技的影响，呈现出鲜明的区位特征和时代特色。本章将我国传统渔业民间文化分为6个部分，包括与渔文化相关的神话传说、文物古迹、鱼文化节庆、文字与艺术、传统饮食、人文风情与禁忌等。通过撷取渔文化长河里一壶清流，展示渔业对形成我国劳动人民的精神文化、凝聚产业文化、丰富文化生活的作用。

一、信仰和神话

鱼作为大自然古老的馈赠，一直以来养育着一方水土一方人，在人与自然的交融中，演化出多种多样的信仰和神话传说，成为传统渔业民间文化的重要组成部分。

（一）信仰

在源于渔业生产交往的文化中，影响最为广泛而深远的当属妈祖信仰。

淡水渔区的妈祖信仰应是从海洋渔民那边传播过来的。南宋绍兴二十年（1150年）廖鹏飞所撰《圣墩祖庙重建顺济庙记》[①]中详细记述了妈祖信仰的起源及其他相关资料，距今已有近千年的历史。妈祖原名林默，又称"天上圣母"，也叫"妈祖海神"，是五代闽都巡检林愿的第六个女儿。相传她逝世后在莆田湄

---

① 魏爱棠：《妈祖神话的隐喻与历史进程》，《莆田高等专科学校学报》，2001年第3期，第68—72页。

洲岛羽化升天，经常显灵保佑过往船只，救助海难，因此被渔民视为航海保护神[①]。妈祖信仰是以中国为主的东亚、东南亚沿海渔民、港岸的水上保护神。到了后来，在中国内河沿岸，只要有福建商人居住的地方，都会有大小不等的妈祖庙（天后宫）。在封建时代，统治阶级为了安抚民心，加强社会教化，妈祖信仰被一再推崇，而民间信仰也不断广泛展开，靠海、靠水作业的村庄大多数都有妈祖庙。我国太湖地区的渔民有崇敬天妃的共同信仰，每年的三月二十三日，是海神天妃娘娘的生日，太湖和沿海各地渔民都要进行虔诚的祭祀。根据农历节气，往往这天前后要刮起大风，沿海的商船、渔舟称之为“妈祖报”或“妈祖飓”，而太湖渔民称为“娘娘报”，将其作为太湖地区常年的“风信”之一。每逢天妃生日，太湖渔民会举行重大的祭祀活动[②]。

（二）神话传说

神话传说透露着劳动群众对大自然朴素的认知并充满着丰富而原始的想象力。在中国的神话传说中，鱼作为一个经典象征，有着许多与之相关的神话故事。

1. 鲤鱼跳龙门

鲤鱼跳龙门是一个妇孺皆知的典故，最早出于《尔雅》篇：“鲔也，出巩穴三月则上渡龙门，得渡为龙矣。否则点额而还。”[③]中国古代崇拜龙，很早就有龙为鲤鱼转化而来的传说，汉代《三秦记》云：“龙门山，在河东界。禹凿山断门一里余，黄河自中流下，两岸不通车马。每岁春季有黄鲤鱼，自海及诸川争来赴之。一岁中，登龙门者，不过七十二。初登龙门，即有雨云随之，天火自后烧其尾，乃化为龙。”宋代大经学家陆佃的著作《埤雅·释鱼》篇曰：“俗说鱼跃龙门，过而为龙，唯鲤或然。”[④]

古时以“龙门”比喻名望大的人，谁如果得到他的援引而增长了声誉，就叫登龙门，以显示声誉大增。唐代诗人李白在《赠崔侍郎·其一》写到：“黄河三尺鲤，本在孟津居。点额不成龙，归来伴凡鱼。故人东海客，一见借吹嘘。风涛倘相见，更欲凌昆墟。”[⑤]除此之外，鲤鱼地位大大提高，鲤鱼崇拜

---

① 何绵山：《闽文华概论》，北京大学出版社，1996 年 11 月，第八章“民俗”。

② 朱年、陈俊才：《太湖渔俗》，苏州大学出版社，2006 年 6 月，第八章“信仰祭祀习俗”。

③ 王显勇：《中国鱼文化初探》，《华章》，2010 年第 31 期。

④ 毛雄飞、韩勇：《明清“鱼跃龙门”雕刻图像桂北地缘性文化形态考》，《美术教育研究》，2018 年第 4 期，第 28—30 页。

⑤ 王燕：《李白赠答诗研究》，河北大学硕士论文，2009 年。

的极大加强，是在鲤鱼与仙人联系在一起和道教产生之后。据西汉刘向《列仙传·子英》有子英乘坐鲤鱼升天成仙，人们将鲤鱼视为“神鱼”①。

2. 雅鱼剑形头骨传说

传说上古时候，水神共工和火神祝融为争夺地位而战，共工一怒之下撞断擎天柱，天倾而漏，女娲为拯救万物于水火，炼五彩石奋力补天，引七星针缝云衣，四处奔波，昼夜不停②。最终在补雅州的天漏时气血耗尽，身心交瘁地倒了下去，她的佩剑，掉到了河里雅鱼的头上，于是雅鱼头上就出现了一把宝剑。后来，因雅鱼头骨着实像一把宝剑，加上神话传说，人们在食用雅鱼的同时都会小心翼翼地取出这把宝剑，并由此衍生了雅鱼头骨配饰加工工厂，制作出极具收藏观赏价值的雅鱼头骨饰品。

3. 鱼凫王传说

“蚕从及鱼凫，开国何茫然，尔来四万八千岁，不与秦塞通人烟。”在李白的《蜀道难》中，传说中的古蜀文明，让大诗人感到既神往又茫然。鱼凫是古蜀第三代君王。相传大约在 4 000 多年前，一个崇拜鱼的部落和崇拜凫的部落结成了部落联盟。鱼凫部落从岷江上游逐步迁徙到成都平原，最终取得了古蜀的统治权。在鱼凫王时代，古蜀国形成了一个以农耕为主，狩猎和渔业为辅的奴隶制王国，拥有着与中原地区相媲美的青铜工艺和财富，是中国西南地区一个辉煌的国度。鱼凫王在今天温江区万春、柳城一带建都，不修城墙，广植柳树作为国界，古都杨柳依依，史称“柳城”。围绕着鱼凫王也有一些神话传说。传说一次鱼凫王与敌国交战，寡不敌众的他逃到河边却无船可渡河，突然满天的鱼老鸹(鱼凫)飞来，浮在河面上搭成一座桥，鱼凫王得以保全性命。又传说鱼凫王一生教民捕鱼，征战拓土，在湔江上游得道升天。③ 鱼凫王死后，蜀人在今都江堰西北面的湔山建立庙宇祭祀他。作为一代有为的国君，鱼凫王受到蜀人的爱戴和怀念。现成都市温江一带有鱼凫王墓、鱼凫城遗址等多处遗迹。鱼凫王墓位于成都市温江区寿安镇火星村，俗称“大墓山”。1985 年 7 月，经成都市人民政府批准为第二批文物保护单位。在鱼凫王墓北约 1 公里有“鱼凫王妃墓”，俗称“小墓山”。④

---

① 《仙人道士赋予鲤鱼更多的神性，乘鲤鱼成登仙标志》，腾讯网，儒佛道频道，http://dao.qq.com/a/20161129/016155.htm。

② 四川雅安碧峰峡旅游景点介绍，http://www.360doc.com/content/15/0406/18/18892371_461075856.shtml。

③ 颜信：《鱼凫与古蜀文明的演进之路》，《中华文化论坛》，2018 年第 3 期。

④ 鱼凫王墓，https://baike.so.com/doc/4903015-5121452.html。

二、文物古迹

在中华渔业文明悠久的发展历史中，留存下了许多具有历史价值、科学价值、艺术价值，遗存在社会上或埋藏在地下的历史文化遗物和遗迹，为当代的人们展示了祖先与渔有关的方方面面。

（一）与渔相关的文物

文物是文化的载体，是历史的见证。在数千年的繁衍发展中，与渔有关的历史文物显示着渔文化在中华文化的百宝箱中别具一格的光彩。

1. 禁渔碑

鄣源村（现名樟源里）位于新安江、钱塘江、富春江三江源头，是安徽省黄山市休宁县鹤城乡的一个村，本地流传着一句话：鄣源好水口，冯村好阳基，流口好来龙（山），茗洲好朝山。相传，村人为宋朝起义名将方腊后裔，战败后为躲避朝廷杀戮而迁徙繁衍于高山峡谷间。古村有着厚重的徽文化历史，溪涧两旁狭窄空地上的徽派民居有朝天的马头墙、镂空的花窗和十几座形态各异的木桥、石桥、水泥桥。在村口，一块重达 700 千克的石碑屹立在数百年前修建的方氏宗祠树德堂前。宋至清末，鄣源出了 12 名进士，其中 3 位被钦点翰林，是皖南闻名遐迩的“进士村”。为记住乡愁留住文化激励后人，村人募集万余元树起这尊《鄣源进士题名碑》铭刻历史。树德堂内胸围一米多的木柱，折射出昔日的庄严和神圣。祠内一角矗立的一块石碑引人注目，这是一块镌刻有“严禁药毒长河”字样的禁渔碑，此碑为道光廿五年（1845 年）所立。可见徽州古人不但提倡“放生”，禁止过度捕捞，更万分痛恨毒鱼药鱼毁灭生态之举。据统计，在新安源头流口地区已发现禁渔、禁伐类古碑 30 余块①。

黄山市歙县昌溪乡昌溪村河边的古道上竖立一块“太湖禁渔”碑，高 150 厘米、宽 50 厘米、厚 10 厘米，左书“上至门前塌”、右书“下至坝坑口”，中书“太湖”“禁渔”四个大字。据介绍，该碑立于元末明初，大约有 600 年历史，字迹依然清晰。“太湖”是指昌溪吴姓的祖先来自江苏太湖流域，把昌溪的一段水面命名为“太湖”，有不忘故土、安土重迁的思想。“禁渔”有利于保护水生动物资源，促进渔业可持续发展，是“功在当代，利在子孙”的事情。我国早在夏商时代就提出“夏三月，川泽不入网罟，以成鱼鳖之长”的法规，周代又有“川泽非时不入网罟，

---

① 阿友、盛红兵：《千年“进士村”鄣源里》，《建筑》，2016 年第 18 期，第 60—62 页。

以成鱼鳖之长”的规定,“太湖禁渔”碑是我国古代护渔思想的物证,反映了古人的人与自然和谐、可持续发展的理念①。

2. 美术与雕塑

在三峡文化中,鱼与艺术的结缘始于新石器时代。从出土的考古资料中,能够看到诸多陶器上的鱼纹刻划符号。在三峡地区大溪文化类型的诸遗址中,在一些彩陶的花纹图案组合中都可见到鱼纹。随着现代考古的发展,在三峡地区,考古工作者曾发现一种造型比较特殊的陶塑人像,陶塑人物双手环抱一条大鱼。1983 年,在宜都王家渡出土一件陶塑人像,泥质红陶,捏制,抱长形器(鱼),盘坐式,头残,右肩窄,左肩宽,身着长袍。腰前托长形器(鱼),右手前抱,左手后托。下底内凹,高 6.4 厘米。这种陶塑人像在天门石家河遗址屡有出土。其陶塑“鱼类:最常见于陶人腹前,呈长条形,剪尾。单独的鱼造型少见。全身呈扁棱形,背腹部有鳍,头部两侧有小而突出的双眼。高 9 厘米,宽 5.5 厘米”。1982 年,在洞庭湖流域华容车轱山遗址也出土有陶塑人像,“红陶,头残,坐式,双手抱一物似小儿(鱼)形状,人体轮廓分明,造型生动,形象逼真”。随着社会的发展,人们不仅烧制或煅制了诸多的鱼型器物,更创造了众多的与鱼相关的或因鱼而生的鱼性艺术②。

在鱼与艺术中,最值得探究的就是白鹤梁石鱼题刻③,其中最为知名的有 3 种。一是石鱼图。石鱼水标是三峡人民的科技表现形式,而石鱼图则是三峡人民的艺术表现形式。白鹤梁位于长江三峡库区上游涪陵城北的长江中,是一块长约 1 600 米,宽 16 米的天然巨型石梁。白鹤梁景观是三峡文物景观中唯一的全国重点文物保护单位,每年 12 月到次年 3 月长江水枯的时候,才露出水面。相传唐朝时朱真人在此修炼,后得道乘鹤仙去,故名“白鹤梁”。联合国教科文组织将其誉为“保存完好的世界唯一古代水文站”。据有关部门观测,白鹤梁唐代石鱼的腹高,大体相当于涪陵地区的现代水文站历年枯水位的平均值,而清康熙二十四年所刻石鱼的鱼眼高度,又大体相当于川江航道部门当地水位的零点。1988 年 8 月,白鹤梁被国务院公布为全国重点文物保护单位。早在唐代,三峡人民就镌刻了石鱼。历经 1 200 多载风霜,人们先后在白鹤梁上镌刻了 18 尾石鱼。如郑令石鱼(唐鱼)、张八歹石鱼、李宽双鱼、萧星拱双鱼(萧鱼),董维祺石鱼、范锡朋石鱼、浮雕石鱼、民国石鱼等。其中最有名的就是唐鱼

---

① 《黄山歙县昌溪乡:解读“太湖禁渔碑》,2019 年 2 月 27 日,https://www.aidiao.com/news/yule/3604.html。

② 《三峡地区的鱼文化及其意蕴》,2018 年 2 月 27 日,http://www.cqfjly.com/html/95.html。

③ 曾超:《白鹤梁题刻易学文化考察》,《重庆师范大学学报(哲学社会科学版)》,2015 年第 4 期,第 5—13 页。

和萧鱼。唐鱼是一对雌雄鲤鱼，每鱼鱼身有 36 鳞，双鱼共计 72 鳞，因之，唐鱼多为人们吟咏之对象。如刘忠顺《留题涪州石鱼》云："七十二鳞波底镌，一衔蓂草一衔莲。"何宪《题涪江石鱼》写道："职课农桑表勤惰，信传三十六鳞中。"可惜唐鱼已不存在，萧星拱于康熙二十四年(公元 1685 年)仿唐鱼重镌双鱼。新镌双鱼，一衔莲花，一衔灵芝，分别称为莲花鱼和灵芝鱼，二鱼首尾相随，溯江西上，极富幻想色彩。

二是秤斗图。依据北宋开宝四年(公元 971 年)《谢昌瑜题记》、明代永乐三年(公元 1405 年)《雷懿题记》和民国四年(公元 1915 年)《施纪云题记》等记载，唐代涪州团练使、涪州刺史郑令还在双鱼旁边刻有一杆秤和一个斗，合称"秤斗图"。

三是白鹤时鸣图。1937 年，涪陵著名书法家、画家刘冕阶镌刻，白鹤图构思精巧，刻工线条简练，用夸张手法传神达意。其布局别致，白鹤独立，展翅欲飞，昂首长鸣。白鹤时鸣图堪为白鹤梁石鱼题刻的艺术精品。

除石鱼图、白鹤时鸣图、佛神像、秤斗图等外，还有众多的诗文题记。就类型来看，它有题名、题记、题诗等形式。就文字而言，不仅有众多的汉字题刻，还有少数民族文字(蒙文、八思巴文)题刻。从书法的角度看，篆书、隶书、楷书、行书、草书诸体皆备，虞体、褚体、颜体、柳体、欧体、赵体、黄体各派并存。题刻精工，文辞优美，达到书法、文辞、艺术三绝之境，被誉为"长江一绝、中国一绝、世界一绝"的水下碑林①。

3. 古代墓葬与舟楫

古代的墓葬亦有与渔业相关之处，如以舟楫作为棺冢安葬先人，历经岁月，成为显示古代社会渔文化的历史文物②。据专家考证，船棺土葬系四川古代巴人的葬俗，据传流行于公元前 4 世纪末至公元前 1 世纪末，是一种比较特殊的葬法。出土的船棺有两种类型，一为独木舟型，一为木板船型。木板船是在独木舟的基础上创制的新型船，甲骨文中的"舟"字，就是由数块木板组装的木板船的象形。据考证，这些船棺葬属战国前期的遗物。三峡地区的船棺葬最独特之处是其棺木，它由楠木的整木挖凿而成，上下套合非常紧密，而且形体硕大笨重。在四川发现的船棺墓葬群，其船棺也由整木刳成。古人将长 5 米余、直径 1 米余的楠木削去上部一小半，使之略成半圆形，作为船面；底部亦略加削平，作为船底；两端则加工成舟之首尾状；船身中段挖空作船舱，将遗体及随葬物品装入其中。放置时，船头要正对河流。船棺中随葬的铜器上具有虎纹

① 《三峡地区的鱼文化及其意蕴》，2018 年 2 月 27 日，http://www.cqfjly.com/html/95.html。

② 黄诗玫、王巧萍：《三峡地区的舟楫文化》，《中国三峡建设》，2005 年第 5 期，第 75—77 页。

和王字。[①]

三峡地区的考古发掘中,无论是新石器时代遗址,还是夏商周时期的巴文化遗址,都可以见到十分丰富的渔猎相关遗存。这种现象说明渔猎经济形态在古代巴人的生活当中一直占有重要地位。这种渔猎经济形态反映在丧葬习俗中,就是以船为棺的习俗,在巴县冬笋坝和昭化宝轮院等地发现的巴人船棺葬中,就出土了各种类型的船形棺,这种船棺从形状大小等各方面看,都与目前江河中使用的木船大致相同。同样,在三峡及邻近区域早期悬棺葬的葬具,几乎都采用整木挖凿的独木舟的传统方法制成,而以整木挖凿成的独木舟可以说是一切船类的祖型,悬棺葬的各种棺木均与独木舟的形制联系在一起。这种以船为棺的习俗,是近水而居的民族生于斯亦葬于斯的生活习俗在心理意识方面的反映[②]。

4. 作为陪葬品的鱼

在渔文化有关的民俗中,墓葬中还发现了用鱼或蚌珠制作的随葬品。在1959年和1975年发掘的新石器时代中期偏晚的巫山大溪遗址中,考古学家发现,文化层的堆积是以鱼骨渣、陶片、鱼、草鱼、鲤鱼、白鲢、中华鲟构成的[③]。第一次发掘的M3墓葬,是用"鱼"为死者随葬的,其放置部位是在人骨架胸腹之上的两侧,鱼头向北,尾端于人骨架口中。[④] 第三次发掘分上、下两层,都包含有鱼骨渣。清理出的一批墓葬中,有7座墓有鱼随葬,4座随葬龟。鱼有的放在肩上,有的在脚旁,有的含于口中。脚下放鱼各2件;双臂下各有鱼1件;头下有鱼1件。胸部有骨矛1件,左肩下有鱼1件,左手处有鱼2件,右脚下有鱼3件。这种用鱼随葬的习俗在我国其他地区少见[⑤]。

随葬品中,还发现了一批石镯、象牙、镯、玉环、玉璜、蚌珠等装饰物件……在大溪遗址210座墓葬中,不少墓用鱼随葬。这种用鱼随葬的丧葬方式充分表明,尽管大溪先民以农业生产为主,然而渔猎活动在巫山大溪先民的生产实践与生存空间中仍然占据着十分重要的位置。说到用鱼随葬的文化意蕴,用鱼随

---

① 黄诗玫、王巧萍:《长江三峡地区舟楫的主要功用和民俗文化》,《重庆交通学院学报(社会科学版)》,2004年第4期,第11—14页。

② 朱世学:《土家族地区的"二次葬"及文化解读》,《三峡大学学报(人文社会科学版)》,2012年34卷02期,第5—10页。

③ 杨华、罗敏:《长江三峡地区远古时期渔业的考古研究》,《重庆三峡学院学报》,2009年25卷04期,第1—8、16页。

④ 屈小强:《古蜀鱼崇拜与蜀人东进》,《西华大学学报(哲学社会科学版)》,2009年28卷02期,第1—6页。

⑤ 杨华、罗敏:《长江三峡地区远古时期渔业的考古研究》,《重庆三峡学院学报》,2009年25卷04期,第1—8、16页。

葬可能是希望死者在另一世界也同样享用人间的美味佳肴,这实质上是大溪先民的一种精神寄托方式,久而久之则衍变成一种丧葬习俗乃至一种宗教仪式。① 在遗址中发现有牛、羊、猪、狗等家畜、野生动物和鱼类的遗骸,还有矛、镞、网坠等渔猎工具。

1998 年发掘的秭归旧州河新石器时代晚期石家河文化遗址,第 4 层为浅黄色黏土,夹大量鱼骨,厚 105 厘米。发现的灰坑(编号: H4)内填如秭归何光嘴遗址的青鱼下咽骨,绝大部分上附有棕红色黏土,并夹有大量鱼骨及少量草木灰、兽牙等。H5 内堆积有成层的鱼骨。发掘的墓葬(编号: M2)中,坑底中部有一圆形腰坑,坑内置一高领卷沿罐,罐内放置草鱼一条。秭归卜庄河新石器时代晚期石家河文化遗存中,出土有青鱼和草鱼②。

(二)与鱼有关的古迹

古迹由远古留存至今,带着独特的历史内涵,向当今的人们展示着过去发生的故事,可能是一场古代战争的战场,可能是古已有之的景观,与鱼有关的古迹让现在的我们可以体会过去人们生存活动的现实场景。

1. 钓鱼城

钓鱼城,国家 AAAA 级旅游景区,位于长江上游地区、重庆合川区城东五公里的钓鱼山上。其山突兀耸立,相对高度约 300 米。山上有一块平整巨石,传说有一巨神于此钓嘉陵江中之鱼,以解一方百姓饥馑,由此而得名③。

钓鱼城原为钓鱼山,在重庆合川区城东北部,距县城约 5 公里,山上有一块平整巨石,位于护国门之上,这就是钓鱼台。钓鱼台是驰名巴渝的远古遗迹,传说远古之时,三江洪水泛滥,人们竞相奔山避难。正当他们饥饿难熬、濒临死亡之际,突然从天上降下一位巨神,在山顶上持竿长钓,以鲜鱼馈赠灾民,民赖以生。从那以后,巨神留下足迹的石台就被称为钓鱼台,台前留有 5 个孔穴的巨石,被称为插竿石。在钓鱼台下岩壁上,有石曼卿书佛号摩岩,为南宋乾道年间所刻。④

2. 鱼木寨

鱼木寨地处恩施自治州利川市西北边陲与重庆市万州交界。相传当年土

---

① 重庆市社会科学界联合会:《重庆社会科学年鉴》,西南师范大学出版社,2002 年。

② 杨华、罗敏:《长江三峡地区远古时期渔业的考古研究》,《重庆三峡学院学报》,2009 年 25 卷 04 期,第 1—8、16 页。

③ 李荣华:《远航: 在这里扬起风帆》,西南师范大学出版社,2006 年。

④ 钓鱼城,http://www.360doc.com/content/17/0622/21/44443609_665617518.shtml,2019 年 2 月 27 日。

司交战，鱼木寨的险要地势令对方久攻不下。数月后守寨的马土司扔下活鱼挂在前来攻寨的谭土司帐前树上，谭土司叹道："要攻克此寨犹如缘木求鱼。"从此，鱼木寨就有了这个名字[①]。

3. 鱼凫城遗址

位于成都市温江区万春镇鱼凫村、报恩村和直属村的鱼凫城遗址，相传为鱼凫王都。近年，经文物考古部门发掘研究，该遗址呈不规则的多边形，面积约40万平方米，距今3 700～4 500年左右。在1996年的调查试掘和1999年的正式发掘中，发现有用于防御的城墙、干栏式建筑、长方形竖穴土坑墓和种类多样的灰坑，出土了大量磨制精细的石器和装饰精美的陶器，是宝墩文化的中心遗址之一，突出表现了宝墩文化、长江上游地区在社会历史进程方面的特征。该遗址被列为1996年全国十大考古发现之一，2001年7月经国务院批准为第五批全国重点文物保护单位。

三、渔文化节庆

渔文化节庆活动是我国古代劳动人民在生产劳动中约定俗成、世代相传的一种社会活动，节庆活动彰显了人们对大自然的感恩与敬畏，也洋溢着人们对丰收的喜悦与渴望。在与渔有关的节庆活动中，多种多样的流程和仪式，丰富多彩的道具与服装，无处不体现生产的壮阔与生活的欢乐。达里湖冬捕节、查干湖冰雪渔猎文化节以及贵州的"杀鱼节"是其中的典型代表。

（一）达里湖冬捕节

古老民俗的涓涓细流，与时代的大河交织融汇，达里诺尔冬渔生产的醒网祭湖活动，便是多姿多彩的人文传承中一道亮丽的风景。冬季生产规模大，投入人力、物力多，是渔民收获的季节。渔民习惯上把冬渔开网作为一个生产年度的开始，也就有了隆重、庄严、古朴的祭湖仪式。经过多年的传承和演变，达里湖冬捕节已经成为一种民族文化符号。

达里湖冬捕节是达里湖一年一度最盛大的节日，经过多年的传承，达里湖冬捕节已经成为一种传统的冬捕文化。达里湖冬捕节主要包括四个部分[②]。

---

① 姚爱华、戴宇立：《巴楚古建筑碑刻的文化信息传播探究——以土家族村落鱼木寨为个案考察》，《湖北民族学院学报(哲学社会科学版)》，2010年28卷06期，第46—49页。

②《达里湖冬捕节》，2019年2月27日，http://www.360doc.com/content/14/1211/15/506102_432157614.shtml。

一是捕捞工人出发。旭日初起，阳光普照，渔工们顶皮帽、裹皮衣、系宽带、蹬寒靴，用一碗烈酒敬天地。马达轰鸣中，彩旗招展，鞭炮齐鸣，轻烟缭绕，长长的车队驶向湖面。二是网口祭牲。下网口，长长的供桌，中间一高脚托盘，摆烤全羊，遍体焦红呈自然卧姿，头系红绫。两边摆放糖果、五谷、奶食、酒坛。一侧，架上刀、枪、剑、斧、钺、钩、链、锤，护卫着粗壮的苏鲁锭。另一侧，劈柴高架，等待圣火的点燃。三是祭祀。主持焚香默祭。在羊头上割下一小块肉，虔诚地双手托起，再缓慢地放入水中。渔工列队，绕火而行。圣火烈焰腾腾，红光映日。四是查玛舞表演。捕鱼工人穿着独特的服装，在鼓、钹、号等乐器演奏出的粗犷乐声中起舞。

达里湖冬捕节以其独特的方式传承着文化，具有较高的社会价值和文化价值。同时冬捕节代表着一年生产的开始，寓意着丰收和喜悦。

（二）查干湖冰雪渔猎文化节

查干湖史称“查干淖尔”，9—11 世纪为辽金所辖，现今的渔猎文化节最早起源于辽帝一年一度的春捺钵活动，主要分布于吉林省北部地区。中国松原查干湖冰雪渔猎文化节由冬捕的祭祀仪式“祭湖・醒网”、拉网冰下捕鱼、头鱼拍卖和大型文艺活动等组成[①]。查干湖冰雪渔猎文化旅游节被中国旅游产业年会评为“中国十大生态类节庆”。通过文化节，把渔业生产、渔猎文化传承、渔业休闲等有机结合起来，具有重要的经济、文化、生态等价值，为世界渔猎文化的传播作出了巨大的贡献。随着宣传的扩大，文化节内容的丰富，查干湖冰雪渔猎文化旅游节必将走出中国，展现在全世界人们面前。

查干湖冰雪渔猎文化旅游节已经融入当地居民的日常生活，形成了多元的民俗文化[②]，不仅有着悠久的历史，还有着现代人对它的传承和发扬，重现了祭湖醒网仪式、冬网捕鱼等传统。查干湖冬捕通过原始冰下捕鱼方式，抛弃现代渔业作业方式，把人类活动和特定自然现象结合起来，形成独特、古老、生态原始的冰上景观，具有生态与景观价值；查干湖盛产的胖头鱼获得了国家 AA 级绿色食品和有机食品双认证，水产品售价一路走高，冬捕节时，全国各地游客疯拥而至，冬捕节首日游客高达十余万人，已发展成良好的渔业休闲产业，创造出巨大经济效益；查干湖冬捕传承了 1 000 多年，其内涵的文化和民俗传统，都是研究渔猎文化不可或缺的部分，对研究人类渔业非物质文化遗产具有重要的文

① 梁欣：《穿越大辽，体验冬捕——记第四届康平卧龙湖大辽文化冬捕节》，《辽宁经济》，2016 年第 1 期，第 74—75 页。

② 李萌：《吉林省冰雪民俗文化活动发展现状及策略研究》，吉林体育学院硕士论文，2016 年。

化、科研价值。

（三）贵州“杀鱼节”

贵州福泉仙桥王卡“杀鱼节”，2006年被列为贵州省级非物质文化遗产保护名录。贵州福泉仙桥王卡“杀鱼节”在清水江边的贵州省福泉市仙桥乡王卡村举办。[①]

近年来，生活条件发生很大改善，举办“杀鱼节”更多是为了文化传承和旅游开发。“杀鱼节”期间，苗族的青年男女们都会穿上盛装，邀约着到寨里唱情歌、话情谊。游客们除在福泉市仙桥乡来场酣畅淋漓的“杀鱼”活动外，还在乡村徒步游，感受“淳朴苗乡·生态仙桥”的乡愁记忆和淳朴苗风，用脚尖感知生命的热度[②]。

四、文学与艺术

艺术源于生活又高于生活，能够上升为艺术的事物往往在人们的生活中扮演着举足轻重的角色，是人们生活不可或缺的一部分。商代的甲骨文就已清晰地显示古代人养鱼和捕鱼的活动，古典诗词中的与鱼相关的作品更是不胜枚举，而以戏曲等艺术形式被广为传唱的渔文化更是渔业生产的艺术拔高，沔阳渔鼓就是其中的代表。

（一）文字起源：甲骨文中的“渔”和“鱼”

目前，在商代的考古发掘中，还未见到人工养鱼池遗迹，但从其他零星材料中不难发现，商代晚期我国已经开始了人工养鱼。殷墟出土的甲骨文中，有“渔”和“鱼”两字之分，“鱼”字描绘出鱼的形态，而“渔”字则有象征双手拉网捕鱼和象征用手持竿钓鱼的画面[③]。由此可见，在商代，已经出现了捕获鱼类的行为。

在殷墟的发掘中，有20多座灰坑中发现有鱼的残骸，这些鱼骸与其他鸟类及兽类骨头混杂在一起，经鉴定，可确认的鱼有6种，它们是鲻鱼、黄颡鱼、鲤

---

① 《贵州福泉：苗族“杀鱼节”传承渔猎文化》，2019年2月27日，https://news.china.com/socialgd/10000169/20170812/31081916.html。

② 《贵州福泉：苗族“杀鱼节”传承渔猎文化》，2019年2月27日，http://news.ifeng.com/a/20170812/51619418_0.shtml。

③ 刘红梅：《我国渔文化保护和发展探析》，《农村工作通讯》，2013年第5期，第56—58页。

鱼、青鱼、草鱼、赤眼鳟。除了鲻鱼为海中生长外,其他 5 种鱼均为当地产物。鉴定者认为,这些鱼骸属庖厨的弃物,并指出青鱼、草鱼在中国各处盛行池养。从发现的鱼骸可以看出,商代晚期已有池养的鱼类。

甲骨卜辞中多次出现"在圃鱼"的刻辞。有的学者指出"圃"就是园囿,"在圃鱼,就是商王在园囿中捕鱼,并指出园囿中可能有人工养鱼池。除了捕鱼的卜辞外,还发现了商王关心鱼有无灾祸和视察鱼生长情况的卜辞。商王不可能卜问与自己关系不大的鱼,即河湖中的鱼。因为这样的鱼对他的"在圃鱼"影响不大,商王关心和视察的应是"圃"中人工养的鱼,因为商王经常到"圃"中捕鱼,所以才卜问鱼儿生长情况和有没有灾祸。

在殷墟发掘的上百座中小型墓葬中,有 17 座墓中随葬有鱼。用鱼殉葬和殉人、殉狗的位置相同。有的把鱼放在二层台上,有的装在陶扁内,还有的置于腰坑中。如 PNM207 在人架头端的二层台上放有一条长 0.53 米的大鱼。又据殷人有殉葬动物习惯,一般随葬自己饲养的家畜,如中小型墓葬中常用狗殉葬,这是因为狗是殷人喜爱的家畜,因此人死后往往用狗随葬。即使在王室墓中殉葬和祭祀的动物,也均为驯养过的。由殷人的殉葬动物习俗也可说明,用鱼随葬的人很可能是专为商王养鱼的自由民。

由上述情况推测,我国最早的人工养鱼池出现在商代晚期。但商王也好,西周时期的诸侯王也好,他们食用鱼和游乐时捕鱼都很有限。综上所述,我国人工养鱼的起因主要是供商王捕鱼玩乐及大量食用,但因为供商王玩乐及食用的养鱼池很有限,所以人工养鱼在商代的规模不大,发展缓慢①。

(二)诗词歌赋:以鱼传情,寄鱼所思

在我国浩如烟海的文学作品中,与鱼相关的作品不胜枚举。在《诗经》中,对养殖鲤鱼已有较多的阐述和记载②。唐诗中关于鱼的诗歌数目有近 3 000 首之多③。自北宋诗人苏舜钦和苏东坡在诗词中涉及金鱼以后,随着畜养金鱼的普及,以金鱼为艺术题材的诗词也大量出现,清代词人陈维崧以词牌《鱼游春水》吟咏金鱼的词即多达三四首,近代鸳鸯蝴蝶派作家周瘦鹃先生曾写了颇富情趣的散文《金鱼话》上下篇来记述他养金鱼的乐趣,现代著名文学家邓拓也有一首七律诗歌咏金鱼④。这些诗词作品,多以鱼传情,以鱼明志。如著名诗人

① 《从河南信阳孙砦西周遗址谈我国人工养鱼的起源》,道客巴巴,2019 年 2 月 27 日,http://www.doc88.com/p-5783110493439.html。

② 许品章:《锦鲤的发展现状与历史渊源》,《水族世界》,2014 年第 2 期,第 118—118 页。

③ 王乐:《唐代鱼文化相关问题研究》,西北大学博士学位论文,2017 年。

④ 沈伯平:《金鱼文化艺术欣赏》,广陵书社,2014 年 12 月。

陆游有词《鹊桥仙》：

> 一竿风月，一蓑烟雨，家在钓台西住。卖鱼生怕近城门，况肯到，红尘深处？
>
> 潮生理棹，潮平系缆，潮落浩歌归去。时人错把比严光，我自是，无名渔父。

陆游这首词表面上是写渔父，实际上是作者自己咏怀之作。“一竿风月，一蓑烟雨”，是渔父的生活环境。“家在钓台西住”，借用了严光不应汉光武的征召，独自披羊裘钓于浙江的富春江上的典故，喻渔父的心情近似严光。上片结句说，渔父虽以卖鱼为生，但是他远远地避开争利的市场，当然更不肯向红尘深处追逐名利，表现渔父不追逐名利，只求悠闲、自在的状态。下片头三句写渔父在潮生时打鱼，在潮平时系缆，在潮落时归家，生活规律和自然规律相适应，并无分外之求，不像世人那样沽名钓誉、利令智昏。最后两句承上片“钓台”两句，说严光还不免有求名之心，无名的渔父比严光还清高。作者以渔父自比，传达出内心的孤傲之情。[①] 在古诗文中，鲤鱼常被视作友情、爱情的象征。如李商隐诗《寄令狐郎中》中的“篙云秦树久离居，双鲤迢迢一纸书”，孟浩然《送王大校书》中的“尺书能不吝，时望鲤鱼传”，岑参《敷水歌送窦渐入京》中的“水底鲤鱼幸无数，愿君别后垂尺素”，杜甫《酬韦韶州见寄》中的“重得故人书……虽无南去雁，看取北来鱼”，在这些诗句中，鲤鱼皆是作为信使而出现的。又如权德舆《省中春晚忽忆江南旧居戏书所怀因寄两浙亲故杂言》中的“裁书且附双鲤鱼，偏恨相思未相见”，张泌《生查子》中的“鱼雁疏，芳信断”，在这些诗句中，鲤鱼是“情书”的代名词。古人常以“鲤鱼”“双鲤”“尺鲤”“素鲤”或“鲤书”指代书信，这种现象在古代文学作品中非常常见。

除以诗歌形式外，在日常生活中，有关鱼的词语也很多，这些词语都展示了人与鱼之间深刻的文化关联。如我们用“鱼米之乡”形容一个地方的富足，用“鱼水情深”形容感情深厚，用“鱼水之欢”比喻男女之间亲密和谐的情感生活，用“鱼龙混杂”形容好的和坏的混杂在一起，用“鱼跃龙门”比喻举业成功或地位高升，用“相濡以沫”形容一同在困难的处境里，用微薄的力量互相帮助，用“浑水摸鱼”比喻乘混乱的时候从中捞取利益等。总之，鱼文化已经深深的嵌入人类灿烂的文学作品中，折射着人与鱼之间亲密无间的联系。

---

① 《鹊桥仙·一竿风月》，诗词名句网，http://www.shicimingju.com/chaxun/list/40524.html。

（三）书画艺术：栩栩如生，经典传唱

从远古鱼纹到绘画创作再到邮票设计，鱼类的艺术价值不断得以体现。清末著名画家如天津的梅振瀛、扬州的虚谷等都特别擅长以金鱼入画，近现代绘画大师如齐白石、吴作人、刘奎玲、汪亚尘、赵少昂、凌虚等也都有金鱼绘画传世。我国的少数民族常常以绘画、雕刻、伏帖等方式将以水波纹、鱼鳞纹、鱼网纹等几何文饰为主的图案形状运用于服装、器皿的装饰上，这些异彩纷呈的图案造型艺术让人们强烈地感受到渔文化的韵味[①]。在窗花剪纸、建筑雕塑、织品花绣、器皿等上处处可见鲤鱼形象，表达了人们对美好生活的向往。

在与鱼相关的书画艺术中，鱼拓艺术是十分具有特色的一种。鱼拓是一种将鲜鱼拓印在纸上或布上的图形，起源于钓鱼人把钓到的鱼拓印下来留作纪念。随着时间的推移，鱼拓技艺发展为将鱼的形象用墨汁或颜料拓印到纸上，这种技艺曾在民间流传，后来几乎失传，但作为一门艺术，鱼拓与我国的诗书画印融为一体，已成为中国艺术不可或缺的组成部分[②]。当前，鱼拓艺术已进入成熟期，日本、韩国、中国相继成立了鱼拓协会，其中一些名家的作品很受收藏家和旅游者的喜爱，鱼拓作品市场蓬勃发展，艺术作品价值不菲。中国浙江的千岛湖鱼拓社是国内首个鱼拓协会，是全国鱼拓艺术品展示和相互交流的窗口。基于鱼拓艺术，鱼拓文创产品也日渐丰富，如鱼拓装饰品，把鱼拓产品加工成装饰画、水晶画等，使之成为工艺品，用于房屋装修，达成艺术与观赏相结合。除此之外，鱼拓艺术还可以开发旅游产品，如把鱼拓产品加工成胸章、钥匙扣、环保手提袋、陶瓷艺术杯、旅行帽、雨伞等；可以开发鱼拓服饰用品，如把鱼拓印制在服装、丝巾、首饰挂件上，让鱼拓产品随着生活文化产业的流通，走向世界；还可以开发鱼拓印刷品，如把鱼拓产品设计成明信片、台历、卡贴、海报等产品，既实用又美观，还能起到宣传渔文化、发展鱼拓艺术的作用[③]。

除书画外，也有许多与鱼相关的戏曲传唱至今，沔阳渔鼓就是典型代表。沔阳渔鼓又称湖北渔鼓，是湖北省的四大汉族戏曲剧种之一，流传于江汉平原湖北地区的沔阳（今仙桃）、潜江、天门等县市。沔阳渔鼓距今已有 280 多年历史，相传是在清代乾隆年间（公元 1736—1795 年）传入沔阳后衍变发展而成。

---

① 谭杰：《赫哲族渔文化的形成及其传承机制》，《学术交流》，2012 年第 3 期，第 64—68 页。

② 沈婷婷：《鱼拓艺术，点亮象山开渔节》，《海洋世界》，2015 年第 10 期，第 33 页。

③ 季海祺：《鱼拓艺术文创产品开发与研究》，《艺术科技》，2016 年 29 卷 6 期，第 17 页。

清代嘉庆年间(公元1796—1820年)有著名渔鼓艺人皮思金、皮思银、张洪显、刘泡等四人,民间称之为沔阳渔鼓中的“三根半筒子”。清光绪二十六年(1900年)前后,沔阳渔鼓皮影戏进入兴盛时期,艺人在道情唱本中加进说词,逐渐形成说用散白、唱用韵文的表现形式。1911年前后,渔鼓曾与皮影戏合流,常为皮影戏伴唱。1940年前后,渔鼓戏盛行于鄂中江汉平原地区。1952年以后,沔阳渔鼓演唱活动遍及全省,1958年改名为湖北渔鼓[①]。

湖北渔鼓是说唱相间的曲艺形式,以粗犷、高亢的唱腔,说的部分有散白、韵白之分。散白叙述故事情节,或摹拟人物的声态语气;韵白有叙述及代言两种,讲究抑扬顿挫,伴以云板击节。唱腔曲调主要由沔阳一带的“打麦歌”“薅草锣鼓(即薅草歌)”等民歌曲调脱胎而来。结合当地方言韵调,具有节奏明快、曲调高亢的特点,唱腔结构属于曲牌联套体。由于渔鼓曲调的历史性,以及表现形式所限,它没有现代音乐的元素丰富,现在只是在乡间传播表演[②]。

五、传统饮食

鱼一直是中华传统美食重要的组成部分,过年过节食鱼更是有着“年年有余”的美好寓意。长久以来,中国对鱼这道食材的开发可谓源远流长,从千年传承的“生鱼脍”,到各具特色的少数民族美食,鱼成为人们日常饮食和节日庆典的必备佳品。

(一)“生鱼脍”千年文化

草鱼,也叫鲩鱼,自古以来就是“生鱼脍”中的上品食材。唐宋时期迁徙岭南的客家先民原汁原味保留了盛唐时期的“生鱼脍文化”,一直传承至今,“生鱼脍”也一直是客家十大名菜之一。明清时期,梅州就有“粮、鱼并列课米”的记载,足见草鱼发展之盛。伴随着草鱼量增,客家人也因地制宜研制出“鱼丸”“鱼丝”“鱼脯”“鱼煮粉”“鱼焖饭”等诸多草鱼食材美食。[③] 梅州还凭借富硒长寿资源新优势,认真实施“世界客都长寿硒谷”品牌战略,传承“生鱼脍”千年文化,成立了梅州市渔业协会,提出打造“客都草鱼”特色品牌,后期计划加快发展水产

---

① 汪玲莉:《湖北渔鼓发展现状与传承保护问题研究》,《美与时代(上)》,2016年第7期,第35—37页。

② 《梅州:传承“生鱼脍”千年文化,打造“客都草鱼”特色品牌》,2019年3月4日,http://www.qichacha.com/postnews_f787ee3045a4dac23899b5d7b5639alf.html。

③ 方士华:《瑰丽楚地:荆楚文化特色与形态》,现代出版社,2014年8月。

品精深加工，建设休闲渔业基地，以市场为导向、以品质为根本、以品牌为核心、以社会化服务为手段，全力打造山区特色渔业文化①。

（二）吃“合菜”

吃“合菜”的习俗与过年时发生战争有关。据说，为了防备敌人趁过年之机来袭击，土家族人年饭用大蒸笼蒸好，可以使用几天；炒炖好萝卜、青菜、肉等煮成一锅“合菜”；南部方言区凤凰廪家杨姓土家族人，过年的菜不是用萝卜、青菜、肉煮成的“合菜”，而只是以大蒜、腊肉、鱼煮成的“鱼冻”，传说是因为赴东南沿海抗倭，要提前过年，来不及杀猪备酒了，就到河里捉了几条鱼煮大蒜吃。至今三峡地区土家族吃“合菜”习俗仍然盛行②。

（三）贵州的饭糯羹鱼

在贵州地区由于糯米的种植较普遍，且少数民族大多以糯米为主食，因此贵州的少数民族有“饭糯羹鱼”的饮食习惯，主要体现为以熟糯饭为主食，以河鱼或田鱼为主要的动物蛋白来源。养殖的品种以鲤为主，拓展到草鱼、鲫等，形成贵州地方特色民族习俗③。

（四）鱼包韭菜

鱼是水族人民祭祀祖先、过端、待客的席上不可缺少的必备佳肴。而用独特方法烹制的“鱼包韭菜”则是水族的第一名菜，具有浓郁的民族特色和奇特的文化内涵。关于“鱼包韭菜”，水族群众有一个优美动人的传说。水族的祖先原来是居住在江河湖海边上，一日三餐由鱼虾组成，后来由于洪水成灾和战乱，疾病像阴云一样笼罩着水乡大地，他们被迫向黔桂边界迁徙。临走前先祖们采集了 9 种草药和鱼一起制成了一种能治各种疾病的良药并作为路上的食品。后来他们定居在云贵高原南坡的都柳江和龙江上游，随着岁月的流逝，水族人民用 9 种草药和鱼制成能治各种疾病的药方失传了④。水族人民为了表达对祖先的怀念，就用韭菜代替失传的 9 种草药，制成了佳肴“鱼包韭菜”来祭祖、待

---

① 李易珊：《中国“鱼生”文化的千年传承》，《海洋与渔业》，2017 年第 9 期，第 58—59 页。

② 阮荣华：《略论三峡军事与民俗》，《湖北民族学院学报（哲学社会科学版）》，2005 年第 2 期，第 32—34、61 页。

③ 常巧素：《稻鱼共生模式的经济生态社会效益分析——以 L 县苗族聚居区为例》，《山西农业科学》2016 年 44 卷 11 期，第 1723—1728 页。

④《水族第一名菜：鱼包韭菜》，当代先锋网，2019 年 3 月 4 日，http://www.ddcpc.cn/index.php? m=content&c=index&a=show&catid=90&id=6106。

客，并一直相传至今。

六、人文风情与禁忌

在渔业生产生活中，渔民是主角。与陆地上依赖土地的农民不同，长久以来，渔民乘舟渡水，过着水上飘荡的生活。在此过程中他们形成了极具特色的风俗文化，在风俗习惯、生活宜忌等方面有着多种多样的讲究。

以长江中上游地区的渔文化禁忌为例。居住在长江、清江两岸之民，有祭河神之俗。"长江，清江两岸建有龙王庙，供船家、纤夫、排夫祭祀河神。"[①]旧时捕鱼主要依赖天时地利，每年农历的大年三十晚上，渔民要在船头摆上供品，感谢一年来的渔获丰收。新年的大年初二早上，渔民也要在船头摆上供品，烧香磕头之外，还要燃放鞭炮，同时还会一边口中念念有词地祈福，以示新的一年开始了，请龙王、水神保佑他们多捕鱼、捕大鱼。任何时候，如果有人捕到一条特别大的鱼，渔民一定要将鱼头、鱼尾、鱼内脏等各取一点，摆放到船头的两边，以表达感激之情。

渔船和渔网是渔民求生的"饭碗"。渔民认为渔网是圣洁之物，被人跨过了就会染上污秽，影响渔获。晾晒在河滩上的渔网，不管男人女人，一律不能从渔网上跨过去。渔民还不准客人坐在舵舱；忌睡觉时仰卧。行船也要遵循一定的仪式。开船时要举行"开江"仪典，祭祀江神均在船头，船头即称"龙头枋"。船工对船头十分敬重，不得在此方便。峡江的渔民还遵从"七九不开船"的习俗。据说"七九"阳春鱼类正从寒冷中苏醒，此时下网捕鱼会搅扰鱼的聚会繁衍。新年第一网如果捕上来的是螃蟹、虾子，渔民会放弃当天的营生。吃鱼的时候忌讳把鱼翻过来，因为"翻"讳了船行水中之忌。除了这些行为的禁忌，语言也多有讲究。行船中，忌讲龙、虎、鬼、梦、翻、滚、倒、沉等字，俗称"八大忌"，如遇非说与"八大忌"谐音的字不可，要改说他字。如将"倒"改说"倾"。在渔船上吃饭只能说"添饭"，千万不能说"盛饭"，因为"盛"在三峡的方言中与"沉"相同，因此将"盛""陈"或"沉"改说"烟"等。此外，在渔船上也不能说"伞"的，渔民会把雨伞叫做"撑子"，形象又写意。老鼠只能叫"耗子"，叫了老鼠，渔民打鱼会"老输"的[②]。

---

① 钟一鸣：《地域习俗文化的差异性及移民文化心理分析——以三峡库区移民原居地与迁居地为例》，《湖北经济学院学报》，2012 年 10 卷 01 期，第 94—101 页。

② 韩永强、丁川华：《峡江深处的渔传奇》，《中国三峡》，2013 年第 4 期，第 33—37 页。

没有人从这些崇拜和忌讳中找到确凿的证据，来证明遵从了习俗怎么样，违背了又怎么样。尽管如此，几千年来，这些民俗一辈辈传了下来。这都反映出在波涛汹涌、变幻莫测的江河面前，人们祈福祛灾，以求平安的愿望。

第六章
我国传统淡水渔村和特色渔业景观

梁漱溟曾说，中国文化是以乡村为本，以乡村为重，所以中国文化的根就是乡村。[①] 自 2012 年以来，住房和城乡建设部会同文化和旅游部、国家文物局、财政部、自然资源部、农业农村部等六部委开展多批次中国传统村落调查、推荐和认证工作，迄今共有 6 799 个[②]具有重要保护价值的村落列入中国传统村落名录。在我国 58 万个村庄中，具有独特的生产生活方式、宗族文化、民风习俗、宗教文化等淡水渔业传统文化的淡水渔村，是中国传统文化的重要载体之一，在中国传统村落名录中也榜上有名。本章探究淡水渔村的发展和变迁，介绍传统渔村保护发展与渔业景观保存的现代性意义，指出挖掘渔村文化资源，拓展渔村发展空间，是保护、传承和发展优秀乡村文化，促进实现农村现代化的重要主题之一。

一、淡水渔村的发展和变迁

当前，休闲渔业与乡村旅游已经成为渔村经济新的增长点。古朴悠闲、韵味独特的渔村情调和怡人的渔村风光，是渔文化的重要载体，是发展休闲渔业与乡村旅游的重要基础。从地理位置和水域类型来看，渔村可分为内陆淡水渔村和沿海海洋渔村。其中，淡水渔村主要位于内陆的江河、湖泊、水库、连片池塘等水域附近。与海洋渔村相比，淡水渔村的地形条件、渔产品、作业区域、渔

① 梁漱溟：《梁漱溟全集》，山东人民出版社，2005 年，第 611 页。

② 根据住房和城乡建设部官网的历年公示数据计算。

文化等存在不同[①],但其村落景观仍迥异于其他内陆普通乡村。随着社会经济的发展,淡水渔村不仅在行政单元和社会结构等数量和比例方面发生变化,更重要的是淡水渔村的发展不再单纯依赖于水域、水体等自然资源,而是成为了水域、资本、文化等多种生产要素结合的多元化经济体或直接转产或升级成为其他产业的新型经济体。研究淡水渔村的发展和变迁,可以窥见淡水渔村转型的趋向。而无论怎样转型,淡水渔村的特有景观都是其最具保存价值的方面,是乡村多重价值的重要价值组成部分。

(一) 淡水渔村的定义

借鉴农村概念,我们认为,所谓淡水渔村,从经济社会意义上来看,是地处江河、湖泊、池塘、水库等特殊的地理空间位置,以利用水资源经营淡水渔业为主,具有独特的淡水渔业生产生活方式和特殊的信仰文化、民俗风情的社会区域共同体。

农业农村部渔业渔政管理局主要从产业从业人员或产业产值等经济指标来定义渔村:在农村中,从事渔业生产与经营的人员占全部人员50%以上或渔业产值占农业产值的比重50%以上的乡、村,即为渔业乡和渔业村;达不到上述标准的,但一直是以经营渔业为主,并经上级主管部门批准定为渔业乡、村的,亦可统计为渔业乡和渔业村。[②] 也有研究人员从渔村主导产业的形成过程来定义渔村:一种是由本来就是从事渔业生产的渔民聚集而成的;另一种是从农民中抽出一部分男劳动力去发展渔业生产,以后就是渔民,并形成了渔村。[③] 后一种定义内含了渔村是渔民生活的居住地、渔民聚集的村落的意思,但表述关注的是形成过程,定义并不清晰。

为研究方便,我们采取双重标准,以农业农村部渔业渔政局的“渔村”概念来阐述传统渔村发展变迁情况,以渔村的“村落”“聚居地”涵义来阐述渔村社会的风貌习俗等文化特征和社会属性。

(二) 淡水渔村的发展和变迁

从行政单元来看,现阶段我国淡水渔业乡数量略少于海洋渔业乡,淡水渔业村数量则高于海洋渔业村。自20世纪80年代“以养为主”的渔业发展方针确立以来,我国淡水养殖业获得长足发展,在1990年以后我国成为全球

---

① 刘坚:《滨海渔村生产性景观设计研究——以西连岛渔村为例》,南京林业大学硕士论文,2017年。
② 农业农村部渔业渔政局编制:《2017中国渔业统计年鉴》,中国农业出版社,2017年。
③ 储英奂:《邱家渔村》,当代中国出版社,1995年,第1页。

唯一养殖产量超过捕捞产量的国家。当时，国家鼓励有条件的地区开挖池塘、沟渠等，使得淡水养殖面积、从业人员、生产资料投入和淡水产品产量增加，在按照经济指标做统计时，相应的淡水渔业行政单元也必然增加。到 2000 年以后我国渔业乡数量基本稳定在 700 个左右，大约是之前的 2 倍。2017 年渔业乡数量为 758 个，2010 年达到 1 073 个。其中，2010 年淡水渔业乡数量超过海洋渔业乡数量，到 2017 年我国淡水渔业乡数量为 370 个，占渔业乡总量的 48.81%，又有所下滑。全国渔业村数量自 2000 年猛增到 9 414 个，此后基本稳定在 8 000 个以上，2000 年以后一直高于海洋渔业村数，2010 年以后淡水渔业村高出海洋渔业村 1 000 多个。2017 年我国淡水渔业村数量为 4 614 个，占渔业乡总量的 55.74%。

淡水渔业发展为乡村人口提供了新的就业岗位。现阶段我国淡水渔业村、淡水渔业人口[①]、淡水渔业从业人员和淡水渔业传统渔民的数量均多于海洋渔业村、海洋渔业人口、海洋渔业从业人员和海洋渔业传统渔民的数量。淡水渔业户、淡水渔业人口数量在 20 世纪 80 年代和 90 年代一直处于高速增长阶段，数量从 23 万户增加到 311 万户，从 297 万人增加到 1 384 万人，增长了近 13 倍和近 4 倍，直到 2000 年以后逐渐稳定在 360 万户和 1 400 万人。与之相比，海洋渔业户数量增幅明显更小，2000 年以后则稳定在 145 万户和 550 万人。2017 年我国淡水渔业户、淡水渔业人口分别为 359 万户、1 376 万人，分别是海洋渔业户和海洋渔业人口的 2.47 倍和 2.48 倍，占渔业户总量和渔业人口总量的 71.18%和 71.23%。

自 2003 年起，《中国渔业统计年鉴》开始统计“传统渔民”。按照它的定义，凡渔业乡、渔业村的渔业人口均可称为传统渔民。从渔业人口的统计口径来看，传统渔民增加了渔业乡和渔业村的户籍限制。2017 年我国淡水传统渔民为 357 万人，占传统渔民总量的 54.75%。自统计以来，渔业传统渔民、海洋渔业传统渔民、淡水渔业传统渔民数量均呈下降态势，尤其是 2005 年以后，淡水渔业传统渔民数量的减少速度高于渔业传统渔民和海洋渔业传统渔民，其占渔业传统渔民的比例从 57.22%下降为 54.75%，表明以渔业、海洋渔业、淡水渔业为主要收入的乡镇和村庄中，从事渔业生产和相关活动并且以渔业生产和相关活动为主要收入的专业、兼业或其他非渔业劳动者及其赡（抚）养人口一直处于减少状态。

① 渔业人口实质是渔业专业从业人员、部分渔业兼业从业人员及其赡(抚)养的人口。

此外,淡水渔业从业人员[1]数量也从20世纪80年代和90年代的高增长态势转为稳定。2017年我国淡水渔业从业人员为982万人,是海洋渔业从业人员的2.60倍,占渔业整体从业人员总量的72.22%。海洋渔业从业人员数量2000年以后稳定在300万人以上。

分析传统渔村发展变迁的原因,认为原因主要有3个。一是渔业资源衰退,生态环境恶化。以洞庭湖区为例,因围湖造田、工业生产、捕捞活动的加剧及其他因素的影响,曾经的“八百里洞庭”不断萎缩,自20世纪90年代起渔业资源明显减少,渔民收入急剧下降。[2] 二是在工业化、城镇化快速发展时,传统渔民也向现代产业和城镇流动。三是渔民家庭的后代受到越来越好的教育,职业选择趋于多样化。

(三)淡水渔村变迁的3种类型

目前,我们几乎很难找到全部由渔民这单一从业人员构成的纯淡水渔业村,更多的渔村呈现的是渔、农、工、商等不同行业人员和经济业态在同一渔村社区里共同存在和共同发展的状态。在产业结构的不断调整下,渔村经济催生出多样化的村落经济类型,主要包括现代社区、半渔半农村、现代渔业村庄三种类型。

1. 城郊型渔村转为现代社区

淡水渔村转型为现代社区,主要体现在渔村的城镇化、工业化结构性变迁。它包括两种类型的转变。一种是突破淡水渔村的边界,整个村庄纳入到城市体系,渔民变市民,渔村变为城市社区,淡水渔业相应进行调整、升级或消亡。例如无锡、苏州等城市周边淡水渔村的消失。

还有一种类型的淡水渔村是通过发展淡水渔业而摆脱贫困,又“由渔而工,工商结合”转型升级为现代社区[3]。如苏南地区张家港市的永联村。永联村是1970年成立的“新农村”,村民是经组织动迁分别从周边4个乡108个村迁来的。当地地势低洼、涝灾频繁,发展种植业先天不利,时为苏南地区面积最小、传统渔民最少、经济发展最落后的村庄。当时的永联村村书记吴栋材以“平整土地与修鱼池结合”的方式,以发展渔业向土地要积累,结合本村实际,建高产鱼池。通过养鱼和发展副业,永联村实现了由穷变富,为以后发展工商业奠定

---

① 按照官方统计标准,渔业从业人员是指全社会中16岁以上,有劳动能力,从事一定渔业劳动并取得劳动报酬或经营收入的人员。渔业从业人员又分为渔业专业从业人员、渔业兼业从业人员和渔业临时从业人员。

② 严俊杰:《洞庭湖区村落经济转型与绿色发展》,经济日报出版社,2018年。

③ 新望:《村庄发育、村庄工业的发生与发展》,三联书店,2004年。

了经济基础和社会基础。[1] 1984 年永联村大胆兴办小钢厂，1985 年成为全县十大产值达"千万元村"之一。此后永联村办成了小型水厂、电话烘漆厂、预制厂、玉石厂等项目。1995 年成为首批被农业部批准的全国村镇企业集团——永钢集团。现在的永联村已是重工、物流、建设、金融、旅游等多元产业适度发展的现代化农村，村民实现了"社员—农民—渔民—市民"的升级，全村 98%的村民实现了集中居住，98%的耕地实现了集体流转，98%的劳动力实现了就业，98%的村民享受到了比城市居民更优越的福利保障。[2][3]

2. 从纯农业村或渔业专业村转为半渔半农村

区别于渔业专业村，半渔半农的淡水渔村是那些既有淡水水域资源，还有一部分耕地资源的村庄，既从事农业又从事渔业。如青海湖畔的一些渔村，20 世纪七八十年代这些渔村以在青海湖大量捕捞湟鱼为主要生计来源，当地政府还为渔民发放捕捞证。当时的青海湖素有"水有多少，鱼就有多少"的说法，一方水土养一方人，"当时村里人盖房子、买手表甚至娶媳妇的钱都是用捕捞湟鱼的钱换来的。"2004 年湟鱼被《中国物种红色名录》列为濒危物种后，青海省政府多次颁发禁渔令，青海湖畔的村庄随之转为农业村，曾经的捕捞渔民则变为农民，从事养殖业、运输业等行业，少数渔民从事巡湖工作领取工资。[4]

在我国西北的陕西、内蒙古、宁夏、甘肃等黄河沿岸地区，由纯农业村转为半农半渔村的情况较多。陕西大荔县华原村有 7 个村民小组、2 300 余口人，早些年以种棉花、花生为主，后来随着黄河倒流土地碱化，无法继续种植，一些村民尝试利用村口的黄河滩上形成的多个天然水塘搞水稻种植、水产养殖、莲藕种植和特种养殖，水稻收割完后继续种小麦，一年两季收成，一时间华原村成了大荔县有名的特色村，被称为"黄河渔村""关中平原上的小江南"。目前，该村拥有万亩水塘。村民在鱼塘岸边开办了 10 多家"渔家乐"，野生黄河大鲤鱼、当地种植的莲藕、养殖的河蟹吸引了大量西安、河南等地的游客。内蒙古鄂尔多斯市达拉特旗东海心村北临黄河，属于沿河渗漏区。1984 年，村民利用黄河改道后留下的旧河支道养起了鱼。此后，养鱼规模逐步扩大。现在，东海心渔村

---

① 新望：《村庄发育、村庄工业的发生与发展》，三联书店，2004 年。

② 永联村官网：《永联——永远联合起来，共同进步》，http://yong-lian. com/index. php? m = Overview&a=index。

③《吴栋材同志先进事迹材料——全国创先争优优秀共产党员》，共产党员网，2019 年 10 月 23 日，转引自北京长城网，https://www. bjcc. gov. cn/article/400000520. html。

④ 马千里、张涛、李琳海：《从湟鱼"盗捕者"到"守望者"——探访青海湖畔渐渐消失的打渔村》，2015 年 7 月 3 日，http://www. huaxia. com/qh-tw/qhyw/2015/07/4468150. html。

种植业以玉米、小麦为主，养殖业以养鱼为主，有精养鱼面积 2 800 多亩，自然养鱼面积 2 000 余亩，有养殖户 108 户，30 多家鱼餐馆，年接待游客 20 余万人。[①] 东海心村的经营模式被总结为“前塘后店”模式。1998 年，东海心村被评为内蒙古自治区水产养殖先进地区；2005 年，东海心村养鱼协会被评为全国优秀协会；2018 年 7 月，东海心村（“大树湾”黄河鱼）入选第八批全国一村一品的示范村镇。

3. 从传统淡水渔村转型为现代渔村

近年来，淡水渔村主导产业从传统渔业转型升级以及三产融合发展的情况越来越多，从而促使传统渔村转型升级为现代渔村。典型案例是浙江省湖州市南浔区菱湖镇勤劳村，其主导产业——淡水渔业从生产方式、经营方式、管理方式等方面已经向现代渔业转型。[②] 勤劳村以桑蚕等传统农业和鲈鱼、黑鱼、汪丁鱼等特种水产养殖为支柱产业，2017 年该村实现了由“松散养殖”向规模化、标准化转变。目前勤劳村现代渔业示范园区总面积 1 200 余亩，核心区面积 515 亩，2017 年起村集体通过收回部分鱼塘经营权，由区农合联成立农业投资公司，引进社会资金，科学规划园区布局，全面发展跑道养鱼模式，在生产、经营、水资源利用和管理方式上实现“四个转变”。一是生产方式方面，改池塘高密度养殖模式为跑道养殖模式。建设拥有 100 多条跑道的“千亩跑道鱼示范园区”，实现了标准化和无公害生产。二是经营方式转为“公司＋合作社＋农户”。园区由区农合联成立的投资公司投资，将建成的跑道养殖设施反租给农户，实现抱团经营、规范化管理、品牌化经营，成功打造“知味南浔——跑道鱼”区域公用品牌。三是水资源利用方式实现尾水循环利用，建设 800 米生态拦截沟渠，实现养殖尾水的多级生态处理。四是管理方式上实现智能化、信息化。园区全面应用庆渔堂“渔业物联网”技术，养殖过程可控可追溯，降低了巡塘工作的劳动强度，减少了人力物力。

还有洞庭湖区村落、鄱阳湖区村落以及太湖流域村落等。这些地区的传统渔村充分利用湖区资源优势，大力发展湖区生态旅游、观光渔业等。2011 年，湖南省旅游局组织省级旅游名村评选，洞庭湖区旅游名村达 52 个，占全省的 19%。在 2015 年国家旅游局公布的第三批全国特色景观旅游名镇名村示范名单中，洞庭湖区有 5 个村庄上榜。[③] 西藏唯一的渔村——拉萨市曲水

① 《东海心：黄河渔村“跃龙门”》，《鄂尔多斯日报》，2015 年 9 月 17 日。

② 根据湖州市《千年年古镇——菱湖淡水渔都》宣传页等调研资料整理。

③ 严俊杰：《洞庭湖区村落经济转型与绿色发展》，经济日报出版社，2018 年。

县俊巴村的主导产业也由捕捞业转为结合藏族传统习俗的休闲渔业。[①] 陕西潼关金三角黄河水利风景区位于潼关古城北的黄河沿岸地区，集工程景观、水域景观、生态景观、人文景观于一体。黄河港口渔村是景区内最早开发的渔家乐，已成为金三角地区景区著名的美食文化区。云南省大理市双廊镇双廊村也是从淡水渔村转型为休闲渔业村庄的成功案例。目前已经打出了"大理风光在苍洱，苍洱风光在双廊"[②]的称号。作为白族的世居之地，双廊镇传统渔民中的87%为白族，民居建筑特色鲜明，有多姿多彩的民族传统文化和民族习俗，是青铜文化、洱海文明与大理文明的发祥地之一。渔业是双廊地区的传统产业。大理洱海东部地区自古代起就有"有舟无车"的说法，船是基本交通工具。2011年11月，大理白族造船技艺被大理州人民政府公布为第三批州级非物质文化遗产。从2008年8月起，当地政府开始举办开海节，打造大理渔文化旅游精品项目。近十几年来，双廊镇休闲渔业发展迅速，兼业农民大大增加，鱼鹰捕鱼等古法也得以恢复。内蒙古阿拉善盟"大漠小镇，黄河渔村"项目将巴彦木仁苏木打造成休闲旅游度假基地、沙漠旅游基地、养生治养基地、黄河湿地体验基地和生态观光基地，当地政府将脱贫攻坚与打造田园牧歌综合体紧密衔接，采取农旅结合模式，动员贫困户参与，经营特色餐饮业，涌现出"黄河人家"家庭旅馆等一批餐饮业品牌，对民国时期盐务所、古盐运码头、盐驼古道等文化资源也做了宣传。2018年，"大漠小镇-黄河渔村"共接待游客5.6万人次，实现旅游收入2 000余万元。

晋宁是古滇文化的发源地，古滇人生活的滇池地区有"田渔之利"。紧邻滇池的晋城镇沙堤村，是一个拥有百年渔耕历史的村庄。沙堤村人均耕地面积仅0.45亩，村民基本以种植蔬菜和花卉为主要生活来源。[③] 随着滇池治理的进一步强化，为消除农业面源污染，助力滇池保护，沙堤村率先恢复传统水稻种植，再现滇池南岸三春杨柳、四围香稻的鱼米之乡景观。60亩生态水稻种植后，投放谷花鱼苗，水稻收割前定期开展农业摄影、捉泥鳅等活动，再现"百年渔村"人与自然和谐的景观。通过传统丰收节庆活动，展示高原特色渔业文化和传统渔耕文化，开展生态农业摄影、农产品展销、生态鱼虾、泥鳅抓捕等活动，吸引游客观光消费，带动当地旅游发展，增加农民

① 马宁、周园朝：《西藏俊巴渔村村民生计方式变迁调查》，《西藏民族大学学报（哲学社会科学版）》，2017年第5期，第66—72页。

② 大理市历史文化研究所、大理市双廊古镇景区管理委员会编：《双廊：白族古渔村》，云南出版集团公司、云南科技出版社，2017年。

③《晋城镇沙堤村——小小〈村情简报〉聚民心》，《云南日报》，2015年10月2日。

收入。

二、淡水渔业特色景观

淡水渔业特色景观是人与淡水渔业资源相结合的产物，反映了人与淡水渔业资源的相互关系。淡水渔业特色景观既包括了淡水渔村的环境，渔民从事淡水渔业生产、生活而产生的各种空间整体视觉形象，还包括了不以人的意志为转移的天然形成的自然景观。这些景观既和生产生活“保持最直接、最紧密的联系”，同时也映射出不同地区各具特色的“气候、地形环境、生活习俗、民族文化传统、宗教信仰”等。①

根据渔业特色景观与人的关系及其形态，将淡水渔业特色景观分为生态性、生产性和生活性三大物质性的功能景观，以及非物质人文景观等四类。②这四个类型的景观并非完全分离，它们存在一定程度的交叉。

（一）生态性景观

生态性景观是指那些自然形成的、不以人的意志为转移的景观现象。淡水渔村生态景观包括水体环境、河湖美景以及四季变化、鱼类洄游等季节性景观。我国东部黄河流域河汊密布，绿草如茵，鱼类、天鹅、白鹭、野鸭、野兔、野狐、甘草、麻黄等野生动植物资源比比皆是，构成了黄河渔业的大生态景观。杭州千岛湖青山绿水，湖上大小岛屿错落，宛若人间天堂。浙江楠溪江江水清澈见底，可见游鱼悠闲游动，江边村落伫立在迷蒙雾气中，如同写意画。陕西大荔县黄河滩区位于黄河、洛河、渭河交汇处，属于黄河湿地自然保护区，总面积 63 624 公顷，水天一色、风光秀丽，每到春夏秋季，黄河边上的芦苇荡，波光粼粼的水面，来往穿梭的小渔船，如诗如画的渔业风光吸引着远近的游客前来观赏。华子鱼洄游场景是内蒙古赤峰市达里湖独有的淡水渔业特色景观。华子鱼是介于咸水与淡水间的洄游鱼，春季溯河而上，在河流里产卵，再回到湖里生长。每年的 4 月下旬到 5 月上旬，为了繁殖后代，华子鱼成群结队沿着达里湖周围的淡水河逆流而上，呈现鱼群“力争上游”的奇景。华子鱼个体较小，一般长约 20 厘米，身体呈流线型，动作迅速，在河流中转瞬即逝。洄游时，数量庞大的华子鱼黑乎乎一片，延

---

① 彭一刚：《传统村镇聚落景观分析》，中国建筑工业出版社，2018 年。
② 刘坚：《滨海渔村生产性景观设计研究——以西连岛渔村为例》，南京林业大学硕士论文，2017 年。

绵数十里，蔚为壮观。[①] 福建宁德市周宁县的鲤鱼溪也是知名的淡水渔业特色景观。位于福建宁德市周宁县城西5千米处的浦源村鲤鱼溪，以800年人鱼同乐的民俗风情名扬海内外，“鱼塚”“鱼祭文”和“鱼葬习俗”沿袭至今，演绎着“人鱼同乐”的独特人文景观，被中央电视台誉为“中华奇观”，成为福建省三大民俗风情区之一。[②] 2013年8月周宁鲤鱼溪被全国旅游景区质量等级评定委员会批准为国家AAAA级旅游景区。

（二）生活性景观

生活性景观是指伴随淡水渔民生活而构成的生活空间中各景观要素的集合，如房舍、广场、街巷、交通工具、服饰等等。

房屋是生活水平的体现，也承载着一个地区的文化，有鲜明的民族性、时代性和地域性。中国渔民分布各地，由于各地的自然地理环境不同，渔民的民居也有显著差异。从事渔猎的赫哲族先人“夏天住撮罗昂库，冬天住地窨子”。撮罗昂库是用桦皮制成的，细木杆呈辐射状搭在一起，用桦树皮或带树叶的细树枝围在四周，是一种圆锥形“窝棚”。地窨子是在靠近山坡的地方掘成地穴，上架木料，用土覆盖，冬天居住；地窨子的门向阳，门旁有简易窗户，早年用去鳞的鲑鱼皮糊窗户，后来才用纸糊，喷上一层鱼油，既结实又亮堂。屋内有的搭铺，有的搭坑。这种地窖冬天比较暖和避风，但最多住两年。1945年以后，黑龙江边的赫哲人一般都住上马架子房或土草房了。[③] 中华人民共和国成立之前，“闯关东”的穷苦汉民在东北地区从事渔猎等活动，最初也是住地窨子，里面有灶台、火炕。到1945年前后，赫哲人住的全是正房，无厢房。赫哲渔民的“鱼楼子”盖在正房东侧，主要用于储藏冻鱼、捕鱼工具，也做仓库，夏季也可以睡人，一般用4～6根支柱做柱脚，周围用圆木段堆砌成离地面约1米高的小屋，有小门和木梯，便于上下，夏秋还可以防洪水。

渔民的民居逐渐发展就形成了村落，而人的聚集又带来了交易，于是出现了集市。早先的赫哲人大多沿江居住，居住分散，相隔很远，后面随着发展形成了聚落（赫哲语为“霍通”，指城或较大的村落或部落聚居地）。“霍通”四周有土

---

① 赤峰文化网：《华子鱼洄游“堵塞”河道，一起观看逆流的生长》，2018年4月26日，http://www.sohu.com/a/229591212_215898。

② 郑文敏、黄起青：《周宁鲤鱼溪：八百年人鱼奇观再添新韵》，《闽东日报》，2019年10月16日，转引自中国福建三农网，http://www.fujiansannong.com/info/48236。

③ 马架是盖在平地上用土坯砌起来的，在赫哲渔村已有数百年的历史。马架的山墙都是向南背北，房门开在南山墙上，门的西侧各有一扇窗子，房内的东、西两边搭火炕。厨灶设在火炕的南端。土草房比马架子房更进一步。草苫屋顶、坐北向南，房内一般都搭南北相对的两铺火炕。烟囱垒在东西房山墙的两侧。有的富裕的人家还有东西厢房、仓库和碾磨房，大小门楼，庭院等。

围墙，东西南北有大门，居住着各行各业的人。城主一般是部落首领。后面又出现了集市（赫哲语为“木城”，是当时交纳贡品和交换物品的赫哲人临时聚居的大型交易场所）。赫哲人每年到“木城”用皮张鱼干换取日杂用品和粮食。19世纪初，每年参加以物易物交易的人数达千人。① 在我国江南地区，渔村、集市更为发达。湖州的菱湖镇养鱼业自古就十分发达，“十月后，船贩，南至钱塘，东北达苏松常镇。”当时的文献中也描绘了鱼市繁忙热闹的场景。②

古时，我国有“南船北马”的说法。鱼米之乡，水荡纵横，非舟莫渡。船只是最快捷的水上交通工具，有时也是渔民的生活居所。③ 苏南太湖渔民的“连家船”是太湖渔民以船为家并进行捕鱼、贩鱼生计的场所。连家渔船一般呈首尾翘尖、中间平阔的形态，也叫“尖头船”。船头甲板主要用于淡水渔业生产活动；中间的船舱主要用于家庭起居和捕捞仓库，顶部有竹棚覆盖；船尾则用于厨房和卫生场所，有时还可以挂养家禽。“人随船走，船随鱼走，生产到哪里，就停泊在哪里。”体积较大的连家船可以容纳几代人居住。④ 因信仰、节庆娱乐的需要，普通的舟船也可暂时成为娱乐用船。民间“赛龙舟”“划船会”活动中“千帆竞发”场面中固然有大龙舟壮声势，但也离不开小船穿梭其中渲染气氛。⑤

福州疍民的服饰独特，多穿麻布染成的蓝黑、褐色衣裤，裤子非常宽大。大部分疍民赤足，并且不戴帽。疍民妇女的服饰在袖领上常镶有一寸多宽的黑边，她们天足，穿耳，梳尖螺髻，髻尾朝天。无锡传统渔民的服饰鲜艳，男女都有戴帽子的习惯。赫哲人的鱼皮衣服颜色单一，多为青灰色，但是绣有花纹和图案。总体上，渔民服饰以实用为主，兼顾美观，也反映了地域特点。

（三）生产性景观

生产性景观指的是渔民从事渔业生产经营活动时产生的兼有审美和生产性功能的景观。贵州省黔东南苗族侗族自治州从江县的侗族保留着“饭稻羹鱼”的传统，稻鱼鸭系统距今已有上千年历史，溪水灌溉稻田，随溪水而来的小鱼生长于稻田，侗族人秋季一并收获稻谷与鲜鱼，长期传承演化成稻鱼共生系统，后来又在稻田择时放鸭，同年收获稻鱼鸭。云南哈尼梯田的稻鱼鸭系统与

---

① 黄澄、黄任远：《赫哲族的民居文化》，中国文物信息网，2018 年 10 月 15 日。

② 杨伟兵、郭婷：《明代以来江南菱湖镇的空间与结构——以产业、金融与商业等为中心》；见刘昶、陆文宝主编：《水乡江南：历史与文化论集》，上海世纪出版股份有限公司、上海古籍出版社，2014 年，第 218 页。

③ 冯贤亮：《太湖平原的环境刻画与城乡变迁》，上海人民出版社，2008 年，第 192 页。

④ 殷绘焘：《城乡一体化进程下苏南渔村空间适应性策略研究——兴太湖流域为例》，苏州科技大学硕士论文，2016 年。

⑤ 冯贤亮：《太湖平原的环境刻画与城乡变迁》，上海人民出版社，2008 年，第 201—206 页。

此相同。这一生产系统源自秀美的高山梯田，2011 年，从江侗乡稻鱼鸭系统入选全球重要农业文化遗产(GIAHS)保护试点地，2013 年又入选第一批中国重要农业文化遗产。哈尼稻作梯田系统目前也是世界农业文化遗产。目前两地也是国内外知名的旅游目的地。在云南晋宁沙堤村码头及古滇名城码头，在一天的不同时间段，可以一览当地的渔业生产性景观：清晨 6 点前，三四百渔民陆陆续续出渔，可观赏到扬帆起航的景象；落日时分到下午 6 点前，渔船集中返航，可观赏到夕阳西下、渔歌唱晚的美景；上午 9 点至下午 3 点，在滇池银鱼和虾最为集中的白鱼口、观音山一带水域可观赏到大量帆船集中的场景。① 从每年 9 月初太湖捕鱼季开始，浙江省长兴县太湖街道的 1 000 多亩露天晒场就被金色的梅鲚鱼干覆盖，场面壮观。天气好时，一天半鲜鱼就能晒成鱼干，随后销往江苏、山东、河北等省。②

(四) 非物质人文景观

非物质人文景观指的是渔村的风土民俗、渔业文化、节庆活动、各种技艺等不具有物质实体形态的景观。农业部公布了 2017 年休闲渔业品牌创建主体认定名单的通知，27 个村(镇)被命名为“最美渔村”。其中，吉林省松原市查干湖屯、黑龙江省佳木斯市赫哲族乡渔业村依托冬季冰雪资源和冬捕传统，融合渔猎文化、蒙满文化、宗教文化等元素，游客可以玩冰赏雪吃鱼观看冬捕场面。③ 查干湖冬捕是蒙古族在冰天雪地里独具韵味的一项渔猎活动。每年 12 月中旬开网至次年 1 月中旬收网，鲜鱼总产量达 100 多万千克。数九寒天，近千人冰上作业，几十辆机动车昼夜运输，每天数万斤鲜鱼破冰而出，场面壮观。2004 年，中国城市研究会依据《亚太人文生态价值评价体系》，把查干湖冬捕评审列入“中华百大美景奇观”，并载入《亚太国际卓具保留价值的生态历史财富》蓝皮书目录。2008 年经国务院批准，查干湖冬捕被列入国家级非物质文化遗产保护名录。④

黑龙江赫哲族的鱼皮制作技艺 2006 年被列入第一批国家级非物质文化遗产名录。⑤ 经过漫长的历史发展，赫哲族创造了独特的渔猎文化、鱼皮服饰文化、桦皮文化以及食鱼文化等。自商周时代起，赫哲人世代延续着夏捕鱼、冬打

---

① 《趁着大家还在放假，昆明滇池银鱼小虾尝鲜正当时》，云南新闻网，2018 年 10 月 5 日，http://www.cssqt.com/xw/gn/sh/297532.shtml。

② 徐昱摄：《太湖渔村千亩晒场“晒丰收”》，搜狐网，2016 年 9 月 21 日，http://www.sohu.com/a/114802048_155403。

③ 《走进查干湖，走进最美渔村》，至播传媒，2017 年 12 月 25 日。

④ 边缘：《冰湖腾鱼——查干湖最后的渔猎部落》，五洲传播出版社，2017 年。

⑤ 黑龙江省同江市八岔赫哲族乡八岔村志编纂委员会编：《八岔村志》，方志出版社，2017 年。

猎的生产方式。由于长期用鱼皮做衣服，赫哲族形成了传统的鱼皮服饰文化。[①] 赫哲族的鱼皮衣服多用胖头鱼、鲟鱼、大马哈鱼等大鱼的鱼皮制成。一套成人鱼皮衣服，要用 30 多张鱼皮，花费 20 多天才能缝制完成。胖头鱼皮的鳞刮掉，涂抹上具有油性的狗鱼肝，使之柔软不干燥，然后将其叠好压平，切成细丝即成为柔滑的鱼皮线。鱼皮服饰轻便、保暖、耐磨、防水抗湿。[②] 赫哲人在鱼皮衣上绣上水蛇，警醒自己要时刻谨慎、对自然心存敬畏；衣服上的娃娃鱼和乌龟，代表着他们对自身的祝福，希望自己每次捕鱼都好运丰收、健康长寿地生活在这片富足的水域。[③] 赫哲族的鱼皮服饰文化，充分显示出赫哲人利用自然、改造自然的聪明才智。

赫哲人叉鱼技术惊人。通过观察水纹就能知道鱼的方位，将叉侧掷过去，立即手到鱼来。冬季捕鱼时，渔民先在江面冰上建一小屋，屋中凿一个直径 1 米左右的冰窟窿，关起门来屋暗而冰下清亮，鱼游到冰洞处很容易看到和叉中。过去鱼多时，渔民守在冰洞旁直接用笊篱向外舀鱼或钓鱼。[④] 鄱阳湖地区也有卡钩捕鱼的技术。[⑤] 卡钩是将一根小竹枝用刀劈成细条，再用刀将竹枝条两端削尖制成的，约 1 寸许，有弹性，对折不断。“放卡子”讲究晚放早收，放卡子的水域要求无船、无风。黄昏时，渔家选好地段，第二天天刚放亮时，便去收卡钩。卡钩捕鱼，多时上百斤，少时也有几十斤。

浙江省衢州市开化县何田乡是一个延续了 600 年古法养鱼(即堂前屋后引清水养鱼)的乡村，清澈的钱塘江水孕育了鲜美的清水鱼，被誉为“中国清水鱼之乡”。这里岸边古树、篱笆倒映，有古朴恬静之美。[⑥] 何田乡的烹鱼是一绝：菜油荤油对半，油热后入姜炸味，放入鱼，同时放盐、酒、清水。水要凉水，热水易碎；还一定要柴灶，一把旺火，“千滚豆腐万滚鱼”，一刻钟后鱼汤呈乳白色，香味扑鼻。[⑦] 何田人还能将一条约 9 斤重的清水鱼烹制出十一种不同品名的鱼

---

① 何山、马迪、许正：《乌苏里江畔感受赫哲渔猎民族文化》，新华网，2015 年 9 月 27 日，http://roll.sohu.com/20150927/n422206718.shtml。

② 《赫哲人的四季渔歌》，苍南新闻网，2009 年 9 月 9 日，http://www.cnxw.com.cn/system/2009/09/09/010355773.shtml。

③ 《一首歌，一件衣服，一个独特的民族》，央视网，2019 年 4 月 30 日，http://tv.cctv.com/2019/04/30/ARTItKZ0aQsMKoOrBXIf2uw0190430.shtml。

④ 远方：《赫哲人的“渔歌”》，《民族画报》，2018 年 11 月 7 日。

⑤ 程宇昌：《历史与现实：鄱阳湖传统渔业生产习俗与地方社会建构——以鄱阳县古渔村管驿前为例》，《南昌大学学报(人文社会科学版)》，2017 年第 1 期，第 109—115 页。

⑥ 《让陈晓卿念念不忘的浙江小县城，晒秋风景美得惊人》，Feekr 旅行网，2018 年 10 月 23 日，http://www.whysw.org/info/1056/28357.htm。

⑦ 《浙江这 4 个村厉害了，获评全国最美！你去过吗？》，新蓝网，2017 年 11 月 1 日，http://i.cztv.com/view/12719814.html。

菜。陆联村的“高源一号”清水鱼传统养殖遗址是何田清水鱼养殖的一个缩影。“高源一号”是一栋徽派建筑，屋内天井被先人改造成鱼塘，溪流穿塘而过，鱼在塘中，塘在屋内，别具一格。清水鱼的鱼池面积一般为 6～20 平方米，水深 0.3～1 米，塘埂宽 1 米，塘墙池底铺鹅卵石，塘底有 3°～5°的斜坡，设有进排水口，坑塘中不会滞水，流水清澈见底。这种古法养鱼实为流水生态养殖，塘中草鱼鲤鱼投喂以青草、菜叶，肉质鲜美。每到中秋清水鱼最为肥美时，何田乡有中秋“开塘”捕鱼的习俗，近年来又推出了“清水鱼文化节”。文化节上，各村选出最大最好的清水鱼，盖上红绸，配以解说词，评委们进行评鉴、打分，评出“鱼王”。“鱼王”胜出后，举行祭“鱼王”仪式，礼毕后，“鱼王”在炮竹声中归塘，寓意年年有余，来年有个好收成。中秋捉起的鱼用稻草绳捆住脖子，取意“五谷有余”。过年时有抓红鲤鱼的习俗，年夜饭时只将红鲤鱼吃一半，剩下的等“来年”再吃，意在“年年有余，日子红红火火”。鱼宴是当地招待客人的最高礼仪。

三、淡水渔村和特色淡水渔业景观保护与开发

无论是淡水渔村村落景观还是淡水渔业特色景观，都是社会变迁和环境变迁的产物。景观的保护和开发，除了保存一种集体性记忆和文化体验外，还有多重功能和审美价值。[①] 2017 年，国家大宗淡水鱼产业技术体系产业经济研究室开展《淡水渔文化专项调查》，对不同类型的淡水渔业景观的保护与开发现状进行了初步了解。

（一）淡水渔业特色物种保护与开发

淡水渔业生态性景观是指特色渔业物种、河湖美景等自然景观。从调查资料来看，特色渔业物种中，有些种类由于过渡捕捞、生态环境恶化、水利工程建设等原因已经处于濒危状态，对于这类物种，主要采取列入保护动物名录、进行人工养殖等措施进行保护。如辽河口的刀鲚在 20 世纪 70 年代前产量很大，因当时海洋、河道未受污染，每年立夏之初大量的刀鲚溯河而上，洄游到台安县境内的三岔河、浑河、外辽河河段繁衍后代，是当时辽河口区域的主要经济鱼类。20 世纪 70 年代以后，刀鲚自然资源逐年减少，已不能形成鱼汛，市场价一路飙升，当地政府高度重视，为保护野生鱼类的多样性，已将刀鲚列为保护鱼类。20 世纪 80 年代之前，安徽省的二级保护动物淮王鱼在淮河中还有较高产量，当地

---

① 成玉宁：《现代景观设计理论与方法》，东南大学出版社，2010 年。

渔民反映，在冬捕旺季，一天能上岸数千斤。之后由于淮河污染，水利设施兴建，酷渔滥捕等多种因素，到 21 世纪初，淮河中淮王鱼已难觅踪影。2008 年开始，淮南市渔政部门组织在淮河进行增殖放流活动，每年均在淮河峡山口放流淮王鱼大规格鱼种数万尾，经过几年的努力，随着淮河水质的好转，目前已有渔民在淮河中起捕到淮王鱼，并形成一定产量。淮王鱼的主产地淮南市的一些企业从 2000 年以后开展人工养殖和人工繁殖研究，并取得成功。还有一些特色渔业物种产量并未发生较大变化，但是由于品质好、认知度高，通过被列入农产品地理标志地域保护等方式进行开发利用。如福建省清流县“清流溪鱼”，2009 年经国家质量监督检验检疫总局批准为国家地理标志保护产品，2010 年被评为福建省名牌产品，对其商品化发展起到促进作用。为使纯种黄河鲤鱼获得“重生”，1983 年，河南省水产科学研究院开始亲本筛选，在此基础上建立黄河鲤鱼产业化繁育体系。2006 年，国家启动水产种质资源平台，郑州市专门成立了郑州市黄河鲤种质资源保护站。经过多年努力，“豫选黄河鲤”重新恢复了黄河鲤鱼“金鳞赤尾、体形梭长、肉质细嫩鲜美”的特征，2004 年通过了全国原种和良种审定委员会审定。除了形态和肉质提升，其比未选育群体生长快 12%，饲料转化率提高 10%。目前该品种已经占据河南鲤鱼市场的 60%，零售价最高每斤 68 元。①

（二）淡水渔村景观保护与开发

近年来，依托山水资源发展休闲产业在各地蔚然成风。近年来，三都渔村抓住三江两岸和全域旅游发展契机，通过协调沿江建筑景观、山水景观及旅游交通功能，打造出一条“山青、水清、景优、境悠”的沿江生态景观、旅游休闲廊道。“全国最美渔村”的湖北省十堰市关门岩村地处古均州旧址，位于丹江口水库中心腹地，三面临水，水域面积 12 万余亩，水面渔业旅游资源丰富，生态环境优美、渔业文化浓郁、均州文化渊源深厚，渔村风情独特。2017 年，关门岩村 14 732 个网箱全部取缔，“百里万箱下汉江”成为历史，生态观光产业成了发展首选，现已形成“水面鱼，陆地橘”生态产业格局。② 四川省德阳市友谊村 2015 年成立村集体经济股份合作社，对河滩地、积水潭等集体资产独立运作，发展农业体验式旅游。现在全村土地流转 90%，形成水产养殖基地、葡萄种植基地、蔬菜基地、粮食基地，农民从土地出租和乡村旅游中受益。三水镇友谊村创建

---

①《舌尖上的黄河鲤鱼：产业发展期待跃“龙门”》，中原经济网—河南经济报，2017 年 9 月 28 日，https://www.zyjjw.cn/news/jzdc/2017-09-28/453860.html。

②《绿色打底拔穷根：丹江口市探索产业扶贫新模式》，新浪网，2018 年 11 月 2 日，http://k.sina.com.cn/article_1895394815_70f96dff02000f187.html。

了集种植养殖、垂钓、自由采摘、品尝、观光、休闲、骑游、住宿为一体的 AA 级易家河坝旅游景区，连续三年举办了“易家河坝乡村文化垂钓节”“易家河坝葡萄采摘节”“金秋·大闸蟹美食节”，还有国家、省、德阳市各类钓鱼比赛等活动。云南省大理市金梭岛村是洱海专业渔业行政村，村民 80%从事渔业，20%从事旅游业，渔业历史悠久，渔文化灿烂，拥有独特的自然禀赋和生存环境，也是大理著名的渔业文化保留最完整的生态民俗旅游第一村，2013 年被农业部评为“中国美丽田园”。[①] 金梭岛总面积 74 万平方米，是洱海最大的岛，历史文化积淀丰厚，是南诏王避暑行宫遗址、百人龙舟竞技发源地。沙沟镇是江苏省泰州里下河地区著名的“鱼米之乡”，素有“金沙沟”之美誉。以“最美渔村”和“红色沙沟”创建为契机，沙沟镇发展休闲观光渔业，新建里下河风情渔港，推出渔文化体验区，打造绿谊园林绿化风景区。沙沟已经成为国家 AAA 级旅游景区、“全国最美渔村”、江苏省“味稻小镇”、江苏省渔文化旅游风情小镇创建单位等；沙沟的传统食品沙沟大鱼圆、藕夹等，也是享誉全国。[②]

（三）淡水渔业生活性景观的保护与开发

淡水渔业生活性景观的内涵较为丰富，包括淡水渔民生活所产生的景观要素。以传统美食为例，大部分传统美食及其技艺在旅游产业和餐饮产业的蓬勃发展背景下得到了复兴。如江川县星云湖、抚仙湖盐水鱼。古滇人以捕鱼为生，到了集中捕鱼期，大量卖不了又吃不完的价格便宜的抗浪鱼等小型鱼类是制作盐水鱼的主要材料，后随着旅游、餐饮、加工业的发展，根据食客需求，当地只要有的鱼都可以用来加工盐水鱼。盐水鱼制作简单，易于保存，其肉质细腻、味道鲜香爽口，既有腌鱼的香辣味，又有活鱼的鲜甜味，再加上易储存、易携带等特点，江川人把它作为馈赠亲朋好友的土特佳品。随着社会的发展，沿湖人家把盐水鱼从自家饭桌搬到了餐馆的食谱上，如今不仅已成为广为人知的江川地方名特小吃，而且通过不断完善，精深加工，作为江川名优土特产远销到省内外。浙江省三都渔村人上岸定居后，依然保持着祖辈的风俗习惯，如“九姓渔民水上婚礼”、古老的捕鱼方法和原始的捕鱼工具。渔村开发了旅游项目“传统婚礼表演”，以鱼为主的“九姓九菜”[陈坛鱼跃（陈）、钱江飞燕（钱）、双木鱼排（林）、桂李芙蓉（李）、袁味酥鱼（袁）、福孙满腹（孙）、一叶鳊舟（叶）、许愿鱼头（许）、何缘鲜烩（何）]等，丰富了渔村渔家乐的经营内容。

---

① 《云南六地入选中国美丽田园》，《昆明日报》，2014 年 3 月 12 日，转引自云南广播电视台，http://news.yntv.cn/content/15/201403/12/15_850823.shtml。

② 《“全国最美渔村”的红色之旅》，《中国企业报》，2019 年 9 月 20 日。

(四) 淡水渔业渔技渔法的保护与开发

淡水渔业生产性景观主要体现在渔技渔法、养殖技术等方面。部分渔技渔法受到机械化的冲击已经逐渐淡出生产领域,主要以特色传统渔技的方式呈现在渔家乐中。如鸬鹚捕鱼,鱼鹰一直是渔民们进行渔业生产的一种工具,在中国有数千年驯养的历史。扬州鱼鹰曾闻名全国,扬州人驯养繁殖的鱼鹰曾卖至全国各地。如今,扬州最大的鱼鹰驯养繁殖村仅有一户渔民还在繁殖鱼鹰,这一观赏性极高的捕鱼方式极少为人所熟知。杭州瘦西湖景区引入“鸬鹚捕鱼”表演,让游客了解“鸬鹚捕鱼”这一特色民俗。还有一些渔技渔法和养殖技术,由于适应现代生态化、科学化的发展理念而得到大力继承和发扬,如浙江青田稻鱼共生系统。青田县的稻田养鱼始于唐睿宗景云二年(公元 711 年),至今有 1 300 多年的历史。2005 年 6 月,“浙江青田稻鱼共生系统”被联合国粮农组织认定为全球重要农业文化遗产,成为全球首批 5 个全球重要农业文化遗产之一,是中国第一个全球重要农业文化遗产。2013 年,“浙江青田稻鱼共生系统”被农业部列入首批“中国重要农业文化遗产”名录。浙江省千岛湖也将传统的巨网捕鱼技术发展成为全国知名的特色旅游项目和休闲渔业品牌。杭州千岛湖发展集团有限公司成立了专业捕捞队,经过专业系统的技术培训,捕捞渔民成为产业工人,使千岛湖巨网捕鱼实现了养殖业与一、二、三产业的有机结合,完美延伸产业链的发展。千岛湖巨网捕鱼一直是节庆宣传活动的保留项目,并已成为千岛湖旅游的拳头产品。

(五) 淡水渔村非物质人文景观的保护与开发

有些淡水渔业非物质人文景观面临逐渐失传的危机,如湖北渔鼓。它是一种湖北省的四大汉族戏曲剧种之一,是说唱相间的曲艺形式,唱腔粗犷、高亢,说的部分有散白、韵白之分。随着社会的进步与发展,现代流行音乐占据了文化娱乐市场,多种文化娱乐方式进入人们的精神生活,传统渔鼓艺术由于开发不足,保护较晚,重视程度不够,已面临唱腔失传、唱本轶失,老艺人逐渐减少的紧迫局面。还有一部分淡水渔业非物质人文景观被列入非物质文化遗产名录以进行保护和开发。如福州疍民渔歌,是流传于福州疍民中的民间音乐形式,历史上福州疍民渔歌采用闽剧的曲调,也对福州族群的民间歌谣曲艺产生过一定影响。自 20 世纪 50 年代起,政府陆续安排福州疍民上岸,到了 20 世纪 90 年代,他们中的绝大部分已经定居陆上。福州疍民的传统文化面临严重的威胁,像疍民渔歌这样的疍民的传统曲艺形式开始萎缩和濒临困境,现在福州疍民渔歌已被列入福州市非物质文化遗产名录和福建省非物质文化遗产名录中。

20 世纪 80 年代末，台江区政府有关部门组织力量进行大规模征集和整理，编辑出版《中国歌谣集成 · 福建卷 · 台江区分卷》，收录大批水上渔歌。但是，后续工作未跟上去。2014 年台江第三中心小学设立了疍民渔歌培训基地，但也没有撑下来。①

福建建瓯弓鱼技艺入选福建省第三批非物质文化遗产保护名录，作为一种传统技艺加以保护和传承。“弓鱼”也叫“绑鱼”，是塘鱼抓上岸后绑鱼的一种传统技术。鲜鱼经过“弓鱼”的处理，冬天可以保活 4～5 天，夏天可以保活 1～2 天，还能除去鱼肉的污泥味。这项绑鱼的技术为此被一直沿袭下来，但只在建瓯近郊少量抓捕和运输中应用，而且整个“弓鱼”过程有所简化，有的已省去了“复绑”环节。“弓鱼”作为餐桌上的奇珍异品，被中央电视台《综艺大观》节目组收进“世界真奇妙”，还上过中央电视台 CCTV12《走进科学》栏目。

近年来，不少渔村通过恢复古法养鱼和推广渔文化节活动，推动了对渔村非物质文化遗产的保护工作。鄱阳湖区的余干县恢复举办了“中国鄱阳湖开湖民俗文化旅游节”，部分渔民在春节前夕备三牲、祭湖神、授渔旗，在余干县康山乡、瑞洪镇等地集中捕鱼，举行“开湖”仪式。② 云南寻甸县通过举办“摸鱼节”让人亲近自然，体验农趣，感受收获的喜悦。云南楚雄彝族自治州禄丰县举办“稻文化艺术节”，以“乡村大狂欢”形式，品东河米、吃稻花鱼，共享丰收成果。

赫哲族博物馆始建于 2000 年，于 2002 年 10 月份正式开放。博物馆占地面积 1 万平方米，建筑面积 1 470 平方米，平均每年接待中外游客 3 万多人次。赫哲族博物馆是全国唯一的一座藏品较丰富，风格独特，能较为全面展示和介绍赫哲族政治、经济、文化、历史、渔猎生产生活、宗教信仰和风俗习惯的民族博物馆，2006 年被国家民委批准为“全国民族团结进步教育基地”。建筑风格仿照赫哲族古老民居抽象设计而成。外墙浮雕生动地再现了赫哲族迁徙、御敌、狩猎、捕鱼、信仰、艺术六个方面的场景。馆内为三层式结构，有 1 个开放式展厅和 10 个壁橱式展览单元，展出面积约 1 100 多平方米，现有文物及各类展品 1 500 余件，展出的 850 余件展品中，有赫哲先人使用过的石斧、陶罐等，还有鱼皮衣裤、桦皮船、狗拉雪橇和 118 张反映赫哲族宗教信仰、文化艺术、生产生活的照片。③

---

① 《福州疍民渔歌：千年渔歌，恐成绝响》，人民网，2016 年 12 月 16 日，http://fj.people.com.cn/n2/2016/1216/c234960-29471125.html。

② 《“卖风景”“卖文化”鄱阳湖上岸渔民过上新生活》，新华网，2018 年 12 月 6 日，http://www.jx.xinhuanet.com/2018-12/06/c_1123814311.htm。

③ 《让时光倒流：赫哲博物馆》，燃星计划，2018 年 8 月 7 日，http://mini.eastday.com/a/181228233844352.html。

四、淡水渔业特色景观保护与开发的经验

在淡水渔村的现代化进程中，传统的渔具、渔法、服饰、习俗、建筑等逐渐退出历史。文化效益的追求远远落后于经济利益的追逐，渔业特色景观的保护重视不够，在很长一段时间内处于缺失状态，直到文化可以作为一种产业时，各种社会资源才会自发聚焦特色渔业景观的保护与开发。以下是主要的保护与开发措施。

一是举办渔业文化节和休闲渔业赛事。各地充分利用自然特征等生态性景观资源和风俗习惯、历史传统等非物质文化景观资源，并融入现代的经济要素和技术手段，开发出多种多样的渔文化产品，形成了吉林查干湖冬捕节、浙江桑基鱼塘、象山开渔节、江苏太湖放鱼节、福建周宁鲤鱼溪文化公园、浙江东沙古渔镇、黑龙江赫哲族乡渔业村等一批休闲渔业与文化结合的典型。[①] 一方面，通过增添传统文化元素，丰富休闲渔业内涵；另一方面，通过开发和经营历史悠久的渔文化资源，丰富休闲渔业产品形式。

二是建立健全法律法规，规范生产和建设。为保护濒危物种——湟鱼，青海省政府颁发禁渔令，并每年开展巡湖督查。为规范和加强特色渔业景观资源的管理和建设，农业部自 2012 年起开展休闲渔业示范基地创建工作，截至 2017 年已公布 5 批，共创建全国休闲渔业示范基地 589 家，目前有效期内的示范基地共 325 家，其中山东拥有 42 家，位居首位。2017 年，农业部开展休闲渔业品牌培育“四个一”工程，认定“最美渔村”27 个、“全国精品休闲渔业示范基地(休闲渔业主题公园)”45 家、“国家级示范性渔业文化节庆(会展)”25 个、“全国有影响力的休闲渔业赛事”10 项。[②]

三是政策规划先行。为加强地方特色渔业景观资源的保护、开发和利用，除中央出台的各项规划和政策外，各地通过休闲渔业发展规划的政策提出先导性意见，如辽宁、江西、山东、湖南、海南五省编制了休闲渔业发展规划，内蒙古、安徽、湖北、青海等地将休闲渔业纳入了本地区渔业发展规划。各级规划形成合力，确保地方特色渔业景观资源保护和开发的重要地位。如安徽巢湖市西部中庙镇属于典型的江淮地区传统淡水渔业村落，2003 年安徽省出台的《安徽省环巢湖旅游开发规划》中，将中庙景区作为巢湖最有价值的景区进行规划建设，

---

① 《中国休闲渔业发展报告(2018)》，《中国水产》，2018 年第 11 期。

② 《中国休闲渔业发展报告(2018)》，《中国水产》，2018 年第 11 期。

合肥市 2014 年出台的《环巢湖整体风貌总体控制规划》和《"环湖十镇"小城镇特色风貌总体规划》等文件中，均将中庙景区的开发建设作为重点项目。[1]

淡水渔村和特色渔业景观是地方传统文化的重要组成部分，是休闲渔业发展的物质基础和天然地域品牌。淡水渔村村落文化和特色渔业景观的开发利用，为淡水休闲渔业的蓬勃发展提供了有利契机。反过来，休闲渔业发展带动特色渔村、特色渔业景观的开发利用。应当进一步保护、传承和发展我国的淡水渔村村落文化和特色淡水渔业景观，推动我国休闲渔业的高质量发展。一是激发渔民主体意识，引导社会资源保护和开发淡水渔村和淡水渔业特色景观。二是多措并举，加强对淡水渔村和特色淡水渔业景观的保护。当前渔业文化的保护并未深入普及，渔民和村民普遍没有意识到渔村和渔业特色景观保护和开发的必要性和紧迫性，导致在社会经济变迁中盲目追求和效法城市文明，传统宅院和民居等遭到空置和毁损，拆旧建新，破坏了淡水渔村和淡水渔业特色景观的整体风貌[2]。尊重渔民主体性需求，充分调动渔民的积极性，激发渔村村民的共同情感、传统互助精神及主人翁意识，促使渔民投入到渔村新家园的建设中。淡水渔村和淡水渔业特色景观的构成要素是多方面的，对它们的开发和利用也不能简单的一刀切。首先。要加强对淡水渔村和淡水渔业特色景观的研究力度，对全国现有的淡水渔村和淡水渔业特色景观资源要抓紧进行调查和存档，形成高水平的专家团队。其次，完善法律法规和政策体系。目前未出台相关性的指导意见，在立法和执法层面上也缺乏有效的依据。再次，应加强体验式交流和教育，侧重参与式的美学感悟，因此体验式的学渔和参观活动，可以让大众对淡水渔村和淡水渔业特色景观有更加深刻的了解。三是推动保护、开发政策和措施落地。既要保护地方区域性特色，还要前瞻到位，做好开发性保护和保护性开发的平衡。积极发挥区域优势，推进淡水渔业渔村的三产融合，加强各类休闲渔业模式的推广和创新。

---

① 赵弼皇：《巢湖中庙姥山岛渔村景观综合整治项目实践研究》，安徽建筑大学硕士论文，2016 年。

② 刘晓峰、李霞、周丹：《太湖流域传统村落规划改造和功能提升——三山岛村传统村落保护与发展》，中国建筑工业出版社，2019 年。

第七章

我国淡水渔业文化遗产传承

农业文化是中华文明立足传承之根基，中华民族在数千年的历史中，凭借着独特而多样的自然条件和勤劳智慧，创造了种类繁多、特色明显、经济与生态价值显著的传统农作模式与农业生产技术。渔文化是大农业文化的重要组成部分，中国渔文化源远流长，发展到今天不仅创造了丰富的物质文化，而且创造了大量的非物质文化，留下形式多样、内容丰富的渔文化遗产。

近几年，保护和传承农业文化遗产得到各级政府和社会各界的关注。2012年，农业部在全国范围内启动重要农业文化遗产发掘工作。2015 年 7 月，国务院办公厅印发《国务院办公厅关于加快转变农业发展方式的意见》(国办发[2015]59 号)，指出“传承农耕文化，加强重要农业文化遗产发掘和保护”。2015 年 12 月，国务院办公厅印发《国务院办公厅关于推进农村一二三产业融合发展的指导意见》(国办发[2015]93 号)，提出“合理开发农业文化遗产”。2016 年中央“一号文件”强调“开展农业文化遗产普查与保护”。2017 年中央“一号文件”提出“支持重要农业文化遗产保护”。2018 年中央“一号文件”强调“切实保护好优秀农耕文化遗产，推动优秀农耕文化遗产合理适度利用”。截至2018 年初，农业农村部通过四次评选活动，共有 91 个传统农业系统入选中国重要农业文化遗产，其中 15 项入选全球重要农业文化遗产，数量居世界第一。此外，2015 年 8 月，农业部还出台了《重要农业文化遗产管理办法》，启动了遗产地监测评估工作。

从已入选的中国重要农业文化遗产类型来看，渔业系统及农渔复合系统仅有 6 个。根据农业部公布的 2016 年全国农业文化遗产普查结果，共上报 408 项有潜在保护价值的农业生产系统，涉及渔业的只有 13 项，仅占 3.2%，还有大量的渔业文化遗产有待挖掘。

一、渔业文化遗产的内涵与特征

渔业文化遗产是农业文化遗产的重要类型，总体来看，渔业文化遗产在农业文化遗产的概念框定下聚焦于水生动物的生产系统、景观及其有关的生物多样性、知识和文化体系等。渔业文化遗产的内涵和特征应从总体上符合农业文化遗产的有关定义。

（一）渔业文化遗产的内涵

2002 年，联合国粮农组织(FAO)发起了**全球重要农业文化遗产**(Globally Important Agricultural Heritage Systems, GIAHS)保护项目，旨在建立全球重要农业文化遗产及其有关的景观、生物多样性、知识和文化保护体系，并在世界范围内得到认可与保护，使之成为可持续管理的基础。

按照 FAO 的定义，GIAHS 是**“农村与其所处环境长期协同进化和动态适应下所形成的独特的土地利用系统和农业景观，**这些系统与景观具有丰富的生物多样性，而且可以满足当地社会经济与文化发展的需要，有利于促进区域可持续发展。”

中国重要农业文化遗产是指“人类与其所处环境长期协同发展中，创造并传承至今的独特的农业生产系统，这些系统具有丰富的农业生物多样性、传统知识与技术体系和独特的生态与文化景观等，对我国农业文化传承、农业可持续发展和农业功能拓展具有重要的科学价值和实践意义。”①

根据联合国粮农组织和农业农村部对农业文化遗产的定义，我们认为**渔业文化遗产**是人类适应周围环境，掌握水生动物生长规律，通过开发利用或驯化、养殖水生生物资源形成的生产系统和相关知识系统，包括珍贵的、原生的水生生物资源品种，传统的捕捞技术和养殖技术，渔业活动的景观、建筑，与渔业生产和渔民生活相关的制度规制、宗教信仰、民俗习惯、文学艺术、饮食、服饰文化等。

（二）渔业文化遗产的特征

渔业文化遗产应符合农业文化遗产的基本特征，并能充分体现中国的传统

---

① 闵庆文：《全球重要农业文化遗产——一种新的世界遗产类型》，《资源科学》，2006 年第 28 卷第 4 期，第 206—208 页。

渔业文化历史。

一是活态性：这些系统历史悠久，至今仍然具有较强的生产与生态功能，是渔民生计保障和乡村和谐发展的重要基础。

二是适应性：这些系统随着自然条件变化、社会经济发展与技术进步，为了满足人类不断增长的生存与发展需要，在系统稳定的基础上因地制宜、因时制宜地进行结构与功能的调整，充分体现出人与自然和谐发展的生存智慧。

三是复合性：这些系统不仅包括一般意义上的传统农业知识和技术，还包括那些历史悠久、结构合理的传统渔业景观，以及独特的水生生物资源与丰富的生物多样性。

四是战略性：这些系统对于应对经济全球化和全球气候变化，保护水生生物多样性、生态安全、食物安全，解决贫困等重大问题以及促进渔业可持续发展和农村生态文明建设具有重要的战略意义。

五是多功能性：这些系统或兼具食品保障、原料供给、就业增收、生态保护、观光休闲、文化传承、科学研究等多种功能。

六是濒危性：由于政策与技术原因和社会经济发展的阶段性造成这些系统的变化具有不可逆性，会产生生物多样性减少、传统渔业技术知识丧失以及生态环境退化等方面的风险。

（三）渔业文化遗产的分类

1. 系统性渔业文化遗产

符合渔业文化遗产的活态性、适应性、复合型、多功能性等特征，历史时间较长，传统渔业物种特色鲜明、渔业景观突出、传统渔业技术和传统渔业文化传承较好，对当地居民的生计和社会经济发展具有重要作用。

2. 要素类渔业文化遗产

未能满足渔业文化遗产系统性要求，但属于渔业文化遗产核心要素的范畴，主要包括特色渔业物种、传统渔业技术、传统渔业民俗、特色渔业工具、特色渔业景观、传统渔业工程、传统渔村和传统美食及制作。

（1）特色渔业物种是指当地渔民在长期生产实践中驯化和培育的鱼类品种。

（2）传统渔业技术是指在漫长的农业历史发展过程中因地制宜发明创造并运用的各类技术。

（3）传统渔业民俗是指渔业生产中群众性的仪式、表演、民俗、禁忌、崇拜等活动。

（4）特色渔业工具是渔民根据当地生产条件所创造和使用的传统养殖、捕捞等器具。

（5）特色渔业景观是渔业生产活动所创造或展现的景观或场景。

（6）传统渔业工程是保证渔业生产顺利进行所修建的重要工程。

（7）传统渔村是因渔业生产、贸易等活动所形成的传统村落。

（8）传统美食及制作是有关水产品的特色加工、烹饪技术和制作的传统食物。

二、我国淡水渔业文化遗产调查

2017 年，依托国家大宗淡水鱼产业技术体系综合试验站，产业经济研究室对全国 21 个省区直辖市的渔业文化遗产资源进行了摸底调查，涉及北京、内蒙古、辽宁、吉林、上海、江苏、浙江、安徽、福建、山东、河南、湖北、广东、重庆、四川、贵州、云南、陕西、甘肃、宁夏、新疆，调查内容涵盖系统性渔业文化遗产和要素类渔业文化遗产，要素类渔业文化遗产包括特色渔业物种、传统渔业技术、传统渔业民俗、特色渔业工具、特色渔业景观、传统渔业工程、传统渔村和传统美食及制作。

（一）遗产资源分布情况和特点

国家大宗淡水鱼产业技术体系产业经济研究室收集到来自全国 21 个省市 25 个综合试验站关于渔业文化遗产的调查资料。经过初步筛选、统计，共收集到 185 项渔业文化遗产项目或要素，其中系统性渔业文化遗产 6 个，特色渔业物种 58 个，传统渔业技术 22 项，传统渔业民间文化（民俗）35 项，特色渔业工具 16 项，特色渔业景观 8 项，传统渔业工程 1 项，传统渔村 6 项，传统美食、制作加工及保存方法和传统食用方法 33 项。从各省市上报的数量来看，重庆最多，有 36 项，其次是贵州 23 项，四川 14 项，浙江 13 项，广东 13 项，福建 13 项，其他省区直辖市分布不超过 10 项。

需要说明的是，由于综合试验站分布、重视程度、地域特点、调查时间、经费、专业训练有限等原因，研究室在河北、山西、黑龙江、江西、湖南、广西、海南、西藏、青海等省区没有开展调查，已经开展了调查的省区市也无法做到全面调查，因此，调查是初步的、不完整的，还存在内容上的缺失，渔业文化遗产的数量实际上还远不止这些。

(二) 典型渔业文化遗产

在联合国粮农组织和农业部认定的全球重要农业文化遗产和中国重要农业文化遗产中都有涉及渔业文化遗产。一些渔业的非物质文化遗产还被纳入地区级非物质文化遗产名录。

在淡水渔业的非物质文化遗产中,最为著名的应是获得世界农业非物质文化遗产称号的浙江青田稻鱼共生系统和浙江湖州南浔桑基鱼塘系统。这两大系统都以农业生产过程中种养业的有机融合、生态环保、可持续发展为特色,展现了我国农耕文明特有的文化内涵。除此之外,鱼皮画是国家级非物质文化遗产,该遗产主要保护黑龙江流域少数民族鱼皮艺术创造的传统技艺;还有一种处理鱼的方法被列为国家非物质文化遗产,即"弓鱼"术,这种源自福建、传承了200 年的可使活鱼离开水 5 天不死的方法能够使烹饪的鱼肉更加鲜美。在 200 多年前的清乾隆时期,勤劳智慧的劳动人民便发现泥鱼味道鲜美,将其捕获并拿到市墟售卖,还能换得粮食,缓解农田稀少之困。清同治十二年出版的《香山县志》(本衙藏版)卷十四中记载:"弹流鱼即田流鱼,一名花鱼,一名七星鱼。色灰黑,长三四寸,身有花点,肉嫩,味清美,可作羹。"泥鱼贸易盛行,于是,装泥鱼的技艺便在劳作中产生并代代相传。如今"装泥鱼"的民俗已经成为国家级非物质文化遗产。

除国家级非物质文化遗产外,地区级非物质文化遗产中与鱼相关的更加多种多样。如万州烤鱼如今已经是万州的区级非物质文化遗产项目,它是秉承传统小吃技艺,沿袭火锅特色,采用无烟杠炭烘烤,调料多样,工序繁杂,上桌之后,可边吃边煨,香味浓郁,辣而不燥,营养丰富。万州烤鱼制作技艺起源于南宋,距今已有 700 多年的历史。而山东留庄筒子鱼也被纳入微山湖非物质文化遗产。与此类似的还有重庆非物质文化遗产璧山来凤鱼等。另外,与鱼相关的民俗,如河南平顶山的鱼灯花社舞、浙江金华的浦江鱼灯等也被列为地区级非物质文化遗产。

在本次普查中,我们也发现了有些具有潜在申遗条件的渔业系统。以下逐一介绍。

1. GIAHS 中的渔业文化遗产

已经被联合国粮农组织列为全球重要农业文化遗产(GIAHS)的跟渔业相关的有浙江青田稻鱼共生系统、贵州从江侗乡稻渔鸭复合系统、湖州桑基鱼塘系统。

(1) 浙江青田稻鱼共生系统

历史起源 浙江青田县稻田养鱼历史悠久,至今已有 1 200 多年的历史。

清光绪《青田县志》曾记载:“田鱼,有红、黑、驳数色,土人在稻田及圩池中养之。”金秋八月,家家“尝新饭”:一碗新饭,一盘田鱼,祭祀天地,庆贺丰收,祝愿年年有余(鱼)。

生态价值 种养模式生态高效,鱼为水稻除草、除虫、耘田松土,水稻为鱼提供小气候、饲料,减少化肥、农药、饲料的投入,鱼和水稻形成和谐共生系统。青田田鱼品种优良,肉质细嫩,鳞软可食,是适合观赏、鲜食、加工的优良彩鲤品种。

经济价值 稻田养鱼产业是青田县农业主导产业,面积 8 万亩,标准化稻田养鱼基地 3.5 万亩,是青田县东部地区农民主要收入来源。

文化价值 悠久的田鱼养殖史还孕育了灿烂的田鱼文化,青田田鱼与青田民间艺术结合,派生出了一种独特的民间舞蹈——青田鱼灯舞。青田鱼灯舞曾参加首都建国 50 周年庆典、第五届中国国际民间艺术节、第七届中国艺术节、中西建交 30 周年庆典、北京奥运会、上海世博会、第八届全国残运会、中意建交 40 周年庆典等国内外文化交流活动。

保护与发展 青田县委、县政府按照农业部中国重要农业文化遗产保护工作要求,高度重视稻鱼共生产业发展和文化挖掘工作,成立了县“稻鱼共生系统”项目保护和开发领导小组,由县政府主要领导亲自抓、分管领导具体抓,成立了稻鱼共生农业文化遗产研究推广中心,制定了稻鱼共生产业发展规划,出台了产业发展扶持政策,加快发展传统稻鱼共生产业。

(2) 贵州从江侗乡稻鱼鸭复合系统

地理位置 从江县位于贵州省东南部,毗邻广西,隶属黔东南苗族侗族自治州,境内多丘陵,少数民族比例高达 94%。

历史起源 当地侗族有着“饭稻羹鱼”的生活传统,稻鱼鸭系统距今已有上千年的历史。该系统最早源于溪水灌溉稻田,随溪水而来的小鱼生长于稻田,侗族人秋季一并收获稻谷与鲜鱼,长期传承演化成稻鱼共生系统,后来又在稻田择时放鸭,同年收获稻鱼鸭。

生态价值 每年春天,谷雨季节的前后,侗乡人劳作的身影就出现在层层的梯田里了,秧苗插进了稻田,鱼苗也就跟着放了进去,等到鱼苗长到两三指,再把鸭苗放入稻田。稻田为鱼和鸭的生长提供了生存环境和丰富的饵料,鱼和鸭在觅食的过程中,不仅为稻田清除了虫害和杂草,大大减少了农药和除草剂的使用,而且鱼和鸭的来回游动搅动了土壤,无形中帮助稻田松了土,鱼和鸭的粪便又是水稻上好的有机肥,保养和育肥了地力。这种方式在从江已经延续了上千年,作为一种独特的农业文化遗产,它的意义,不仅仅是作为人们回望历史的窗口,也不仅仅是一块田地有了稻、鱼、鸭三种收获,更重要的是它对现代农业的宝贵启示。

侗乡人都说，鱼无水则死，水无鱼不沃。从江稻鱼鸭系统保证田间随时都有足够的水，如此鱼才不死，稻才不枯，鸭才不渴。侗乡人所养育的鸭种也不是一般的鸭种，而是经过世代选育驯化的小香鸭，鸭子对稻、鱼、鸭的共生有很多好处，小香鸭的个头很小，可以灵活地在水稻间穿行而不会撞坏水稻，而且不用投入精饲料，水稻中的害虫、小虾、小鱼、各种杂草都是上好饵料。侗乡人利用智慧，使稻、鱼、鸭三者和谐共处，互惠互利。

经济价值 从江县现有稻田面积 17.5 万多亩，其中灌溉面积达 12 多万亩。经过 2015 年从江县稻鱼鸭种养殖示范点的推广，目前对部分乡镇试点稻田测产每亩增产稻谷 5%～15%，平均亩产稻谷 669.5 千克，生产鲜活田鱼 24.3 千克，鸭 44.7 千克，亩产值平均 6 000 元以上，极具推广价值。

(3) 浙江湖州桑基鱼塘系统

地理位置 湖州桑基鱼塘系统位于浙江省湖州市南浔区西部。现存有 6 万亩桑地和 15 万亩鱼塘，是中国传统桑基鱼塘系统最集中、最大、保留最完整的区域。

历史起源 湖州桑基鱼塘系统形成起源于春秋战国时期。

系统特征 千百年来，区域内劳动人民发明和发展了“塘基上种桑，桑叶喂蚕，蚕沙养鱼，鱼粪肥塘，塘泥壅桑”的桑基鱼塘生态模式，最终形成了种桑和养鱼相辅相成、桑地和池塘相连相倚的江南水乡典型的桑基鱼塘生态农业景观，并形成了丰富多彩的蚕桑文化。桑基鱼塘系统是我国乃至世界史上人们认识、利用、改造自然的一个伟大创举，是世界传统循环生态农业的典范，是一项重要、宝贵的农业文化遗产。

生态价值 桑基鱼塘系统是一种具有独特创造性的洼地利用方式和生态循环经济模式。其最独特的生态价值是实现了对生态环境的“零”污染。整个生态系统中，鱼塘肥厚的淤泥挖运到四周塘基上作为桑树肥料，由于塘基有一定的坡度，桑地土壤中多余的营养元素随着雨水冲刷又源源流入鱼塘，养蚕过程中的蚕蛹和蚕沙作为鱼饲料和肥料，生态系统中的多余营养物质和废弃物周而复始地在系统内进行循环利用，没有给系统外的生态环境造成污染，对保护太湖及周边的生态环境及经济的可持续发展，发挥了重要的作用。桑基鱼塘系统是人与自然和谐相处，儒家“天人合一”的“仁爱”生态伦理道德观的典范，也是体现我国道家生态哲学思想的样板。

经济价值 鱼塘主要养殖青鱼、草鱼、鲢鱼和鳙鱼“四大家鱼”，根据鱼的不同生活习性，人工组合成了“盖一池中，蓄青鱼、草鱼七分，则鲢鱼二分，鲫鱼、鳊鱼一分，未有不长”的鱼塘立体生态养殖模式。湖州地区一般每公顷桑园可养蚕 60 张,收茧 2 250 千克,每 3.5 千克蚕茧制作 1 条丝棉被,共可制作丝棉被 642 条,每条丝棉被市场销售价格为 300 元,故每公顷桑园收入为 19.26 万元;每公顷鱼塘可生产鱼 15 000 千克,每千克鱼市场销售价格为 16 元,故每公顷鱼塘收入为 24 万元。目前湖州桑基鱼塘地区农户人均桑地和鱼塘面积为 0.046 公顷,桑基与鱼塘比例为 3∶7,农户人均桑地收入约 2 700 元,鱼塘收入约 7 800 元,此外人均可养 1 头羊,收入 2 000 元,套种蔬菜、大豆等作物收入 1 000 元,农民人均农业生产性收入可达到 13 500 元。

问题与挑战 近年来,由于水产效益高于养蚕效益,导致重养鱼、轻养蚕,鱼塘面积增大,桑基面积缩小。基塘比例的失调,已经影响到桑基鱼塘生态农业系统的可持续发展。

保护与发展 为保护这一重要农业文化遗产,湖州市委、市政府按照农业部中国重要农业文化遗产保护工作的要求,出台了《湖州市桑基鱼塘保护办法》,全面实施桑基鱼塘系统的保护与发展,促进传统桑基鱼塘生态系统的转型升级,使桑基鱼塘这一太湖边璀璨的明珠重放光彩。

2. NIAHS 中的渔业文化遗产

中国重要农业文化遗产中涉及渔业的有黑龙江赫哲族鱼文化系统和安徽休宁山泉流水养鱼系统。

(1) 黑龙江抚远赫哲族鱼文化系统[①]

地理位置 抚远地处黑龙江和乌苏里江的三角地带,是赫哲族的主要集居地。独特的地理位置造就了水富鱼丰的资源优势,抚远也因为盛产鲟鳇鱼、大马哈鱼,成为中国的"鲟鳇鱼之乡""大马哈鱼之乡"。

物种价值 鲟鳇鱼类是白垩纪时期保存下来的古生物群之一,1998 年被认定为濒危动物。2005 年赫哲族人在抚远县大力加湖建立起鲟鳇鱼网箱养殖基地和史氏鲟原种场,已成功研制出鲟鳇鱼活体取卵、四季人工孵化、四季人工繁育、幼鱼驯养等技术,同时积极研制开发鱼产品,鱼子酱、鱼松、鱼柳、鱼筋、鱼骨等 12 个系列品种,多次在黑龙江省佳木斯市科技产品展示会上获得金奖,抚远县也获得鲟鳇鱼、大马哈鱼国家地理标志保护产品荣誉称号。

文化价值 赫哲族是一支渔猎民族,他们的生活特点、饮食习惯、手工制作等特色形成了别具一格的渔文化。赫哲族人喜爱吃鱼,特色渔品佳肴有"塔拉哈""杀生鱼""鱼条子""氽鱼丸子"以及鲟鳇鱼全鱼宴等,味道鲜美、口感独特。

技术价值 赫哲族人以打鱼为生,传统的捕鱼方式有小网挂鱼、操罗子捞

---

① 黑龙江抚远赫哲族鱼文化系统,中国重要农业文化实录,http://www.moa.gov.cn/ztzl/zywhycsl/dsp/201509/t20150928_4847433.htm。

鱼、“蹶搭钩”钓鱼、冬季“铃铛网”捕鱼。赫哲族人传统手工技艺精湛,独具特色的鱼皮制作工艺十分精美,一件鱼皮制品从剥皮、晾晒、清理、裁剪、粘贴、缝制需要十几道工序才能完成,鱼皮衣、鱼皮画、鱼皮饰品、鱼皮挂件远销世界各地。

(2) 安徽休宁山泉流水养鱼系统①

历史起源 山泉流水养鱼是休宁山区传统的养鱼方法,主要分布在休宁西南部和南部,涉及15个乡镇。南宋《新安志》和明清时期的《徽州府志》《休宁县志》都有详细记载。它是古徽州居民适应人多地少的自然条件,创造和发展起来的农业生产方式和土地综合利用方式,是山区代代延续的生产传统,也是一道别具生机的人文风景。

系统特征 千百年来,山区居民依托优越的生态环境,在村落附近,或家前屋后,或庭院天井中,挖坑筑池,引入清澈甘洌的山泉溪水放养家鱼。鱼池都设有进水口和出水口,池内长期保持优异的水质,鱼群常年生长于山泉流水环境中,摄食当地无污染的天然饵料,是地道的有机绿色食品。山泉流水养鱼系统通过水陆相互作用,把多种生物聚集在同一单位的土地上,多层次利用物质和能量,构成了“森林-溪塘-池鱼-村落-田园”为要素的农业生态系统,营造出多样的生态基底和多元的生态空间,蕴含丰富的人文与自然景观资源,并衍生出与系统相关的乡村宗教礼仪、风俗习惯、民间文艺及饮食文化。形成了人与自然和谐共处、村落与池塘共生、水鱼与林山共育、人文与自然共荣的生态系统。

保护与发展 休宁县人民政府按照农业部中国重要农业文化遗产保护工作要求,制定了山泉流水养鱼系统专项规划和管理办法,通过生物多样性保护、传统农业文化传承及乡村旅游和生态农业发展,从根本上解决农业增效、农民增收和文化遗产保护问题。

(3) 浙江德清淡水珍珠传统养殖与利用系统②

历史起源 浙江德清淡水珍珠传统养殖与利用系统地处浙江省湖州市德清县。它起源于南宋时期叶金扬发明的附壳珍珠养殖技术。这种将自然界珍珠的偶然形成转化成有意识的自觉培育过程,是古人的一大创举。

系统特征 德清的地形地貌特征,水网分布,以及水域周边的森林环境、人居环境、陆地条件等为育珠蚌提供了很好的生长环境。蚌与其他物种形成复杂的生态关系,使蚌与水质变化关系等均达到平衡,整个生态系统能量转换和物质交流相对稳定。德清人还合理利用水土资源,形成了种桑、种稻

---

① 安徽休宁山泉流水养鱼系统,中国重要农业文化遗产实录,http://www.moa.gov.cn/ztzl/zywhycsl/dsp/201509/t20150928_4847760.htm。

② 浙江德清淡水珍珠传统养殖与利用系统,中国重要农业文化遗产实录,http://www.moa.gov.cn/ztzl/zywhycsl/dspwhyc/201709/t20170918_5819003.htm。

(麦)、畜牧和养鱼相辅相成，桑地、稻田和池塘相连相倚的"粮桑鱼畜"系统和生态农业景观。此外，在长期的劳动和生活中，形成了丰富多彩、种类繁多的农耕文化，流传着众多的传说、民歌、谚语，保存了众多的农业工艺以及乡风民俗。

保护与发展 德清水域面积广阔，水质优良，适合淡水蚌生长繁殖，自古便是珍珠养殖的重要地区，能用于育珠的蚌类有10余种，还有其他种类多样的水生生物。以附壳珍珠养殖技术为代表的生产技术，在宋朝时德清的钟管和十字港一带推广，不仅解决了人们的生计问题，降低了采珠危险性，而且促进了珍珠贸易及加工业的发展。当代，德清已形成了从河蚌养殖到加工成珍珠终端产品的完整的产业链条。

3. 具有申遗价值的渔业系统

在本次普查中，我们也发现了有些渔业系统具有重要的传承价值，可以深入开展价值挖掘，适时启动农业文化遗产的申报工作。

(1) 北京宫廷金鱼养殖系统

历史起源 金鱼的祖先是野生鲫鱼，至今已有1 700多年的历史。据记载，金鱼的养育始于南宋时期的杭州，后传到上海、镇江、北京、天津等地。在明正德年间，即约在1506年左右，北京的皇宫和皇府开始养育金鱼而四季不断。金鱼在中国主要分为南北两大派别：一是杭州金鱼；二是北京金鱼。杭州是金鱼的发源地，北京则对金鱼品种有了进一步的发展。

观赏价值 宫廷金鱼具有极大的观赏价值。金鱼讲究色彩艳丽、体形短促、品种纯正、体态端正。金鱼赤色如火，白色若银，黑色赛墨，而且红、白、黄、紫、黑五色俱全。宫廷金鱼体形短粗，略呈蛋圆形，体现了宫廷金鱼外表雍容华贵的典型特征。宫廷金鱼的另一个特点是体态匀称、端庄，游动时舒畅自然、温文尔雅，颇有皇家风范。

文化价值 金鱼充当着国际间友好交流的纽带由来已久。大约在16世纪，我国的金鱼就先后传入日本、泰国、葡萄牙、美国以及东南亚和欧洲各国。"鱼把式"在金鱼文化传承、交流和传播中起着重要的作用。一般来说，"鱼把式"都是懂繁殖、精于饲喂养护的金鱼行家。清朝时，一些身怀绝技的鱼把式在皇宫中专门负责皇室金鱼的饲育，其中最著名的就是"金鱼徐"。而今，"金鱼徐"已经传到了第十一代。1954年，"金鱼徐"的传人徐国森担任山西省太原市迎泽公园金鱼场的鱼把式，其长子徐世英子承父业，成为苏联、波兰、捷克、日本大使馆的鱼把式。1955年印度总理尼赫鲁六十寿辰之际，其次子徐金生曾护送百尾象征和平、友好的名贵金鱼前往新德里，并受到尼赫鲁的接见，表达了中国人民对印度人民的友谊。金鱼作为文化交流的载体，加强了我国和世界各国的联系和往来，成为幸福、美好、和平、友谊的象征。①

宫廷金鱼也是文明与传统文化的象征。金鱼池是明、清乃至民国时期北京最大的金鱼饲养基地，是一定文化背景下的产物，其根基是广大人民对金鱼的喜爱。金鱼养殖延续至今，有其深厚的中国传统文化作支撑。

问题与挑战 目前通州区、顺义区、房山区养殖金鱼较多，因易于饲养、色彩绚丽，深受老北京人的喜爱。但是近些年，金鱼物种迅速减少，金鱼的品种已经从鼎盛时期的300多种，减少到现在的几十种。目前北京已经成立了观赏鱼创新团队，其中包括金鱼。

(2) 吉林查干湖渔猎文化系统②

历史起源 查干湖渔猎部落发始于查干湖，至今扩散至吉林省西部和北部。2万～4万年前，人类的祖先就在查干湖畔出现，开始了人类原始的渔猎生活。一万多年前，在查干湖的东岸，生活着“查干湖青山头人”。距今3 000～4 000年的新石器时代、青铜器时代，均有先人利用石镞、石斧、鱼骨等工具从事着原始的渔猎活动。千年前辽金时期部落始盛，为皇家渔猎区，延续至今，形成以查干湖渔猎为代表的渔猎文化传承。

生态与景观价值 查干湖冬捕通过原始冰下捕鱼方式，抛弃现代渔业作业方式，把人类活动和特定自然现象结合起来，形成独特、古老、生态原始的冰上奇景。2004年，中国城市研究会依据《亚太人文生态价值评价体系》，把查干湖冬捕评审列入“中华百大美景奇观”并载入《亚太国际卓具保留价值的生态历史财富》蓝皮书目录。2008年查干湖冬捕经国务院批准被列入国家级非物质文化遗产保护名录。2009年查干湖冬捕景观成功入选“吉林八景”，被誉为“冰湖腾鱼”。

经济价值 查干湖有鱼类15科68种，年产鲜鱼6 000多吨，是吉林省著名的渔业生产基地，其中，查干湖鳙鱼(俗称胖头鱼)是中国唯一获得AA级绿色食品、有机食品、中国名牌农产品、国家地理标志产品4项殊荣于一身的淡水鱼。随着查干湖知名度的迅速提升，查干湖水产品售价一路走高，销量持续增长，远高于普通鱼价格。查干湖冰雪冬捕节时，全国各地游客慕名而来，冬捕节首日游客高达十余万人，伴以“祭湖・醒网”仪式、冰湖腾鱼等蒙古族特色活动，已发展成良好的渔业休闲产业。2017年1月1日，查干湖

① 许广彤：《鱼把式：金鱼满堂》，中国轻工业出版社，2016年。编者对书中的内容进行了整理。

② 《查干湖冬捕》，松原市人民政府网站，http://www.jlsy.gov.cn/zjsy/cysy/lyjd/201811/t20181125_301390.html。

冬捕单网产量 26 万千克，刷新世界纪录。[1]

社会价值 查干湖冬捕带动了因季节而闲置的大量劳动力，创造了大量的工作岗位，提高了周边从业人员的经济收入，引领当地优质水产品结构调整，为推动地区经济的发展做出巨大贡献。

文化价值 查干湖渔猎部落的渔业生产和文化传承已经融入当地居民的日常生活，形成了多样的民俗文化。查干湖渔猎文化不仅有着悠久的历史，还有着现代人对它的传承和发扬，如重现了“祭湖・醒网”仪式、原始捕鱼作业、头鱼拍卖等。同时，在冰雪渔猎文化旅游节上又增加了查玛舞、民族歌舞、现场观鱼和大型文艺活动等，不断丰富内容。2006 年，查干湖冰雪渔猎文化旅游节被中国旅游产业年会评为“中国十大生态类节庆”。2008 年查干湖冬捕经国务院批准被列入国家级非物质文化遗产保护名录。查干湖渔猎部落是目前世界上唯一的，也是最后一处被自然和人类完整保存下来的渔猎部落。在现代文明中保存着传统文化生活的内涵，这是对历史的一种延伸，它的价值不单单在于记录了人类文化的走向，还记载了人类精神的历程。

科研教育价值 查干湖渔猎文化传承了 1 000 多年，其内涵的文化和民俗传统，是研究世界渔猎文化不可或缺的部分，对研究人类渔业非物质文化遗产具有重要的科研价值。查干湖冬捕作为传统冰下捕鱼的典范，成为传承汉蒙民族融合、游牧与农耕文化结合、普及渔猎文化知识的最好的教育基地。

示范价值 查干湖渔猎文化是人与自然和谐和统一的代表，表现出“天、地、人合一”的哲学思想，对现代传统农业和休闲农业的开发具有重要的借鉴意义。

查干湖渔猎文化系列已得到初步开发，查干湖渔猎文化博物馆已建成并对游客开放，形成了包含富有宗教、民俗特色的“祭湖・醒网”仪式的冬捕节，再现辽帝捺钵、圣火采集、查玛舞、萨满舞、头鱼拍卖等文化内容，先后举办“查干湖摄影大赛”“查干湖诗会”“查干湖杯全国诗歌大赛”等系列文化活动，积极开发餐饮文化，不断推出富有民族特色的全鱼宴、头鱼宴、全羊席等特色美食，深受游客喜爱，进一步开发和传承查干湖渔猎文化遗产。

问题与挑战 随着科技和人类活动的发展，查干湖渔猎部落在逐渐减小，年轻一代加入渔业生产、文化传承越来越少，周围环境不断遭到侵蚀，人类干扰愈加严重。

(3) 贵州池屯田养渔业系统

贵州境内高原山地居多，素有“八山一水一分田”之说，是中国唯一没有平

---

① 王立民：《吉林松原市查干湖冬捕单网产量 26 万公斤，刷新历史纪录》，《松原日报》，2017 年 1 月 4 日。

原支撑的省份，山地丘陵地貌占了全省的92.5%，因为缺乏适合耕作的平原地貌，贵州人民用自己掌握的农耕技术在丘陵地区开垦梯田，播种水稻，并在稻田里养鱼。

贵州稻田养鱼经过长期的发展，形成了自身独具特色的“池屯田养”渔业系统：如在三都等水族聚居地以及锦屏县的启蒙镇等侗族聚居地，各家各户都会在自家门前开挖一口小池塘，将亲鱼（鲤鱼）放在池塘中畜养，繁殖季节就在池塘中撒上水草，供亲鱼产卵孵化，在每年插秧后，将亲鱼和孵化出的鱼苗放入田内，秋收后把鱼留在田内，家里来客即捕捞待客；冬闲时挑选体质健壮的亲鱼，捞回家中池塘喂养、繁殖，待插秧后再把母鱼和鱼苗放入田内。在贵州各地，这样的渔业系统通过不同的形式呈现，在遵义、铜仁某些地区，各个村寨在村寨中挖掘一个公共池塘畜养亲鱼，平时不能捕捞，只有在繁殖后，由村中德高望重的主事人分配鱼苗；在黔南、黔东南某些少数民族地区，少数民族在稻田中开挖鱼坑，收获水稻时放干田水，仅留鱼坑中的水畜养亲鱼。

贵州先民通过自行开挖池塘畜养亲鱼，在繁殖季节进行人工繁殖，实现原始的自繁自养，这种方式在缓解人地矛盾、提高农产品产量等方面作出了巨大贡献，形成贵州地区独具特色的“池屯田养”渔业系统，成为贵州山区丰富灿烂的渔文化重要组成部分。

（4）福建福州金鱼养殖系统①②③

福州地处闽江水系流域，气候条件独特，水质好，矿物质丰富，天然鱼食来源充足，适合金鱼养殖。福州饲养金鱼已有300多年的历史，金鱼可以全年摄食生长，有利于培育高品质的金鱼。在民间，涌现出一批又一批金鱼养殖艺人，历经数代人的努力与辛劳，通过品系优化，形成了具有福州特色的金鱼品系。

福州金鱼以品种繁多、质量优良、色彩艳丽、体态优美、鱼体健壮而著称。经过几百年选育和杂交育种，建立了遗传色型稳定的品种群，常见品种达80多个品系，除传统的兰寿、琉金、狮头、高头、虎头、珍珠、蝶尾、龙睛、绒球、水泡等外，新近培育出许多精品品种，如福州兰寿，色彩更丰富，体态雄壮，被许多国家和地区的鱼迷称为“福寿”。又如“熊猫”金鱼则属“福州特产”，因颜色黑白，眼睛、模样、色型分布貌酷似熊猫故而得名，被称为“国宝”。此外，还有“皇冠珍珠鳞”“鹅头红”等。

福州金鱼养殖场主要分布在仓山、闽侯“十八重溪”“三叠井”景区与长乐漳

---

① 陈国生：《福州金鱼产业发展优势及对策》，《现代农业科技》，2011年第11期，第373—374页。

② 部阳：《福州金鱼》，《新民晚报》，2018年9月2日A16版。

③《福州金鱼》，福建省海洋与渔业局网站，2014年1月21日，http://hyyyj.fujian.gov.cn/ztzl/sdmlhd/yypp/201401/t20140121_1873776.htm。

港等地，近年来福州金鱼养殖业发展较快，养殖方式由家化小规模的盆养迅速发展到水泥池饲养，目前福州金鱼养殖场已发展近 60 家，面积达 2 000 余亩，年产各类成品金鱼 1 000 多万尾，年产值 4 亿多元，其中 80%精品鱼是出口，福州金鱼“游”向了全球，出口到日本、马来西亚、新加坡、欧美等几十个国家和地区，年创汇 3 000 万美元。福州精品金鱼近年来在国外各大比赛中屡夺大奖。2010、2011 年在北京举行的第四、第五届全国金鱼·锦鲤大奖赛，福州金鱼连续包揽全场总冠、亚、季军，两年共获 30 个奖项，超过总数 50%以上。

现存问题　养殖规模偏小，种质保护滞后，病害防治薄弱，宣传力度不够，外销渠道不畅等。

三、我国淡水渔业文化遗产保护和利用

农业文化遗产具有生产功能、生态功能、社会功能和文化功能等多功能价值。为农村一二三产业融合发展、农户脱贫增收和乡村振兴提供了良好资源条件。

（一）渔业文化遗产保护与利用途径

在不少遗产地，当地群众利用遗产资源，有的发展以观光、体验为主的“遗产旅游”，有的形成以特色农产品种养、加工为主的“遗产农业”。保护农业文化遗产成为落实生态文明建设、践行“两山”理论的重要举措，成为拓展农业多种功能、实现乡村振兴的重要途径，也是传承中华优秀传统文化、增强国家软实力的重要途径。下面以青田、湖州和从江为例，展示农业文化遗产保护与利用的途径。

1. 青田：以稻田养鱼助推乡村振兴

浙江青田是典型的山区县，“九山半水半分田”是当地的真实写照。龙现村位于青田稻鱼共生系统的核心区域，全村 264 户 1 500 多人，龙现村还是一个侨乡，村里有 800 多人侨居世界 20 多个国家和地区。龙现村有 1 200 多年的稻田养鱼历史，全村养鱼梯田有 400 多亩，水塘 140 多个，具有得天独厚的养殖田鱼优势。稻鱼共生系统是中国第一个全球重要农业文化遗产，自从有了 GIAHS 这个世界级品牌后，当地发生了翻天覆地的变化。龙现村田鱼的价格从 2004 年的每千克 24 元上升到 2013 年的 100 元，田鱼干价格从 2005 年的每千克 160 元增加到 2013 年的 360 元，全村的旅游收入也从 21 世纪初的 20 多万元增加到现在 200 多万元。

华侨金岳品回国后的“梦想之旅”就是从稻田养鱼开始的。他组建合作社，学习育苗孵化技术，带领周边农民共同致富。2014年金岳品被FAO授予“亚洲模范农民”称号。[①] 当地老百姓还积极发展田鱼干加工、渔家乐等，涌现出一些致富示范家庭。目前，青田县开始实施“百千万工程”，即每亩百斤鱼、千斤稻、万元收入。

龙现稻田养鱼历史悠久，村里人家有女儿出嫁时，都有以田鱼（鱼种）作嫁妆的习俗，象征热爱劳动和致富。鱼灯也是由稻田养鱼而孕育出的传统文化。鱼灯仿照淡水鱼形象制作，造型美观，色泽鲜艳，一般由11盏、13盏、15盏组成灯队。龙现村有一支女子鱼灯队，每逢春节、元宵节等农村重要节日，就会开展鱼灯表演活动，弘扬传统文化，活跃节日气氛。龙现鱼灯“游”进了北京，“游”到了上海，甚至“游”出了国门，展现在奥运会、世博会等国际性舞台，更是被国家领导人誉为“天下第一鱼”。[②]

2016年6月，联合国粮农组织总干事格拉齐亚诺考察后，表示：“青田稻鱼共生系统的成功之处在于将当地的资源进行整合，它不囿于农业本身的范畴，促进了相关产业的发展，为当地创造了更多的就业机会，协同增效。”

2. 湖州：依托桑基鱼塘推动产业融合发展[③]

桑基鱼塘系统在2014年被列入中国重要农业文化遗产名录，2017年11月通过联合国粮农组织（FAO）专家评审，成功入选全球重要农业文化遗产（GIAHS）。湖州各级政府在政策、资金、人力等方面对桑基鱼塘的保护和利用给予重点支持，推动全社会积极开展桑基鱼塘农业文化遗产价值的发掘与传承。

建立保护机制，制定保护规划与管理办法。2013年，湖州市、南浔区两级政府相继成立了桑基鱼塘保护利用工作领导小组。同年，市政府出台了《湖州市桑基鱼塘保护区管理办法》，区政府委托浙江大学编制的《浙江湖州桑基鱼塘系统保护与发展规划》也通过专家评审。2015年，市政府又将桑基鱼塘系统保护与发展纳入《湖州市生态文明先行示范区建设条例》，使桑基鱼塘系统得到更加严格的保护。

提供资金支持，推动景观恢复和设施建设。近年来，市、区两级政府每年安排专项资金，通过项目补助形式对核心保护区内桑树补植、鱼塘修复、河道疏

---

① 郑惊鸿：《青田稻鱼共生系统为世界农业可持续发展趟出新路》，《农民日报》，2015年10月14日第1版。

② 《浙江省丽水市青田县龙现村》，人民网，2011年7月28日，http://travel.people.com.cn/GB/226767/226768/15254028.html。

③ 湖州市农业局：《传承农耕文明打造湖州乡村振兴金名片》，《农民日报》，2018年4月24日第4版。

浚、道路修建等方面给予相应资金补助。目前，桑基鱼塘系统保护与利用已经被纳入南浔区国民经济和社会发展第十三个五年规划，成为政策倾斜与财政扶持的重要对象。

改进生产模式，构建企业与农户合作关系。为有效调动农户参与桑基鱼塘生产的积极性，通过引入新型生产技术和高效组织形式改进原有生产模式，提升了生产效率和农户经济收入。在核心保护区内，南浔云豪家庭农场将池塘循环水养殖技术融入桑基鱼塘系统，形成新型规模化生产模式，提高了系统的比较效益；德清东庆蚕种有限公司与农户合作，实行"小蚕共育、大蚕分户、集中收茧"，缩短了农户的养蚕时间。

强化产业融合，建立适应时代要求的生产运作模式。把培育龙头企业作为蚕桑产业提升发展的主要抓手，积极发挥丝绸著名品牌的优势，扶持主体农业企业与遗产地农户建立紧密的利益共同体，形成长效合作机制，促进小农户增收。成立桑基鱼塘产业协会，将系统内相关产业的经营主体组织起来。建立遗产地农产品 GIAHS 区域公共品牌，联结辐射区域内企业、专业合作社和家庭农场，形成品牌效应，延长产业链，提升农产品及衍生产品的附加值，让遗产地农民从中受益。

践行生态理念，坚持环境保护与经济发展并重。把保护和传承桑基鱼塘系统作为湖州践行"两山"重要思想的具体实践，打造生态文明建设样板。积极推广生态鱼养殖技术与模式，同时加快家蚕良种繁育、彩色茧生产和果桑种植等工作。整合系统内自然景观、传统民居、名俗名人相关特色旅游资源，充分发掘桑基鱼塘系统的文化内涵，并适度注入休闲农业与乡村旅游，建立蚕丝文化体验休闲观光示范区，推动一二三产融合发展，使农民成为遗产保护的最大受益者。

3. 从江：实施稻鱼鸭产业扶贫

贵州从江是以苗、侗、壮、瑶为主的少数民族县，也是国家级贫困县。从江侗乡稻鱼鸭复合系统于 2011 年被列入 GIAHS 名录后，当地非常珍惜这张世界级名片。为充分利用好这一品牌，做大"稻鱼鸭"产业，助推脱贫攻坚，同步小康进程，一是开展示范引领。在农业文化遗产保护区内创办"稻鱼鸭系统保护与发展技术示范点"，制定技术规程，形成一整套病虫害生物防治体系。二是强化农民培训。利用"新型职业农民技能培训"和扶贫"雨露计划"等培训项目，提高农民的科技应用水平。三是抓好产品认证。围绕"稻鱼鸭"开展"三品一标"认证，提升农产品品牌价值。2016 年，"从江香禾糯"获得全国农产品地理标志。四是健全产业发展机制。引进培育月亮山九芗农业有限公司等龙头企业，扶持组建农业专业合作社，培养新型农业经营主体，按照"公司＋合作社＋农户"的模式推进产业发展。五是拓宽产品销售渠道。建立"稻-鱼-鸭主题餐厅"和"稻-鱼-鸭鲜活产品专卖店",拓宽农产品销路。[1][2]

2015 年,贵州省从江县稻鱼鸭种养示范点监测显示,平均亩产稻谷 669.5 千克,增产 5%～15%,鲜活田鱼 24.3 千克,鸭 44.7 千克,亩均产值 6 000 元以上,实现了粮食增产和农民增收的双重目标。从江相继推出了"从江香禾糯米""从江香猪"等特色产品品牌,当地将稻鱼鸭复合产业与农产品加工、文化旅游产业相结合,建立了农旅结合示范基地。提高了地方经济水平与农民收入,并在展示从江原生态民族文化的同时,促进了梯田保护与相关产业的可持续发展。在从江的带动下,2017 年黔东南州建立了"稻鱼鸭产业发展联盟"。

(二)渔业文化遗产保护与利用中的问题与挑战

渔业文化遗产是农业文化遗产的重要组成部分,作为一项新的遗产类型,社会的认识程度还不够深刻,相比自然遗产、文化遗产等遗产类型,农业文化遗产涉及因素更多,保护难度更大。

一是重视程度方面,无论从 GIAHS 还是 NIAHS,渔业文化遗产的占比较小,在中国农业文化遗产普查中,涉及渔业的也较少,挖掘程度远远不足。在很大程度上说明,人们对渔业文化遗产的价值还没有充分认识,对遗产价值挖掘的前景还缺乏了解。韩国已经对渔业文化遗产进行全国性的挖掘,并对渔业文化遗产保护进行补贴。而中国作为渔业生产大国,我们在这方面的举措还远远不够。

二是遗产本身方面,农业文化遗产是一项生态-经济-社会-文化复合系统,具有活态性,一般的自然与文化遗产保护的方法和模式并不适用于农业文化遗产,没有现成的经验可循。农业文化遗产地往往一方面生物和文化多样性非常丰富,农业历史非常悠久,当地居民对农业依存度较大,但另一方面其生态又较为脆弱,是经济发展较为落后的地区。据统计,三分之一以上的农业文化遗产地位于国家级和省级贫困县,这些地区基础设施薄弱,进行遗产保护和发展的难度较大。

三是保护理念方面,有些地方只注重保护,忽视了农民提高生活水平的迫切愿望,如对遗产地传统村落的保护,过分强调"原汁原味",对农民改善居住条件的需求考虑不足。而更多的地方是重发展轻保护,受不良政绩观的影响,只

① 郑惊鸿:《从江,找寻传统农业的现代发展空间》,《农民日报》,2015 年 10 月 20 日第 4 版。
② 梁雨:《贵州从江:让农业文化遗产促农增收》,人民网-贵州频道,2018 年 5 月 8 日,http://gz.people.com.cn/n2/2018/0508/c194827-31552511.html。

顾“拿牌子”，忘记“给票子”，基础设施投入不足，对农民的补偿不足，追求短期经济利益，在各项条件准备不足以及缺乏产业规划与环境评估的情况下，进行旅游等产业开发，容易造成不可修复的生态破坏。

四是保护机制方面，农业文化遗产的多功能价值和正“外部性”突出，由于缺少对生态、文化、景观及农民的补偿或补贴等政策激励机制，导致地方和农户保护的动力不足。多方参与机制还不完善，农民固然是农业文化遗产的保护主体，但将人类共有共享的遗产保护重任压到弱势群体身上，也是不公平的。除政府在遗产保护中起主导作用外，企业、城市居民、社会组织等主体的参与度还不高，保护与发展的有效模式还不多。

五是发展途径方面，遗产地的特色产品挖掘还不足，有较大影响力的区域品牌和产品品牌还不多，产业化程度不高。遗产地以观光游为主要产业，季节性问题突出，旅游基础设施有待改善，农户开展旅游接待的热情较高但发展层级较低，且同质性问题突出，旅游路线、产品有待优化和创新。农产品加工、食品开发、生物资源产业、文化创意产业发展不足。产业发展的利益联结机制不完善，处于保护主体的农民往往在产业链最低端，分享保护与发展的惠益较少。

六是规范管理方面，农业文化遗产的管理体系和管理制度还不健全，各级农业文化遗产管理机构还不健全，尤其在县、镇(乡)级，农业文化遗产在管理上常常会涉及农业、林业、旅游、文化、水利、住建等多个部门，而在保护与发展工作中综合协调机制往往还不完善，支持农业文化遗产保护工作的资金缺口较大，熟悉农业文化遗产保护与管理要求以及投身农业文化遗产保护性开发的复合型管理人才和科技人才缺乏，多数地方还没有出台与遗产管理办法配套的实施细则。

四、我国渔业文化遗产保护的政策建议

促进农业文化遗产的稳定发展与合理利用，需要将动态保护与适应性管理结合，政府引导与市场机制相结合，农户主体与多方参与相结合，以遗产地产业融合发展为抓手，多管齐下、多方参与、多部门合作，促进遗产地的可持续发展。①

① 张灿强、沈贵银：《农业文化遗产的多功能价值及其产业融合发展途径探讨》，《中国农业大学学报(社会科学版)》，2016 年第 2 期，第 127—135 页。

（一）增强动态保护与科学利用的意识和观念

农业文化遗产还是一项较为新鲜的事物，其影响力还远远没有达到自然遗产、文化遗产、非物质文化遗产甚至传统村落等的影响力，要通过广泛的宣传教育和知识普及，加强当地干部和群众对农业文化遗产的理解和认知，既要消除“只能保护，不能发展”的后顾之忧，又要纠正“以保护之名行开发之实”的功利主义，深入践行“绿水青山就是金山银山”的发展理念。通过书本课程、电影电视等形式，深入推进农业文化遗产进校园、入社区，将农业文化遗产作为传承和弘扬中华传统优秀文化的教育基地和展示窗口，增强文化自觉和文化自信。

（二）加强制度建设与政策支持

健全农业文化遗产保护与管理机构，尤其是县、乡（镇）级政府，配备专门的管理人员和工作经费。指导遗产地因地制宜制定遗产管理条例及实施办法，实施多规合一，将农业文化遗产保护与发展规划纳入地方发展总体规划，推动相关措施、项目落地。中央财政设置农业文化遗产保护专项资金，对已认定的重要农业文化遗产给予稳定的资金扶持，探索农业文化遗产地生态与文化补偿机制，支持地方开展农业文化遗产挖掘工作。将涉及生态保护、产业融合、扶贫开发、全域旅游、美丽乡村、民族文化保护等方面的扶持资金和项目向农业文化遗产地倾斜。深入开展农业文化遗产监测与评估，建立农业文化遗产监测与保护网络。

（三）拓展可持续发展途径

深入推进农业文化遗产地一二三产业融合，支持遗产地开展特色种养和产品生态标识认证，优化产品结构，增加优质、生态、富有文化内涵的农产品供应。依托遗产地丰富的生物资源，大力发展农产品加工、功能性食品和药品开发。在资源环境承载能力允许的范围内，突出规划先行，完善基础设施，提高接待能力，充分发挥村集体经济组织、旅游发展专业合作社等在组织农户方面的作用，有序推进农业文化遗产地旅游发展，实现提档升级。推动文化创意产业发展，走品牌发展战略，鼓励遗产地树立区域品牌和农业品牌，规范全球和中国重要农业文化遗产标识使用。

（四）完善保护与发展的多方参与和利益联结机制

按照政府推动、科技驱动、企业带动、社区主动、社会联动的要求，完善多方参与机制。发挥政府财政的杠杆作用，在基础设施、产业开发、品牌建设等方面撬动更多的社会资本投资农业文化遗产保护与发展。切实保障农民享受农业文化遗产保护的成果，把更多的就业和创业机会留给当地居民，支持遗产地利用农业文化遗产资源开展精准扶贫。支持返乡农民工、“新农人”等人员在农业文化遗产地开展创业活动，在金融、保险、用地、技术等方面开展政策创设。

(五) 加强人才培养与科学研究

加强对基层管理人员的培训，提高其对当地农业文化遗产的管理能力。加强学科建设，设置农业文化遗产本科课程及研究生专业，为社会输送更多的实用人才。建设农业文化遗产研究基地，鼓励跨学科综合研究，推动研究成果在遗产地应用。在国家重点项目，国家及省级自然科学、社会科学基金以及各级部门研究项目中，增加有关农业文化遗产的方向和资助力度。

第八章
中国淡水渔业产业文化

文化博大精深，包罗万象，它是人类长期实践活动中的精神产物，是能够被传承的国家或民族的历史、地理、风土人情、传统习俗、生活方式、文学艺术、行为规范、思维方式以及价值观念等的总和，它是人与人之间互相交流普遍认同的意识形态，是对客观世界感性认知的提炼与升华。相对于政治生活和经济生活，文化显得默默无闻，但却有着潜移默化的力量。随着经济社会的发展，人们物质生活水平大幅度提高，对精神文化的需求也不断提升。诸多带有文化内涵的产品进入人们的生活，文化特色已成为物质产品市场细分的重要标识，成为产品市场的核心竞争力之一。文化可成为促进产业发展并为其提供高附加值的源泉。茶产业、咖啡产业、红酒产业以及诸多奢侈品产业等，无论从整体产业看，还是从特定企业看，都有较深厚的产业文化内涵或鲜明的企业文化特点，高质量和具有人文内涵的产品，为产业带来了丰厚的价值回报。

中国淡水渔业的发展源远流长，在长期的生产生活实践中，劳动人民创造并积累了丰富的淡水渔文化，成为渔业区别于其他产业的重要特征。如果能够深入开发利用我国的淡水渔文化，将其文化内涵转化为产品特征、过程体验、精神满足，使产业的消费者从消费产品转变为消费文化，我国的淡水渔业产业文化就将成为促进淡水渔业可持续发展的不竭动力。

本章主要探讨中国淡水渔业产业文化的兴起与发展，主要包括三部分内容：中国淡水渔业产业文化的内涵和外延，中国淡水渔业产业文化的分类和表现，开发利用淡水渔业产业文化的典型案例。

一、淡水渔业产业文化的内涵和外延

“经济与文化互相促进”是哲学领域物质和意识相互作用的重要体现，而产业与文化的关系即是物质与意识相互作用的具体表现。随着经济社会的发展，文化产业化已经越来越成为人们保护和促进文化发展的重要手段，文化产业也成为一个国家展现文化软实力的特殊平台。与文化产业的核心“文化产业化”相对，产业文化的核心是“产业文化化”。当前，有诸多产业都有其旗帜鲜明的产业文化，特别是奢侈品产业，往往在产品的历史、产地、设计者、标识、品质、营销等各个方面展现出特殊的文化内涵，如有历史渊源的传统文化、奢侈品原产地的社会文化、设计者的个人魅力文化、品牌标识体现的符号文化、宣传营销体现的品牌文化，以及精益求精的品质文化。在农业产业中也有特色鲜明的产业文化，如红酒产业、咖啡产业、茶产业，以及一些特殊的农业模式，如有机农业、社区支持农业、农夫市集及其他本地食物体系等，都带有鲜明的文化特色。我国是拥有古老农业文明的伟大国度，众多的农业非物质文化遗产即是农业产业文化的具体体现。

对于产业文化的定义，有研究指出，产业文化概括起来即是产业与产业发展中积累起来的优秀文化在不断的社会实践中互相促进形成的有经济溢价的产业发展载体。产业文化将产业与文化连接起来，它以产业为基础，具体化为与产业相关的物质、行为、精神等方面的文化现象，对提升产业生命力具有重大作用(陈少锋，2012)。我国渔业产业历史悠久，在长期的生产实践中凝聚了丰富多彩的产业文化。基于产业文化的上述定义，我们认为淡水渔业产业文化的内涵是在淡水渔业的发展过程中积累起来的优秀文化，在不断的社会实践中相互促进形成的有经济溢价的产业发展载体，即渔业产业文化也是一种优秀文化，且能够创造经济价值并成为促进产业发展的文化载体，其外延包括与淡水渔业相关的物质、行为和精神方面的文化现象，以及存在于淡水渔业各细分产业中的典型文化特质。

当前，我国的淡水渔业产业正处于转型升级的关键时期，文化要素的利用在增加产品附加值、实现企业差别化发展、促进产业提质升级上可扮演重要角色。掌握以文化推动和促进产业价值实现、提高企业经营管理水平的方法，是今后产业转型升级的重要途径。中国的淡水渔业历史悠久，渔文化源远流长。以文化提升产业价值的方法亟需被应用到淡水渔业发展中，以不断提升产业及产品的内在品质，不断适应消费者日益丰富的产品和服务需求。

产业文化来源于产业实践，也是产业主体所创造的物质、行为和精神理念的提炼和升华。我国淡水渔业产业发展历史悠久，劳动人民在长期的生产生活实践中创造了丰富多彩的产业文化，具体体现在物质、行为和精神三个方面。

（一）中国淡水渔业物质文化

我国淡水渔业产业在发展中创造了丰富的物质文化。从产业链上游的育种环节看，从古至今，人工培育良种的努力从未停歇，亦取得了诸多成果。在距今 3 000 多年前的殷商时期，我国已开始淡水鱼养殖，最早池塘养殖的主要是鲤鱼，至唐代中期，由于政治避讳，传统养鲤业一时衰落。此后，草、青、鲢、鳙“四大家鱼”及鲮鱼等淡水鱼养殖业兴起，由于当时无法进行人工繁育，它们的苗种主要依靠长江及珠江流域渔民捕捞获得，相应的苗种培育技术至宋代开始，元明时期有较大发展，至清代基本成熟。而野生金鱼最早见于唐代文献，家养金鱼见于南宋文献，选育技术至明清趋于完善。① 近现代以来，我国水产育种业得到长足发展，截至“十二五”末，我国已有 31 个遗传育种中心，26 个引育种中心，429 个水产原良种场和 3 个水产种质检测中心。1991—2017 年间，通过国家审定的品种共 201 个，其中自主选育品种 171 个。部分淡水鱼类实现了养殖良种化，鲤、鲫等品种实现更新换代。②

从淡水渔业的生产环节看，渔业场地、生产工具、配套设施等都带有鲜明的区域特色和时代特点。长期以来，我国先民们留下了许多珍贵的渔文化遗物，如周口店山顶洞人钻上小孔、涂有红色的草鱼上眶骨，新石器时代的鱼钩、鱼叉、鱼镖、鱼枪和石制、陶制网坠。历史传承下来的许多特色养殖模式如稻田养鱼、桑基鱼塘、稻鱼鸭混养，以及特色捕捞方式如大拉网、声捕法、诱捕法等也是淡水渔业生产重要的物质文化结晶，而由这些特色生产模式带来的产业景观更是成为渔业文化的重要组成部分。改革开放以来，我国淡水渔业的生产模式日趋多样，养殖量逐渐超过捕捞量，根据水域条件不同，形成了池塘养殖、湖泊养殖、山塘水库养殖、河沟养殖、网箱养殖等多种方式，生产工具除传统的木船渔网，还增加了许多现代化的机械设施，如投饵机、增氧机、集装箱、跑道等新型机械和装备。

从淡水渔业的加工环节看，其产业文化表现为自古以来传承下来的对鲜活水产品的制作、保存和加工技术。最初，人类捕鱼量有限，用干制法、腌制法就可以解决鱼的保存问题。干制法主要是用火、日光脱水而成。而腌制最早记于《周礼》，浙江人腌鱼的时候，用绳子系住鱼尾吊起来，等到鱼嘴不再滴水时，用棕榈叶包裹倒插于腌舱，一个多月后取出来，去掉棕榈叶，鱼色鲜艳，味道渍入

---

① 蒋高中、李群、明俊超、包艳杰：《中国古代淡水养殖鱼类苗种的来源和培育技术研究》，《南京农业大学学报(社会科学版)》，2012 年 12 卷第 3 期，第 88—93 页。

② 胡红浪：《中国水产种业发展现状与趋势分析》，2018 年 5 月 31 日，http://www.fishfirst.cn/article-101524-1.html。

鱼肉，别有风味[①]。随着我国水产加工业的发展，机械化加工逐渐兴起，在一些水产加工企业，从塘鱼暂养到放血、去鳞、去皮、切片等机器操作已经成为现代淡水鱼加工的主要方式。

从淡水渔业的消费环节来看，美食可谓是最典型的消费物质文化。以鱼为原料的美味佳肴，从南至北、从古至今都是中国人餐桌上必不可少的美食。黄河鲤、松江鲈、兴凯湖鲌、松花江鳜……清蒸、红烧、白灼、油淋、香煎、烩炖……多种食材、多种做法造就了松鼠桂鱼、臭鳜鱼、糖醋鱼、红烧鱼、水煮鱼、剁椒鱼、酸菜鱼等一批名菜，成为中华美食榜不可缺少的一部分。除了饮食文化，近年来悄然兴起的还有与休闲渔业相关的消费文化。休闲渔业是以渔业的现有资源为依托，在充分挖掘渔业文化和精神内涵的基础上，满足现代人休闲需求，给渔民带来经济效益的一种新兴产业[②]。而开展休闲渔业活动的渔业资源往往是历经岁月磨砺留存下来的独特渔业景观、特色渔村鱼镇、渔港码头等，进行的活动包括捕鱼、养鱼、食鱼、赏鱼等参观、体验式的环节。古老的美食与新兴的休闲渔业互相融合，成为当前淡水渔业消费环节有代表性的消费文化。

(二) 中国淡水渔业行为文化

我国淡水渔业发展历史悠久，从捕捞到养殖，从河流湖泊到山塘水库和池塘，祖祖辈辈的渔民在长期的生产生活实践中创造了丰富的节庆文化及诸多风俗习惯，成为淡水渔业行为文化的重要组成部分。节庆活动显示了人们对自然的感恩和敬畏，也包含着丰收的喜悦与渴望。节庆活动仪式庄重，对渔民们的着装、队伍的布置、道具的摆放、活动的流程等都有着具体的规定。如达里湖冬捕节包含 4 个部分内容：旭日初起，捕捞工人出发；喇嘛祭祀，主持焚香默祭；查玛舞表演，群舞吟唱；众渔工齐举碗，致以崇高敬意。查干湖冰雪渔猎文化节也是著名的渔业节庆活动，由冬捕的祭祀仪式“祭湖・醒网”、拉网冰下捕鱼、头鱼拍卖和大型文艺活动等组成。通过渔业文化节，把渔业生产、渔猎文化传承、休闲渔业等有机结合起来，具有重要的经济、文化、生态等价值，为世界渔猎文化的传播作出了巨大的贡献。“杀鱼节”也是重要的渔业行为文化。如贵州福泉仙桥王卡“杀鱼节”2006 年被列为贵州省级非物质文化遗产保护名录，整个活动分为：传米、做鱼药、放药、擒鱼、吃鱼饭 5 个环节，节日带有浓厚的群居生活遗风。

在风俗习惯方面，渔民不同于陆地上的农民，他们长期飘荡在水上，形成了

---

① 宁波：《论鱼文化与水产业的基本关系》，《中国水产》，2005 年第 8 期。

② 董莉莉、黄硕琳：《休闲渔业品牌战略构建的必要性分析》，《中国海洋大学学报》，2011 年第 3 期。

独一无二的风俗文化，如福州疍民民俗文化，疍民过去终生漂泊于水上，以船为家，有许多独特的习俗。疍民现在虽然已上岸并被逐步同化，但是作为历史上一个相对独立的族群，他们有自身的服饰、住所、礼仪、渔歌、禁忌和宗教信仰等独特人文风俗习惯，这些是特定历史条件下的产物，是中国渔业传统文化与习俗的重要组成部分。

（三）中国淡水渔业精神文化

上下五千年，我国的渔业生产绵延不绝，生生不息，其中一个重要支撑点在于渔业精神文化中包含的“可持续发展”的价值理念。竭泽而渔是短视、不可持续的产业发展方式，我国古代劳动人民很早就认识到了这一点，多地树立的“禁渔碑”就是其重要体现。如坐落在黄山市休宁县鹤城乡樟田村祠内一角的一块石碑，这是一块镌刻有“严禁药毒长河”字样的禁渔碑，此碑为道光廿五年(1845年)所立。据统计，在新安源头流口地区已发现禁渔、禁伐类古碑 30 余块。在黄山市歙县昌溪乡昌溪村河边的古道上竖立一块“太湖禁渔”碑，该碑立于元末明初，大约有 600 年历史。“太湖禁渔”碑是我国古代护渔思想在乡村实施的物证。

而基于早期历史的神话传说，以及与鱼相关的宗教信仰更是淡水渔业产业精神文化的重要组成部分。在神话传说方面，“鲤鱼跳龙门”可谓是家喻户晓的故事，“女娲补天”的故事也带来了雅鱼剑形头骨的传说，“鱼凫王”的佚事传说道出了“开国”的艰辛。与渔业相关的宗教信仰影响最为广泛而深远的当数妈祖信仰，不仅是海上渔民，只要有水的地方，都有妈祖的庙宇，有虔诚的信徒。

二、淡水渔业产业文化在特定产业中的表现

我国淡水渔业包含多个产业体系，每个体系又可细分为不同类型的产业品种，在多种多样的产品生产加工消费中形成了各具特色的产业文化。

（一）“四大家鱼”养殖文化

在中国，“四大家鱼”可谓是家喻户晓的一个名词，具体包含青、草、鲢、鳙四大品种。在唐代以前，鲤鱼是最为广泛养殖的淡水鱼，但由于唐朝皇室姓李，鲤鱼的养殖、捕捞和销售均被禁止。渔业生产者只能从事其他品种的生产，这就产生了青、草、鲢、鳙四大家鱼的混养模式。在北宋时期，四大家鱼养殖发展到更广泛的区域，在长江、珠江的养殖逐渐兴盛起来。根据周密(1232—1298)《癸

辛杂志》记载，宋代四大家鱼鱼苗的捕获、运输、筛选、贩卖已经达到专业化程度。宋代还产生了四大家鱼混养技术，并迅速普及。混养技术不但充分利用了养殖资源，而且丰富了产品结构，降低了养鱼户的生产风险。

四大家鱼养殖模式从古延续至今，其重要的内在动力为该养殖模式充分利用资源，实现了经济利益与生态效益的内在统一，凝聚了我国劳动人民极高的生产智慧，带有鲜明的渔业生产可持续发展的精神特质。四大家鱼的养殖生产方式是鲢鱼在水域的上层，以硅藻、绿藻等浮游植物为食；鳙鱼栖息在水域的中上层，以水蚤等浮游动物为食；青鱼栖息在水域中下层，主要以螺蛳、蚌和小河蚌等底栖动物为食；草鱼栖息在水域的中下层和水草多的岸边，主要以水草、芦苇等为食。四大家鱼的生产布局充分运用了水域空间，实现了渔业生产的立体布局，直至今日，四大家鱼仍然被广泛养殖，这与四大家鱼高效、可持续的生产方式密切相关，也使四大家鱼养殖成为淡水渔业独具特色的一种模式。

（二）吉祥如意的观赏鱼文化

中国观赏鱼文化历史悠久。南朝时期就有在放生池中养红鲫鱼的做法。公元 756 年，唐肃宗曾建造放生池 81 处，主要放养金鲫。从宋朝开始，宫廷观赏金鱼流行，民间出现了专门养殖金鱼的职业，金鲫已经“入城或买”。受上流社会风气影响，中下层老百姓也开始用陶缸养金鲫。到明代时，金鱼养殖已经比较普遍。1954 年，金鱼品种发展到 154 种。现在的金鱼饲养业是个数十亿元产值的产业，金鱼品种达到近 300 种。① 随着人们审美要求的提高，除了金鱼之外，后续又有众多的淡水鱼品种加入到观赏鱼行列中来，展现着不同的造型美、艺术美和精神美的文化内涵。观赏鱼的价值要远高于食用鱼，海水观赏鱼的价值一般高于淡水观赏鱼。目前，我国国内市场上的淡水观赏鱼主要有锵鱼科、加拉辛科、鲤科、慈鲷科，主要种类有孔雀鱼、满鱼、红剑、摩莉、霓虹灯、神仙鱼、金鱼、斑马鱼及七彩神仙。②

观赏鱼文化体现在文学艺术作品、日常生活用品、民风民俗、赏玩品鉴等多个方面。《鲤鱼百态（实用白描画稿）》编著者龚雪青指出，鲤鱼在我国历来被广大的人民所喜爱，它是勤劳、善良、坚贞、吉祥的象征，尤其是被艺术化以后更是赋予了更多美好的寓意和情感。以鲤鱼为形象的吉庆有余的艺术品比比皆是，“鲤鱼跳龙门”和“追鱼记”的故事更是传为民间佳话。鲤鱼和其他的题材组合就更加有新的寓意。比如，鲤鱼和荷花的组合象征“连年有余”，鲤鱼和牡丹的

---

① 汪学杰主编：《金鱼的养护与鉴赏》，广东科技出版社，2018 年，第 3—8 页。

② 郝玉玲：《全球观赏鱼的供需状况》，《东方城乡报》，2008 年 1 月 24 日 B06 版“都市渔业”。

组合象征“富贵有余”，如果锦鲤的头是红色的，那就代表“鸿运当头”。

（三）“蟹八件”中的饮食文化

“蟹八件”是蟹文化的典型代表。品蟹时节，菊花盛开，月下临风，持蟹赏菊，别有一番风味，而使用蟹八件品蟹，则更有韵味。早在明代，江南的能工巧匠就发明了吃蟹的工具，包括锤、镦、钳、铲、匙、叉、刮、针，称之为“蟹八件”，后来甚至发展到十二件。蟹八件多为铜铸，镏金或镀银，造型美观，精巧玲珑。这些食蟹工具的工艺非常考究，如刮具比较像宝剑，匙具比较像文房中的水盂，针也有扁头和圆头的区分。

蟹八件的使用也有特定的顺序，当赭红色的螃蟹热气腾腾地上桌之时，吃蟹人先是用剪刀逐一剪下两只大螯，用锤对准蟹壳四周轻轻敲打，以铲打开背壳，然后分别将钳、叉、刮、针轮番使用，或剔，或夹，或叉，或敲，分别取出金黄的蟹黄、洁白的蟹膏、鲜嫩的蟹肉。一手端起蟹壳，把美味送入唇舌之间，享受大自然的馈赠，体味生活的情趣。蟹八件可以让人把蟹吃得干干净净，使吃蟹成为高雅的餐饮活动。

作为精致生活的象征，蟹八件还有一段民间传说。据说，清末的苏州阊门，一位富商的女儿出嫁。按照当时的风俗，发妆的前一天，要把所有嫁妆用红绸装饰好，依次摆放在大街上，让周围邻居欣赏。富商也乘机炫耀一番。这天，看嫁妆的人络绎不绝。在不绝于耳的称赞声里，却有一个工匠说：“嫁妆九十九样，假使再添一样‘蟹八件’，就完美了！”富商听了，觉得他讲得有道理，当天晚上就请这位工匠连夜打制“蟹八件”。第二天喜日，书写着“飞黄腾达”字样的“蟹八件”在男家被人们围观欣赏，引起了轰动。

（四）淡水珍珠的饰品文化

我国是世界上利用淡水珍珠最早的国家，4 000 多年前《尚书禹贡》中就有河蚌产珠记载，《诗经》《山海经》《尔雅》《周易》中也都有关于珍珠的记载。我国淡水珍珠养殖技术始于公元 11 世纪的宋代。珍珠在我国有着深厚的文化底蕴。在古代，珍珠是皇家贵族、达官贵人、富商巨贾的专属品。而今，中国淡水珍珠产量世界第一，占世界总产量的 90%，中国不仅是世界珍珠养殖大国，也是世界珍珠消费大国。改革开放后，随着淡水珍珠养殖业的发展，珍珠饰品走进寻常百姓家，成了大众青睐喜戴的饰品。珍珠饰品造型各异，高中低档俱全，价格从几十元到上万元不等，满足了女性的爱美之心和不同层次的消费需求。珍珠饰品既是国家重大外交活动中的国礼，也是民间亲朋好友互相馈赠的礼品。

珍珠，亦称真珠，其圆润亮泽的形态象征圆满、富贵，自古是珍贵物品的代表之一①。与其他宝石往往需要雕琢切磨来呈现出珠宝的美感不同，这种生长于腹足纲或瓣鳃纲水生生物身体中的有机宝石，从贝体中取出，无需琢磨加工，便是一件浑然天成、珠光照人的珍宝。因此，珍珠自古便被誉为“宝石皇后”②。汉朝时，根据地域性，珍珠被分为南珠、北珠。从三国至北宋，再至清朝，北珠采集达到鼎盛期，皇室特别设置了专门机构“珠轩”对采珠进行管理。

淡水珍珠中的精品，毫不逊于海水珠。淡水珍珠色彩绚丽，颜色有纯白、粉红、紫色及粉橘色等丰富的色系。珍珠光泽柔和，佩戴珍珠，多表现出尊贵和典雅，为成熟女性所青睐。随着经济社会发展和人民生活水平提高，消费者对珍珠的认知度越来越高，对珍珠品质和珍珠饰品款式的追求逐步提高，推动了珍珠养殖业和饰品加工业的新发展。淡水珍珠产业目前的发展方向，一是开发珍珠的新品种，如不规则形状的巴洛克珍珠，及一些奇珍异宝；另一个方向就是在质量合格的基础上扩展珍珠的使用价值，如开发化妆品、服用珍珠粉、服装、鞋子等产品，并致力于款式设计和品牌建设等。

如何实现产业文化的开发利用，使其真正服务于产业的发展？其中的关键环节在于如何实现“产业文化化”，使产业文化真正转化为市场价值。以下我们分别就我国淡水鱼产业文化中的物质文化、行为文化和精神文化，选择三个典型案例，分析如何开发利用现有的渔业产业文化资源促进产业的兴旺发展。

三、物质与遗产：浙江稻田养鱼模式的发展与推广③

在长期的历史发展过程中，我国淡水渔业形成了诸多具有鲜明文化特色的生产生活模式，有些历史上形成的典型模式以农业非物质文化遗产的方式得到确认和保护，还有随着经济社会发展，带有鲜明时代特色的新模式、新类型也传达着淡水渔业产业文化的发展方向。浙江是我国稻田养殖重点省份之一，稻田养鱼历史悠久、分布广泛，其相应的生产设施、劳动工具以及技艺是我国淡水渔业文化重要的物质文化。据《青田县志》所载，“田鱼有红、黑、驳数色，于稻田及圩池养之”，这说明远在六百多年前的明代洪武年间(1391 年)浙江地区就已出

---

① 廖晨宏：《古代珍珠的地理分布及商贸状况初探——以方位称名的珍珠为例》，《农业考古》，2012 年第 1 期，第 221—225 页。

② 招博文：《珍珠的种类与选购保养》，《质量与标准化》，2019 年第 6 期，第 31—33 页。

③ 戴杨鑫、冯晓宇、谢楠等：《浙江省内稻鱼养殖现状及几种典型稻鱼综合养殖模式简介》，《杭州农业与科技》，2018 年第 3 期。

现稻田养鱼，联合国粮农组织(FAO)2005年将青田稻田养鱼列为“全球重要农业文化遗产”，足以说明其重要性。

(一) 因地制宜：稻田养鱼的物质基础

浙江地区历来为我国的鱼米之乡，稻田资源十分丰富且水利设施良好，大部分能旱涝保收，适合稻鱼共生。至2012年，浙江省内各类稻田养鱼面积117.7万亩，水产品达30万吨，各种稻鱼共生的种养模式得到了广泛的推广与应用，主要包括稻鳖共作0.99万亩、稻虾轮作1.03万亩、稻鳅共生0.65万亩、稻鱼共生31.78万亩。2013年，全省试点示范县从2012年的16个扩大到26个，示范推广新型稻田养鱼面积39.66万亩，新型的稻田养鱼模式已在全省得到推广与应用。

表8.1 浙江省水稻种植区划及2012年养鱼面积

序号	水稻种植区划	主要特点	稻田面积(万亩)	现有养鱼面积(万亩)
1	杭嘉湖平原单季粳稻区	降水中等，气候适宜	373	62
2	宁绍平原单双季籼粳稻区	降水中等，气候适宜	275	16
3	温台沿海平原单双季籼稻区	降水量大，但易受台风侵袭	265	11.7
4	金衢盆地单双季籼稻区	水利设施较好，伏旱、秋旱较为突出	232	8
5	浙西南丘陵山区单季籼稻区	河套盆地和丘陵山区的梯田，伏旱、秋旱比较明显	138	20
6	浙西北丘陵山区单季籼粳稻区	存在秋旱威胁	44	0
	合计		1 328	117.7

数据来源：国家大宗淡水鱼产业技术体系杭州综合试验站

(二) 政策支持：稻田养鱼的公共政策

稻田养鱼作为综合种养的典型模式，是浙江省具有历史文化传统的绿色高效养殖模式。为了促进稻田综合种养的发展，浙江省出台了一系列政策措施，极大地推动了稻田养鱼模式在适宜地域的推广和发展。根据《浙江省人民政府办公厅关于开展2011年粮食稳定增产行动的通知》(浙政办发〔2011〕64号)精神，浙江省就“十二五”期间开展养鱼稳粮增收工程，促进粮食增产、农民增收，提出了大力推广以稻田为载体的稻田养鱼等新型种养模式，实现“百斤鱼千斤粮万元钱”的总体目标。按照浙江省海洋与渔业局部署的全省海洋与渔业转型促治水实施方案总体要求，到 2017 年，杭州市要实现稻田养鱼总面积 3.5 万亩。

2011 年 12 月 13 日，浙江省发展和改革委员会、浙江省海洋与渔业局联合发文《关于印发浙江省渔业发展“十二五”规划的通知》(浙发改规划〔2011〕1700 号)，明确将“引导发展稻田养鱼”纳入“提升拓展水产养殖业”这一首要的“十二五”渔业主攻方向。将“实施稻田养鱼稳粮增收行动计划”纳入“‘十二五’渔业发展重大工程”之一的“渔业生态屏障建设工程”(工程计划总投资 8 亿元)，在粮食主产区和山区，加快农作模式创新，发展 50 万亩新型稻田养鱼，实现亩产粮千斤，增效益千元。

2013 年 2 月 28 日，浙江省海洋与渔业局发文《关于印发 2013 年全省“养鱼稳粮增收工程”实施方案的通知》(浙海渔业〔2013〕5 号)，以提高种粮综合效益、持续增加农民收入为出发点，以实现“百斤鱼、千斤粮、万元钱”的新型稻田养鱼为目标，深化实施“养鱼稳粮增收工程”，重点推进粮食主产区加快发展和传统养殖区创新提升。按照“示范县整县推进、扩面与提升并重”的总体思路，加强政策支持和分类指导，开展全省“养鱼稳粮增收工程”示范县创建，强化规模化、标准化新型稻田养鱼示范基地建设，总结推广适合不同地区、可操作的成熟种养模式和配套技术，支持培育产业化运作、品牌化销售、综合效益显著的新型种粮大户、合作社和规模企业，加大典型经验总结和宣传工作力度，进一步促进浙江稻田养鱼工作深入开展。

2013 年浙江省创建省“养鱼稳粮增收工程”示范县 25 个以上，建设标准化新型稻田养鱼示范基地 60 个以上，示范县推广面积 20 万亩，通过示范县创建和推动，全省稻田养鱼面积达到 40 万亩；制订新型稻田养鱼的“百斤鱼、千斤稻、万元钱”和“稻鳖共生”省级地方技术标准；在全省培育打造 5 个左右优质稻米品牌。

2013 年 3 月 14 日浙江省海洋与渔业局发文《关于推介发布 2013—2015 年渔业主推品种和主推模式与技术的通知》(浙海渔推〔2013〕3 号)，将稻鳖共作(轮作)模式与技术、稻鱼共作(轮作)模式与技术、稻虾共作(轮作)模式与技术纳入主推模式与技术(共 18 种)。

2016 年 3 月 31 日浙江省水产技术推广总站关于印发《2016 年浙江省渔业主推品种和主推模式与技术联合推广行动实施方案》的通知，将以稻鳖共生模式与技术、稻虾轮作模式与技术、稻鱼共生模式与技术、渔菜共作模式与技术为主要内容的种养结合模式与技术纳入浙江省渔业主推技术(共 9 类 17 项)。这也是浙江省水产技术推广总站连续第4年将推广新型稻田综合种养技术作为重点工作纳入主推模式与技术中。

“十三五”期间,浙江省计划开展“海洋生态文明建设示范区”“渔业转型发展先行区”“平安渔业示范县”等“三大创建”活动,全面推进渔业转型升级,努力实现生产规范有序、资源科学利用、生态保持稳定、民生不断改善的转型升级目标。将实施“稻鱼共生轮作减排等工程”作为“促进水产养殖转型升级”重要内容,纳入“十三五”主要任务。

(三) 传承发展:模式多样效益良好

浙江地区稻田养殖模式多种多样,在不同的稻米产地均有其独特的稻鱼模式、稻鳖模式、稻虾模式、稻蟹模式、稻鳅模式、茭白田种养结合模式等适合本地区的养殖模式形成。近年来通过稻田综合种养新型模式及相关技术示范与推广,浙江省内稻田养鱼呈现出快速发展的良好势头,通过各地的实践,一大批以特种水产养殖品种为主导,以标准化生产、规模化开发、产业化经营为特征的稻田综合种养新模式不断涌现。其中以德清稻鳖共作模式、绍兴稻虾鳅连作模式以及景宁等山区微流水稻鱼共作模式最为典型。

1. 稻鳖共作模式

通过水稻与中华鳖的种养结合,中华鳖摄食水稻病虫害,水稻将鳖的残饵及排泄物作为肥料吸收,可以大幅度减少甚至完全不用除草剂、农药和化肥,不仅有效减少水稻的病虫害,提高水稻产量,还改良了养殖环境,产出高品质的商品鳖和稻米,起到了养鳖稳粮增收的作用。

浙江清溪鳖业股份有限公司以鳖稻共生的生态模式为特点,是国内少数拥有中国驰名商标、中国名牌农产品、中国名鳖、国家原产地保护4项国家级荣誉的甲鱼养殖企业,生态甲鱼和优质大米供不应求。近年来开展稻鳖共作模式,创建了“清溪牌”系列香米和花鳖、乌鳖;其稻鳖共作模式共1 200余亩,每亩可生产干谷617.3千克,以亩产600千克稻谷计算,能产720斤清溪大米(每斤8元),再加上每亩田里放养300斤甲鱼,亩产可达2万元以上,综合经济效益比单种水稻和单养甲鱼分别提高了96%和88%。

2. 稻虾鳅连作模式

该模式为“早稻、泥鳅-秋季虾-翌年春季虾”连作种养生产的方式,具体方式为:早稻于4月上旬育秧,5月中旬插秧,5月下旬放养鳅种,7月下旬至8月初收割;秋季虾在7月底至8月上中旬放养,放青虾虾苗,10月中旬开捕,分批上市至春节;春季虾的养殖利用秋季虾捕大留小,至翌年2月放虾苗,5月中旬捕毕。

以绍兴富盛青虾养殖合作社稻虾鳅轮为例，平均每亩产早稻 475 千克、青虾 50.5 千克、泥鳅 110 千克；亩均总产值 10 079.5 元，扣除大田承包、种子、虾苗、病害防治、机收等成本 3 650 元，净利润 6 429.5 元。平均每亩总产值比单一种早晚稻的农田增加 6 909.5 元，增幅 217.9%，净利润比单一种早晚稻的农田增加 4 439.5 元，增幅 223.1%。

3. 稻鱼共作模式

该模式针对丘陵山区的实际，利用自然地势差，采用山泉微流，运用生态学原理，建立稻鱼共生生态系统，具有不施肥或少施肥、不用药或少用药、产品无公害、绿色有机的特点。丽水景宁自强稻田鲤鱼养殖专业合作社利用当地地理条件，发展稻田养鱼产业，每亩可产干谷 1 018.8 斤(可加工大米约 764 斤)、田鱼 204.4 斤，以“三哈”牌大米 10 元/斤、田鱼 20 元/斤的价格计算，大米亩产值达 7 640 元，田鱼产值达 4 088 元，亩产值总计 11 728 元，扣除每亩 2 674.5 元的成本，每亩纯利润为 9 053.5 元。

虽然稻田养鱼对稻田基础设施要求高，固定资产投入资金大，种植和养殖专业技术性强，但浙江省通过传承传统的稻田养鱼的模式和技术，将水稻单一的生态系统转变为稻、蟹(虾、鱼)的复合生态系统，通过政策强有力的推动，将稻田养鱼综合种养的生态模式推广至全省，并开创了诸多新的种养组合模式，带来了综合效益的巨大提升。

四、传统与行为：渔文化与休闲渔业的发展

传统上中国文化对鱼赋予了很深的情感。鱼总是给人柔顺、平和和自由自在的印象，鱼之美味为历代美食家和大众所青睐，在渔业劳作过程中产生了乐趣，并形成了象征着吉祥欢乐和对美好生活的追求的渔风、渔俗。在传统淡水渔村，上述特色成为宝贵的文化资源，是休闲渔业发展的文化根基。当今，以垂钓、观赏、渔家乐、鱼文化节庆和赛事等为典型代表的休闲渔业已经成为渔业产业文化开发利用、升级发展的主战场。发展休闲渔业，将渔业生产过程有创意地呈现，可促进渔业多元化经营，让渔业充满活力。2018 年全国休闲渔业经营主体已经达到 12 万多个，全年接待游客 2.54 亿人次。各地纷纷结合自然、文化和历史资源举办多种休闲渔业赛事、渔业文化节庆和会展，诞生了盱眙小龙虾节、哈尼梯田稻花鱼丰收节等一大批富有地方特色的“金名片”，查干湖、千岛湖等大湖渔业已成为休闲渔业的典范，冬捕节和巨网捕鱼等特色项目实现了生态保护和休闲旅游融合发展，四川省创建的第一批 25 个“美丽渔村”渔业经济

总产值超过5亿元[①]。

渔家乐多以渔民为市场经营主体，依托渔船、庭院、岛屿、湖泊和水库等资源，以“住渔家屋、吃渔家饭、乘渔家船、做渔家活、享渔家乐”为主要服务内容，集垂钓、捕捞、休闲观光、餐饮销售于一体，是当前休闲渔业发展的重要方向。广东省清远市白庙村以及浙江省建德市“九姓渔民”三都渔村就是其中的代表。

（一）广东清远白庙村的渔村旅游

清远市附城镇白庙街位于北江上游的飞来峡峡口，距市区13千米。从白庙沿江而上，是广东省著名的风景名胜区——飞来峡风景名胜区。在飞来峡风景名胜区总体规划中将白庙作为风景区的外围景区，建设民俗文化村，以渔文化贯穿其中，对该村的民俗旅游起到了推动作用。[②]

白庙村的名字缘于一座禺山古庙，建于康熙九年，传说此前常有船只在该地遭遇水下漩涡，导致沉入江底，自修建该庙后，再没出现类似事件。白庙村的渔民世世代代以打鱼为生，他们依旧保持着传统的生活方式，让旅游者感受到不一样的生活状态。在渔民的生产生活中，河岸边保留的水上集市成为白庙渔村的特色之一，渔民把他们的鱼干和鲜鱼拿到这里交易，妇女们也会带着许多新鲜的蔬菜、水果来叫卖。这样的市集很受居民和游客喜欢，至今仍兴盛不衰。除了传统风情的水上集市，白庙村因河成街，在临江道路上，很多白庙渔民会把在北江捕捉到的鱼虾，用本土简单的晒干方法，制成原汁原味的鱼虾干拿到集市上贩卖。热闹的集市上，还有老人保留着传统的编织工艺，做出一件件竹篾编织竹制品。白庙村以其传统的渔村生活吸引了清远乃至广东的游客前去体验，成为飞霞风景名胜区上的一颗明珠。[③]

（二）浙江渔村文化风俗和民宿游乐结合型渔家乐

浙江省各地区文化、风俗等存在一定差异，同一地区的渔家乐主打内容也不同，因此其渔家乐在类型上具有多样性特点，如按照产业形态可分为综合服务型、配套服务型、专业服务型等类型；按旅游目的可分为餐饮品尝

---

① 宋丹丹：《2018年我国休闲渔业高质量快速发展》，《水产科技情报》，2019年46卷03期，第159页。

② 李凡、黄耀丽、杨俭波：《基于“鱼文化”的清远白庙渔村旅游区规划研究》，《热带地理》，2001年第3期，第242—245页。

③《清远白庙渔村：北江旅游带“新晋网红”》，人民网，2018年12月16日，http://gd.people.com.cn/n2/2018/1216/c123932-32415249.html。

型、休闲观光型、生活体验型等类型;从经营方式角度可分为运动体验型、游览观光型、品尝购物型、渔村风俗体验型以及展示教育型等类型。而其中的渔村风俗体验型即以建德市三渔水产养殖专业合作社的渔村文化风俗和民宿游乐结合型渔家乐为代表。

该渔家乐所在的三都渔村是一个具有历史文化底蕴的渔村,这里是“九姓渔民”的聚居地。该村秉承传统,以养殖、捕捞为业,保留了许多古老的捕鱼方式和捕捞工具,保持着许多淳朴的渔家风俗,如“九姓水上婚礼”“九姓九菜”等。渔家乐餐饮所用水产品均自产自销,结合自有的民宿及水上娱乐项目,可为游客提供地道的美食,让游客体验渔村生活。

五、理念与文化:浙江千岛湖有机“淳鱼”的发展动力

现代社会,人们在选择一件产品时,非常注重选择产品背后的地域文化;在使用一件产品时,更多的是体验这种地域文化带来的物质上的充实和精神上的欢愉。同样,人们在分享营养美味的淳牌有机鱼时,正是在体验千岛湖青山秀水带给大家的美好回忆与憧憬。人们因为欣赏这一美丽的地方,因为信赖与认可这里的生态环境,也同时爱上了这个产品。千岛湖以一湖秀水闻名天下,而淳牌有机鱼则以敢为天下先著称国内。[①] 淳牌鱼是国内首个通过有机食品认证的水产品。

(一) 浙江省的库区洁水渔业

浙江省有较为丰富的水库、湖泊资源,为其开展大水面养殖提供了基础。大水面养殖是指利用水库、湖泊、江河等水体养殖水产品的一种方式,该种模式主要存在于浙中西南山区生态渔业区。除早期采取粗放型的增养殖,还包括网箱、网栏、围网等相对集约化的养殖模式。粗放式大水面增养殖,主要以保持、恢复水域渔业资源为目的,依靠水体中的营养物质增殖,产量不稳定。网箱、网栏、围网等集约化养殖,应用人工投饵、施肥等技术,产量得到了较大的提高,但受到水体养殖容量的限制,必须严格控制。大水面养殖总体上对水域环境保护有一定的作用,但由于不科学的养殖规划,目

---

① 方向荣:《淳鱼文化创意,推动千岛湖渔业品牌大发展》,《渔业致富指南》,2010 年第 8 期,第 16—19 页。

前部分水域放养鱼种与土著种类产生生存竞争，导致鱼类种质资源遭到破坏。[①] 大水面养殖的整体经济效益偏低，依靠提高产量来提高经济效益较困难，但部分地区发展绿色、有机水产品养殖，取得了较好的经济效益。由于其养殖品种、密度和搭配等应进行科学论证，对从业者有较高的技术要求，但养殖环境相对稳定，水质好，病害较少，易于管理。浙江省淳安县千岛湖所采取的模式正是该种库区洁水渔业养殖模式的典型代表。

(二) 理念的坚守：转型升级的内在动力

浙江千岛湖，以水闻名天下，以鱼为世人所想念。但在这些名声的背后，有一条理念始终被坚守着——“养鱼先护水”。依水而生、依水而兴，水自古以来就是淳安的命脉所在。作为浙皖水上黄金通道要冲和徽商东进的水陆交通要道，经济兴盛、商贸繁荣的淳安一片繁华富饶的景象。1959 年秋，新安江水库建成蓄水，淹没了古道旧城，却造就了一湖秀水，为淳安人民带来了新的生机。人们依托 573 平方千米的宽阔水域，靠水吃水，“放水养鱼”。作为安置库区移民的“六大工程”之一，水产养殖、捕捞成为失去土地的移民脱贫致富的有效途径，于是在 20 世纪 70 年代，网箱养鱼逐渐在千岛湖开展。鼎盛时，水产养殖达到 1 500 户，共 2 700 多亩养殖面积，水产捕捞最高达到 2 400 户，约有 2 万人从事渔业，收入水平很高。但过度养鱼极大消耗了千岛湖的生态环境，破坏了千岛湖的水质。1999 年、2000 年千岛湖出现过大面积的藻类暴发，水质开始不容乐观。[②]

为了保护水体、改善水质。2011 年起，浙江省杭州市淳安县要求网箱全部上岸，以“壮士断腕”的方式护水，许多在水上生活了几十年的渔民上岸转型。这些渔民上岸后，陆续联合起来搞生态旅游，资源共享。如今，渔民转型的农家乐在千岛湖随处可见，为了护水的增殖放流活动已是常态，鱼拓文化、巨网捕鱼、“互联网＋”众筹……已衍生出多种业态的“鱼”。经网箱上岸后千岛湖水域所有养殖捕捞经营权归杭州千岛湖发展集团有限公司，开展库区洁水渔业，以鱼养水，以鱼治水。该模式被总结为全国水库(湖泊)生态渔业发展的“千岛湖”模式。

---

① 农业部渔业局养殖课题组：《我国主要水产养殖方式研究》,《中国水产》,2006 年第 2 期，第 11—13 页。

② 詹美燕：《地方文化产业对区域竞争力的影响研究——以千岛湖“淳”牌有机鱼文化产业为例》，浙江大学，2011 年。

（三）多方的努力：合力保护生态环境

千岛湖水质出众，但历史上也曾受到过污染。尤其是1998年和1999年，中心湖区出现大面积的蓝藻水华，并发出阵阵怪味。原因主要是湖区内渔业资源严重衰竭，据当时统计数据，湖区内鲢鳙鱼产量不足25万千克，为历史最低谷。参照西湖、东湖的治理经验，千岛湖渔业管理部门提出了"保水渔业"的概念，即根据水体特定的环境条件，通过人工放养适合的鱼类，改善水域内鱼类群落组成，主要是投放足够数量的鲢、鳙鱼以最大限度地消耗蓝绿藻，以净化水质，从而保障生态平衡。

为此政府加大政策支持，加强对千岛湖水源水质和水域生态环境的保护。根据浙江省、杭州市"三改一拆""清水治污"和"双清行动"工作要求，依据《防洪法》《渔业法》等法律法规，就进一步推进千岛湖建德水域网箱整治工作，建德市、淳安县政府联合发出《关于千岛湖建德水域全面禁止网箱养殖的通告》，规定自2014年起，千岛湖建德水域全部退出网箱养殖，实现全面禁养；千岛湖建德水域养殖网箱于2013年12月底之前自行清除上岸的给予一定额度的奖励；未按规定和要求期限清除上岸的，由淳安县人民政府会同建德市人民政府组织力量强制拆除，不给任何奖励和补偿。正是基于政府对"保水渔业"理念的坚持，大大加速了千岛湖淡水养殖业由传统的高密度高污染的养殖向洁水渔业的转型。

在此过程中，企业也做出了巨大的努力。如杭州千岛湖发展集团有限公司制定了详细规划：每年投放规格为每千克12尾的鲢鳙鱼种60万千克以上，每年捕捞量核定为前3年鱼种平均投放量的4倍。经过十多年鲢鳙鱼的增殖放流，千岛湖渔业资源的蕴藏量已有了大幅提高，但对于可摄食水底有机碎屑的黄尾密鲴、细鳞斜颌鲴等鱼类，情况还不容乐观。为了改变这一局面，淳安专门建立了国家级种质资源保护区保种保育科研基地，推进全溪流禁渔，保护土著鱼类产卵场。① 近年来，每年投入650万元以上资金，专门用于增殖放流小型洁水鱼，能有效降低水体富营养化污染。通过"大鱼保水""小鱼治水"的组合拳，千岛湖发生了巨变。数据显示，湖内现存有114种鱼类，水质水体监测全部达到Ⅰ类标准，千岛湖成为了华东乃至全国少有的未受污染的大面积水体。

在此基础上，杭州千岛湖发展集团有限公司率先向国家环保总局有机食品发展中心申报认证，创立了"淳牌"有机鱼，使鲢鱼、鳙鱼一跃成为市场炙手可热

① 《放水养鱼，水清鱼欢——看浙江千岛湖渔业华丽转身》，《农民日报》，2017年6月21日。

的品牌鱼。[1] 在有机鱼养殖、管护、捕捞、销售、加工、烹饪、旅游、科研等 8 个产业环节建立了生产、技术、管理、服务标准，做到从鱼苗培育、捕捞渔场、静养时间到运输销售的全过程质量监控和可追溯。同时，主打文化牌和全产业链牌，"淳牌"千岛湖有机鱼提出了"80 万亩青山环抱，天下第一秀水中生长的鱼""让人们尽情享受原生有机的品质生活"等文化概念，并将产品与旅游等相结合，建立了精深加工、餐饮业、鱼文化创意、休闲旅游等多个产业链，最大限度挖掘产品附加值。

（四）科学养殖：保障千岛湖渔业可持续发展

杭州千岛湖发展集团有限公司近年来一直以千岛湖渔业生产和水环境保护协调发展方针为目标开展渔业科研工作，做到科研为渔业生产服务，科研为水环境保护服务。所做的工作包括，开展千岛湖鱼类资源和渔业水环境调查及千岛湖支流野生鱼类生物多样性保护研究，掌握千岛湖鱼类资源和渔业水环境现状，为合理开发和利用水库渔业资源和保护千岛湖水域生态环境提供科学依据。[2] 继续开展千岛湖保水渔业技术研究，深入探讨和研究有机鲢、鳙鱼生产与水环境保护的协调发展关系。通过大水面合理放养鲢、鳙鱼控藻试验与研究，进一步验证鲢、鳙鱼抑制藻类生长和过度繁殖的作用。实施千岛湖野生鱼类增殖与放流研究，促进野生鱼类资源总量的增长，提高渔获物产量。积极探索和研究冬季捕捞技术和鲢、鳙活鱼自动分离技术，提高冬季捕捞产量，解决产销矛盾并提高鱼产品质量。积极探索鲟鱼、鮰鱼网箱养殖新技术，研究网箱结构、密度、饲料品种和养殖方法，降低网箱养鱼对水环境的负面影响。开展土坝库湾鲢鳙鱼种生产、鱼病防治技术研究，提高鱼种成活率和单位产量。深入研究千岛湖浮游藻类与鲢鳙鱼体异味产生的关系，探讨消除异味的有效方法。

正是基于对洁水渔业理念的坚守，对可持续发展原则的坚持，在多方的共同努力下，千岛湖淡水渔业发展成功转型升级，有机淳鱼应运而生。2003 年 9 月，淳安县通过了国家原产地标记注册，被认证为中国有机鱼之乡，并被命名为浙江省有机食品生产基地。至此，淳牌鱼被打上"千岛湖""有机鱼"的文化烙印。有机鱼和"中国有机鱼之乡"的认证，为淳牌的发展注入了活力，并进一步推动了淳鱼文化的传播。2004 年，千岛湖发展公司进一步加强有机鱼上市的

---

① 方向荣：《淳鱼文化创意，推动千岛湖渔业品牌大发展》，《渔业致富指南》，2010 年第 8 期，第 16—19 页。

② 《大水面渔业走出绿色发展新路》，中国农村网，2019 年 11 月 7 日，http://journal.crnews.net/ncpsczk/2019n/d19q/125994_20191107101754.html。

质量管理和宣传推介，推出国内水产业首张智能防伪卡——淳牌有机鱼身份证。通过质量提升、品牌营销、文化传播，淳牌有机鱼已经成为国内淡水鱼的响亮品牌。①

中国淡水鱼产业文化类型丰富、源远流长，是一座可供深入挖掘的精神文化宝藏。在传统的产业文化中，古老的生产方式、特殊的风俗习惯、智慧的生产理念都能成为打开现代产业转型升级之门的一把钥匙，为新产业的发展提供不竭的内生动力。当前，我国正处于市场消费转型升级的时代，未来的产业发展应立足于消费者的需求，不仅仅是提供产品和服务，还要满足消费者的精神需求。而文化正是连接起产业与精神的桥梁。中国淡水鱼产业文化正在兴起，渔业新模式、新业态不断涌现，休闲渔业前景广阔，绿色渔业发展迅速，未来以渔文化为核心竞争力的产业定会不断涌现，对文化的开发利用将成为产业持续发展的力量来源。

---

① 方向荣：《淳鱼文化创意，推动千岛湖渔业品牌大发展》，《渔业致富指南》，2010 年第 8 期，第 16—19 页。

参考文献

著作文集

1. E B泰勒. 原始文化. 连树声，译. 广西师范大学出版社，2005.
2. 艾比不拉·卡地尔. 罗布人：绿洲文化变迁的人类学研究——以喀尔曲尕乡个案为例. 社会科学文献出版社，2014.
3. 边缘. 冰湖腾鱼——查干湖最后的渔猎部落. 五洲传播出版社，2017.
4. 成玉宁. 现代景观设计理论与方法. 东南大学出版社，2010.
5. 储英奂. 邱家渔村. 当代中国出版社，1995.
6. 重庆市社会科学界联合会. 重庆社会科学年鉴. 西南师范大学出版社，2002.
7. 大理市历史文化研究所、大理市双廊古镇景区管理委员会. 双廊：白族古渔村. 云南科技出版社，2017.
8. 《当代中国》丛书编辑部. 当代中国的水产业. 当代中国出版社，1991.
9. 方铁，冯敏. 中国饮食文化史：西南地区卷. 赵荣光，主编. 中国轻工业出版社，2013.
10. 冯克诚，田晓娜. 世界史全编(上). 青海人民出版社，1998.
11. 冯贤亮. 太湖平原的环境刻画与城乡变迁. 上海人民出版社，2008.
12. 郭焱等. 新疆鱼类志. 乌鲁木齐：新疆科学技术出版社，2012.
13. 黑龙江省同江市八岔赫哲族乡八岔村志编纂委员会. 八岔村志. 方志出版社，2017.
14. 焦雯珺，闵庆文. 浙江青田稻鱼共生系统. 中国农业出版社，2015.
15. 李荣华. 远航：在这里扬起风帆. 西南师范大学出版社，2006.
16. 李士豪，屈若擎. 中国渔业史. 商务印书馆 1937 版复印版，上海书店，1984：2.
17. 梁漱溟. 梁漱溟全集. 山东人民出版社，2005.
18. 刘建康，何碧梧. 中国淡水鱼类养殖学. 3 版，科学出版社，1992.
19. 刘晓峰，李霞，周丹. 太湖流域传统村落规划改造和功能提升——三山岛村传统村落保护与发展. 中国建筑工业出版社，2019.
20. 刘昶，陆文宝. 水乡江南：历史与文化论集. 上海古籍出版社，2014.
21. 刘雅丹，白明. 锦鲤. 北京：海洋出版社，2014：7—8.
22. 吕思勉. 中国通史. 群言出版社，2016.
23. 柳田国男. 传说论. 连湘，译. 中国民间文艺出版社，1987.
24. 马林诺夫斯基. 巫术，科学，宗教与神话. 李安宅，译. 中国民间文艺出版社出版，1986.
25. 马林诺夫斯基. 文化论. 费孝通等，译. 中国民间文艺出版社，1987.
26. 威廉·麦克尼尔. 世界史. 中信出版社，2013.
27. 农业农村部渔业渔政局. 2017 中国渔业统计年鉴. 中国农业出版社，2017.
28. 欧时昌，黄艺. 民族饮食文化. 经济管理出版社，2015 年.
29. 彭一刚. 传统村镇聚落景观分析. 中国建筑工业出版社，2018.
30. 卜宪群，中国社会科学院历史研究所. 中国通史. 华夏出版社、安徽教育出版社，2016.

31. 沈伯平. 金鱼文化艺术欣赏. 广陵书社，2014.
32. 石琼，范明君，张勇. 中国经济鱼类志. 华中科技大学出版社，2014.
33. 释正行. 图说佛教故事. 吉林人民出版社，2005.
34. 陶思炎. 中国鱼文化. 东南大学出版社，2008 年.
35. 乐佩琦，陈宜瑜. 中国濒危动物红皮书：鱼类卷. 汪松，主编. 科学出版社，1998.
36. 汪学杰. 金鱼的养护鱼鉴赏. 广东科技出版社，2018.
37. 王世卿，王积信，吕品. 赫哲鱼文化. 黑龙江教育出版社，2011.
38. 王学泰. 华夏饮食文化. 北京：商务印书馆，2017.
39. 新望. 村庄发育、村庄工业的发生与发展. 三联书店，2004.
40. 严俊杰. 洞庭湖区村落经济转型与绿色发展. 经济日报出版社，2018.
41. 殷伟，任玫. 中国鱼文化. 文物出版社，2009.
42. 张琳. 赫哲族鱼皮艺术. 哈尔滨工程大学出版社，2013.
43. 张璇如等. 北方民族渔猎经济文化研究. 长春：吉林人民出版社，2005.
44. 郑师渠. 中国文化通史. 中共中央党校出版社，2000.
45. 中国科学院动物研究所等. 新疆鱼类志. 新疆人民出版社，1979.
46. 中国民族古文字研究会. 中国民族古文字研究(第二集). 天津古籍出版社，1993.
47. 朱年，陈俊才. 太湖渔俗. 苏州大学出版社，2006.

期刊论文

1. 阿友，盛红兵. 千年“进士村”郭源里. 建筑，2016，18.
2. 艾力・艾买提. 罗布人的渔猎文化及其变迁问题. 西夏研究，2011，1.
3. 曹谨玲，陈剑杰，王俊东，等. 建国 60 年水产养殖业的发展回顾. 山西农业大学学报：社会科学版，2009，4.
4. 常巧素. 稻鱼共生模式的经济生态社会效益分析——以 L 县苗族聚居区为例. 山西农业科学，2016，11.
5. 程宇昌. 历史与现实：鄱阳湖传统渔业生产习俗与地方社会建构——以鄱阳县古渔村管驿前为例. 南昌大学学报：人文社会科学版，2017，1.
6. 都樾，王卫平. 张謇与中国渔业近代化. 中国农史，2009，4.
7. 范立君，杨铭. 松花江流域渔文化特色研究. 长白学刊，2016，3.
8. 郭旭升，黄荣静，潘开宇. 渔文化漫谈(结束语). 河南水产，2017，3.
9. 韩永强，丁川华. 峡江深处的渔传奇. 中国三峡，2013，4.
10. 贺云翱. 文化遗产学初论. 南京农业大学学报，2007，3.
11. 洪湛侯.《诗经》中的鱼文化. 浙江海洋学院学报：人文科学版，2000 - 9，17(3).
12. 黄诗玫，王巧萍. 长江三峡地区舟楫的主要功用和民俗文化. 重庆交通学院学报：社会科学版，2004，4.
13. 蒋波. 钓鱼与求仕：姜太公垂钓新解. 中国社会科学报，2018 - 08 - 30.
14. 蒋高中，李群，明俊超，等. 中国古代淡水养殖鱼类苗种的来源和培育技术研究. 南京农业大学学报：社会科学版，2012，12(3).
15. 乐佩琦，梁秩燊. 中国古代渔业史源和发展概述. 动物学杂志，1995，4.
16. 李平，邴建峰. 渔业文化研究综述. 旅游纵览(下半月)，2013，9.
17. 李易珊. 中国“鱼生”文化的千年传承. 海洋与渔业. 2017，9.

18. 李勇.百年中国渔文化研究特点评述.甘肃社会科学.2009,6.
19. 刘春雨.贵州三都水族豆浆防染工艺及纹样寓意阐释.染整技术,2017,10.
20. 刘红梅.中国渔文化保护和发展现状与意义.中国渔业报.2013-03-04(8).
21. 刘红梅.我国渔文化保护和发展探析.农村工作通讯,2013,5.
22. 刘朴兵.略论唐宋副食烹饪的差异.四川烹饪高等专科学校学报,2009,4.
23. 罗玲玲.水族神话中动物图腾崇拜探源.黑龙江史志,2009,12.
24. 骆肇荛.水产品在我国膳食中的地位和作用.上海水产大学学报,1992,7.
25. 卢素红.中国渔业发展六十年回顾.学理论,2011,3.
26. 马宁,周园朝.西藏俊巴渔村村民生计方式变迁调查.西藏民族大学学报:哲学社会科学版,2017,5.
27. 毛雄飞,韩勇.明清“鱼跃龙门”雕刻图像桂北地缘性文化形态考.美术教育研究,2018,4.
28. 苗振龙,李碧翔.海岛传统村落文化基因的景观表达——以舟山群岛为例.农村经济与科技,2016,21.
29. 宁波.论鱼文化与水产业的基本关系.中国水产,2005,8.
30. 宁波.鱼文化的历史演化.中国水产,2008,2.
31. 宁波,刘顺,何琳.中国古代鱼文化的隐喻意象与历史演化.中国渔业经济,2017,4.
32. 阮荣华.略论三峡军事与民俗.湖北民族学院学报:哲学社会科学版,2005,2.
33. 宋丹丹.2018年我国休闲渔业高质量快速发展.水产科技情报,2019,46(3).
34. 屈小强.古蜀鱼崇拜与蜀人东进.西华大学学报:哲学社会科学版,2009,2.
35. 施鼎钧.辉煌的中国渔业史.北京水产,1999,6.
36. 谭杰.赫哲族渔文化的形成及其传承机制.学术交流,2012,3.
37. 汤建鸣.渔业是大粮食、大生态、大文化.中国渔业报,2018-09-03(A01).
38. 王显勇.中国鱼文化初探.华章,2010,31.
39. 魏爱棠.妈祖神话的隐喻与历史进程.莆田高等专科学校学报.2001,3.
40. 许品章.锦鲤的发展现状与历史渊源.水族世界,2014,2.
41. 颜信.鱼凫与古蜀文明的演进之路.中华文化论坛,2018,3.
42. 杨华,罗敏.长江三峡地区远古时期渔业的考古研究.重庆三峡学院学报,2009,4.
43. 姚爱华,戴宇立.巴楚古建筑碑刻的文化信息传播探究——以土家族村落鱼木寨为个案考察.湖北民族学院学报:哲学社会科学版,2010,6.
44. 于章涛.从区域饮食文化看口味形成.中国国家地理,2005,1.
45. 袁啸波.也说鱼篮观音的来历.中华文史论丛,2012,3.
46. 赵蕾,刘红梅,杨子江.基于渔文化视角的休闲渔业发展初探.中国海洋大学学报:社会科学版,2014,1.
47. 赵蕾,刘红梅,杨子江,等.传统农业文化与现代生产方式交融中的赫哲族渔文化遗产保护思考.中国农学通报,2014,35.
48. 赵凌.贵州三都水族端节铜鼓音乐文化考察与分析.贵州大学学报:艺术版,2013,2.
49. 曾超.白鹤梁题刻易学文化考察.重庆师范大学学报:哲学社会科学版,2015,4.
50. 钟一鸣.地域习俗文化的差异性及移民文化心理分析——以三峡库区移民原居地与迁居地为例.湖北经济学院学报,2012,1.
51. 中国休闲渔业发展报告(2018).中国水产,2018,11.

52. 朱世学.鄂西南清江流域穴居文化的初步研究——以利川鱼木寨、船头寨为例.三峡大学学报：人文社会科学版，2011，2.
53. 朱世学.土家族地区的“二次葬”及文化解读.三峡大学学报：人文社会科学版，2012，34(2).

学位论文

1. 董红明.巴蜀牌坊铭文研究.四川师范大学硕士论文，2009.
2. 李萌.吉林省冰雪民俗文化活动发展现状及策略研究.吉林体育学院硕士论文，2016.
3. 刘坚.滨海渔村生产性景观设计研究——以西连岛渔村为例.南京林业大学硕士论文，2017.
4. 殷绘黍.城乡一体化进程下苏南渔村空间适应性策略研究——以太湖流域为例.苏州科技大学硕士论文，2016.
5. 王燕.李白赠答诗研究.河北大学硕士论文，2009.
6. 王乐.唐代鱼文化相关问题研究.西北大学博士学位论文，2017.
7. 赵弼皇.巢湖中庙姥山岛渔村景观综合政治项目实践研究.安徽建筑大学硕士论文，2016.
8. 张姣阳.山东荣成渔民号子研究.山东大学硕士学位论文，2011.